THE PATH OF THE LAW

THE PATH OF THE LAW
法律的道路

〔美〕奥利弗·温德尔·霍姆斯 著
明 辉 编译

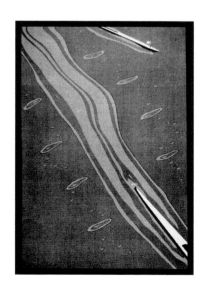

北京大学出版社
PEKING UNIVERSITY PRESS

目 录

第一部分 哈佛大学及期刊编辑时期

第01篇 自传式概述　　　　　　　　　　　　　003

第02篇 一八六一班：一首诗　　　　　　　　　006

第03篇 法典与法律编制　　　　　　　　　　　007

第04篇 对罗马法的误读　　　　　　　　　　　026

第05篇 书评与评论（一）　　　　　　　　　　047

第06篇 法律编制——共有关系　　　　　　　　050

第07篇 书评与评论（二）：评《法律杂志与评论》　075

第08篇 书评与评论（三）　　　　　　　　　　080

第09篇 伟大的不列颠人：汽炉工人的罢工　　　085

第10篇 侵权法理论　　　　　　　　　　　　　091

第11篇 哈佛大学毕业典礼晚宴上的发言　　　　104

第二部分 马萨诸塞州最高法院时期

第12篇 阵亡将士纪念日　　　　　　　　　　　111

第13篇 战争中的哈佛大学　　　　　　　　　　123

第14篇 英格兰早期衡平法　　　　　　　　　　126

第15篇 法律，我们的情人　　　　　　　　　　148

第 16 篇	清教徒	153
第 17 篇	法律的职业	158
第 18 篇	对荣誉的热爱	163
第 19 篇	法学院的功用	166
第 20 篇	埃塞克斯律协年会上的致辞	177
第 21 篇	西德尼·巴特利特	181
第 22 篇	丹尼尔·理查德森	185
第 23 篇	隐名与成就	188
第 24 篇	大学的功用	191
第 25 篇	威廉·艾伦	194
第 26 篇	保罗·布尔热	197
第 27 篇	鲁德亚德·吉卜林	201
第 28 篇	军人的信仰	204
第 29 篇	学问与科学	215
第 30 篇	作为一项职业的律师	220
第 31 篇	亚瑟·邦尼与弗雷德里克·格林哈尔奇	228
第 32 篇	鲁道夫·莱曼	232
第 33 篇	乔治·奥蒂斯·夏塔克	234
第 34 篇	布朗大学毕业典礼上的致词	239
第 35 篇	法律的道路	242
第 36 篇	徽章兄弟会	284
第 37 篇	爱德华·艾弗里与伊拉斯塔斯·沃辛顿	286
第 38 篇	艾伯特·维恩·戴西	289
第 39 篇	科学中的法律与法律中的科学	291

第 40 篇	法律解释理论	315
第 41 篇	海军上将杜威	320
第 42 篇	瓦尔布里奇·艾伯纳·菲尔德	322
第 43 篇	韦尔·米切尔博士	328
第 44 篇	晚宴上的演讲	331
第 45 篇	孟德斯鸠	337
第 46 篇	威廉·克劳宁希尔德·恩迪科特	356
第 47 篇	约翰·马歇尔	359
第 48 篇	伊普斯威奇	365
第 49 篇	在西北大学法学院的演讲	369
第 50 篇	失望与希望	374
第 51 篇	暂时告别	377
第 52 篇	二十年回顾	382

第三部分　美国联邦最高法院时期

第 53 篇	第二兵团协会聚会上的发言	391
第 54 篇	经济因素	393
第 55 篇	悼梅特兰	398
第 56 篇	霍尔兹沃思的"英格兰法"	401
第 57 篇	六一届	408
第 58 篇	反思过往与将来	411
第 59 篇	法律与法院	416
第 60 篇	《欧陆法律史丛书》导言	424

第 61 篇	悼约翰·奇普曼·格雷	429
第 62 篇	理想与怀疑	432
第 63 篇	布雷克顿的《英格兰的法律与习惯》	437
第 64 篇	自然法	440
第 65 篇	法律与社会改革	447
第 66 篇	死亡敲打着我的耳朵	452

附录　霍姆斯生平系年表　　　　　　　　　453

译后记　　　　　　　　　　　　　　　　　459

第一部分

哈佛大学及期刊编辑时期

第 01 篇

自传式概述*

我,小奥利弗·温德尔·霍姆斯(Oliver Wendell Holmes, Jr.),1841年4月8日生于波士顿。我父亲生于坎布里奇,毕业于哈佛大学,在巴黎专研医学,重返波士顿行医多年。此外,他曾经凭借在哈佛大学医学院任教、演讲和撰写大量书籍来维持生计。他在波士顿生活过。1840年,他与波士顿的杰克逊法官的女儿阿梅莉娅·李·杰克逊(Amelia Lee Jackson)结为连理。我的全部三个名字表明了我的家族渊源。奥利弗和温德尔那绵长的家谱可以在题为《波士顿亡者纪念馆——国王教堂墓地》一书的第144页和第234—238页中找到。关于我的祖父阿贝尔·霍姆斯(Abiel Holmes)的记述可见于人名辞典——他是《美国年鉴》等著作的作者。关于我的外祖父查尔斯·杰克逊,也是如此——例如,参见《阿普尔顿新美国百科全书》,其中关于杰克逊法官的记述是由我父亲撰写的。我认为,做一个些许令人满意

---

* 摘自1861年《哈佛大学班级纪念册》第1卷,第12页。选自 Max Lerner ed., *The Mind and Faith of Justice Holmes: His Speeches, Essays, Letters and Judicial Opinions*, Boston: Little, Brown and Company, 1945, pp.6-8。

的介绍比撰写事倍功半的传记要好一些。在我的祖先中,有些人参加了独立战争——多萝西(Dorothy)、昆西(Quincy)和安妮·布拉德斯特里特(Anne Bradstreet)("第十位缪斯")是曾祖母家的成员;凡此种种——当然,这些情况可以在我曾经简介过的其他材料中随意看到。我的祖父霍姆斯1783年毕业于耶鲁大学,曾经是1792年哈佛大学"荣获年级奖学金的学生"。人们将会在三周年纪念日里看到许多奥利弗家和温德尔家的人和许多杰克逊家的人,包括我的祖父。我们家族已经习惯于接受大学教育,当然我也不例外,正如在我之前的我的祖父、父亲、叔叔们一样。我一直生活在波士顿,起初就读于那里的一所女子学校,随后进入尊敬的沙利文(T. R. Sullivan)的学校,又转到迪克斯威尔(E. S. Dixwell)的学校(私立拉丁学校),从那里上了大学。我经历了一个学生进入大学之前[应当经历]的所有事情;7月,我和我们班上的大多数人一样,无需任何条件就走进了大学。大学期间,我是协会(与我们的两个私人俱乐部稍有关联)、速溶布丁俱乐部、波塞利安俱乐部、全美大学优等生联谊会①和"基督教联盟"的成员,也做过编辑;我倒不认为,我的生活证明自己属于后者,但是,我希望能证明赞同基于自由主义原则的宗教组织,以区别于较为"正统的"和狭隘的"基督教友"论坛。在大学四年级时,我担任《哈佛杂志》的编辑(我在该杂志上撰写了一篇关于"艾伯特·杜尔"的主要文章)。我还撰写了一篇关于柏拉图的文章,该文在《大学季刊》上获评大学生(入校第一年)最佳文章。我曾经通过努力而获取的唯一大学奖项涉及希腊语,还是由一位大三学生和我共同分享的。当[南北]战争爆发时,我加入了"第四步兵营",开赴独立堡。在训练期间,我希望能(作

---

① 全美大学优等生联谊会(ΦBK,Phi Beta Kappa),是美国大学中的第一个以希腊文命名的学生联谊会,最早是由威廉·玛丽学院的学生在独立战争期间创建的。ΦBK 是希腊文"Φιλοσοφία Βίου Κυβερνήτης"的首字母,大致意思是"爱智即人生之引导"。后来,该协会逐渐发展成为一个全美闻名的大学生联谊会。——译者注

为一名士兵)奔赴南方。在独立堡时和在我们受命开赴前线后,我不得不尽快补写一首班级诗歌,并且,自从在读[大学四年级的第二学期]之前我被推选担任那一职务后,即便在那种境况下,我同样也可以做到。我们在独立堡停留了约一个月,随后,我回到波士顿,在班会上(一个半星期之前),我和我的朋友哈洛韦尔(Hallowell)一起合作朗读了我的诗歌;他是一个演说家,并且也已经来到了独立堡。我们家族和我自己都有一种强烈的对于文学等方面的爱好,然而,目前,我正在一个马萨诸塞兵团中争取一项任命,希望在不久之后能开赴南方。如果能在战争中幸存,我打算研究法律,并且将法律作为我的职业,或者至少作为一个[事业的]起点。

(仓促之间)
奥利弗·温德尔·霍姆斯
1861 年 7 月 2 日

[接着用铅笔]

注:可以说,我不相信在这些大学传记册中会流露出过多的情感,并且认为朴素的陈述更为适合。另外,现在太忙了,我没办法再多说些什么了。

第 02 篇

一八六一班：一首诗*

班级晚宴，波士顿，1864 年 7 月 20 日

我们的兄弟如何抗争，如何死去，故事
你嘱我讲出，是谁与他们一起分享颂赞，
是谁与他们一起追寻烈士的荣冠，
和英雄时代血染的天赋之权。

但，一切并不和谐，在战争的喧嚣中，
令人振奋的旋律，不属于我们的乐章；
炮声轰鸣，枪声枯燥划过
淹没了乐曲，平息了歌声。

让世人歌颂我们的崇高奋斗
当和平再一次挥动她的星旗
我们的武器让自由永布大地；
我们的默默作为，世界将为之歌唱。

---

* 选自 Max Lerner ed., *The Mind and Faith of Justice Holmes: His Speeches, Essays, Letters and Judicial Opinions*, Boston: Little, Brown and Company, 1945, p. 8。

第 03 篇

法典与法律编制*

先判决案件,再确立规则,是普通法价值之所在。根据形式逻辑,当你有一个小前提并得出结论时,意味着一定存在一个你当场便可断言的大前提。但实际上,与其他人一样,法律人通常会非常明确地知道,如果对于判决理由并不非常清楚的话,他们应该如何对给定的事实状态做出判断。在无先例可循的案件中,曼斯菲尔德(Mansfield)爵士曾经向一位偶然被任命为法官的商人建议,让他仅陈述结论而不必给出理由,因为他的判决可能是正确的,而理由则肯定是错误的。此一建议经常被引用,也适用于受过更专业训练的法官。只有在经过一系列涉及同一问题的裁决之后,才有必要进行所谓的"调和案件",也就是用一种严格的归纳方法来表述在那时仍显模糊的原则。通常情况下,在抽象的一般规则最终形成之前,这一表述要依据新的裁决不止一次地进行修改。一个成功确立的法律学说包含了诸多心智的努力,并且在形式和实质方面,均经过了训练有素的

---

* Oliver W. Holmes, *Codes and the Arrangement of the Law*, 5 American Law Review 1–13(1870).

批评者的检验,他们的兴趣实际上就在于为法律学说[的确立]设置重重障碍。这些都是有利条件,而任何归纳能力,无论多么杰出,都无法满足对于这些有利条件的需求。显而易见,在可能完全以法院的语辞来制定法律的情况下,一部理想的法典可能所依赖的那些书籍将成为被公开效仿的典范。因此,如果原则得以清晰阐明但又未从案件中抽离出来,而且据说这将会成为一部法典的有利条件之一,那么,在这种情况下,得以成功制定的法律的确定性,要么会被低估,要么意在促进我们曾经描述过的[法律的]成长过程,并通过立法学说得以强化,在孤立的判决中可以找到这些立法学说的萌芽。我们不必详述后一种选择,因为其可能存在的价值显然微不足道。

假定用法院同意并认可的或者律师委员会审查检验过的语辞来制定并表述一部法典。将会出现一些新的案件,即便是最精心设计的方案也无法解决。正如我们所指出的,普通法通过一系列连续化约——通过不断的案件调和——而获得发展,对此,它有所准备,并且仅仅是修改普通法规则的形式。但是,法院将如何对待一部法典呢?如果这部法典确实是法律,那么,法院将仅限于对所表述的规则进行口头解释,并且必将对案件做出错误的判决。① 另一方面,如果法院不依据法律理由而任意裁决——也就是说,如果法院能考虑到,法典只是打算宣布司法规则,尽管做得并不好,却可以坚持并弥补这一缺陷——那么,该法典就不是法律,而只是政府推介的一部教科书,包含了目前关于这一主题的全部已知内容。

我们不得不考虑另外一种错误的观点,那就是,法典应当是简明扼要的。这或许源自一种已经完全被推翻的观念,也就是,让每个人都成为他自己的律师,勿庸置疑,无论是《纽约州民法典》还是《加拿大

---

① 参见 5 American Law Review 114, 115(1870)[大概是霍姆斯为霍兰德《法律形式论》(Essays upon the Form of the Law, London: Butterworths, 1870)一书撰写的一篇书评。——译者注]。

民法典》的制定者,似乎都不会接受此种观念。法典不可能将法律人排除在外,并且应当更多地是为了法律人而不是门外汉所起草的。因此,法典应当赋予整个法律体一种正当的形式。当公开市场竞争中最富才华的法律文本撰写者倾力推敲法律的具体细节问题时,在政府的庇护之下,会有什么样的激励能导致不同的结果呢?

我们倾向于认为,可以从一部法典中获得的最大利益就是,如果是由政府负责执行一部法典,而不是令编撰者承担风险,并且整个工作由某一位负责人控制的话,那么,制定出的将有可能是一部依据哲学体系加以编排的法律大全。如果可以完成这样一部法典,那么,它的论述部分就无须再有属于其他领域的内容了,否则,法典就会成为一个装满写来用于出售的教科书的箱子。随便拿起一本关于买卖的书,或是一本关于票据的书,或是一篇极为普通的关于契约的论文,或是一本关于家庭关系的书,或是一本关于不动产的书,在每一本书或者每一篇文章中,你都会发现专门讨论未成年人和已婚妇女无行为能力的章节。法典应当在适当的地方对此做出规定。即使是这一观点,也无法更进一步地说明持续公布整个法律体的好处。但是,如果认真贯彻执行这项任务,或许会超出一个人的能力范围,但如果为了执行这项任务而雇用许多人的话,那么,此种适当的从属关系将更有可能在一项政府工作中得以确定。我们现在正在谈论非常严肃的工作,而不是那些使用短句的简明入门教科书,这些教科书的作者运用适当的技巧称其为法典而不是参考指南。的确,我们并没有意识到,任何一种现有的尝试对于[法律的]编制而言都是值得注意的。即使可以编制出一部法典,也不能高估此种编制的重要性。首先,此种编制同时表明了不同群体间的相似之处。当然,如果依据其他规则而不是被采用的那项规则,交叉部门也是很可能存在的,而依据这些次级相似性编制的教科书,就像乔舒亚·威廉斯(Joshua Williams)的两卷本一样，也是富有启发意义且极具价值的。正是由完美的法律人掌控着一个假定案例与其他所有案例之间的全部关联。但是，几乎没有哪一位法律人是完美无缺的，而所有的法律人都不得不清醒地认识自己的职业。一个编制合理的法律体系，不仅可以训练学生的头脑，使他们养成一种合理的法律思维习惯，而且还可以在经过多年的经验与反思之后，从法律的道路上清除他们现在只知道越过的障碍。

关于编制法律的方法应当是什么，当然还有尽可争论的空间。我们异常强烈地感受到，编制法律应当基于义务而非权利，并且，我们对于这样的事实——即习惯就是探寻已知的某些困难之源的另外一条路径——表示怀疑。无论在逻辑上，还是在时间上，义务均优先于权利。事实上，即使是那些在形式上直接创设一项权利的法律，也要么是习惯性地对该领域的其他人施加一项义务（如在专利案件中，禁止销售专利产品），要么就是豁免一项先前的或者普遍施加的义务（如税收）。我们认为，在缺乏优先权时，如果没有法律的帮助，任何人都可以生产和销售他所喜欢的产品，并且永远无须为此支付对价，在此类情况下，合理的义务优先是显而易见的。另外一个例子就是，尽管在某些案例中，存在没有相应权利的法律义务，但我们不会看到一项没有相应义务或者没有施于义务之强制的法律权利。应当可以理解，这些仅仅是有关一般系统的规则。应当从何种角度对这几个主题加以详细论述，仅仅是一个涉及便利与否的问题。这就提出了一个更深层次的论点。法律不是一门科学，它本质上是经验的。因此，尽管一般的法律编制应当是基于哲学体系的，甚至排除了烦人的偏见，但它与实际上的便利的妥协却是非常适当的。有一些必须受到保护的特定法律领域，尽管它们处于一条巨大自然分界线的两侧——例如，契约。实际上，一些学科已经实现了统一，因此，将其分解或许毫无意义——例如，完全所有权①或者所有权。其他一些概念尽管很复杂，但如果我们将其分解为现代法律得以从中确立起来的那些观念，便会发现这些概念也是建立在其基础之上的，并且从它们久远的历史进程中已经获得了凝聚力——例如，部分人格权。我们应当再考察一些这样的例子。

我们将继续更为详细地阐明我们关于法典编制的观点，当然，仅仅是以一种不太系统的方式。

关于这一主题的首要问题是，法律是什么？我们怀疑，奥斯丁②是否夸大了他所作区分的意义。我们认为，他会说，法律就是一种（由明确的政治优势者通过制裁而执行的）命令，以强迫（明智之人）实施或者克制某类行为。作为法律人所谓的法律定义来说，这无疑是足够准确的了。但是，这似乎只具有实用的而非哲学的价值。如果名称是为了标明实质上的区别，那么，对于承认只有某一明确的政治优势者的机构才能创制被适当地称为法律的东西，人们会有所怀疑。首先，谁享有这样的主权以及此一权力究竟是否存在，属于有关事实与程度的问题。但是，如果搁置这些问题，那么，由谁来强制实施义务，将肯定不如义务表达的明确性和义务履行的确定性那么重要。理所当然，存在一项规则，即假设我在伦敦接到出席一个晚会的邀请，如果不符合着装要求，我将会受到不再被邀请参加类似活动的惩罚，基于这样的考虑，我必定会身着晚礼服出席；或者，存在一项禁止在纽约州放高利贷的法令，陪审员不会拒绝执行该法令，仅仅是因为他们从未被要求拒绝执行。何为最真实的法律，是前者的规则，还是后者的法令呢？

---

① 完全所有权（dominium）是一个历史概念，在古代罗马法中，它既包含了家父所享有的具有主权意味的那种古老权力——对要式物（res mancipi）的绝对所有权——又包含了对于略式物（nec mancipi）的经济所有形式。——译者注

② 约翰·奥斯丁（John Austin, 1790—1859），英国法学家，是19世纪分析法学的标志性人物之一，主要代表作品是《法理学的范围》（1832年）。该书的中译本可以参见（英）约翰·奥斯丁：《法理学的范围》，刘星译，商务印书馆2021年版。——译者注

奥斯丁

如果人们认为,一个不明确的机构不能直接发布命令,那么,人们就会记住,那些法官造法的规则尽管实际上从未被当作规则予以公布,但却是从案例中归纳出来的。当然,一些社会先决条件可以同样容易地从由普通谈话所阐释出的社会惩罚中归纳出来。或许,得以极为有效坚持的区别就在于制裁的明确性,并且,与陪审团裁决一项不确定的损害赔偿数额的不确定可能性一样,奥斯丁所不当表明的某些法律中的制裁同样非常明确。主权者或政治优势者通过法院以确保对于其命令的服从。但是,除了增加命令得到服从的可能性之外,此项工具(法院)又该如何运作呢?虽然法院导致了律师的产生,律师所关注的却仅仅是法院所实施的那些规则。尽管同样是命令性的,但法院未实施的规则属于非职业研究的范畴。这正是基于以下的考量,即法理学的范围必须得到非常细致的界定。如果不明确的机构的意愿,(从哲学上讲)在法律范畴内的形式和制裁上变得非常确定,那么,在此种情况下,界定此一范围时可能遇到的进一步的困难,恰恰是法院在决定是否确立一项习惯时所遇到的那些困难。

律师在执业时几乎很少专门使用奥斯丁分类之外的规则,尽管存在这一事实,但这些考虑的重要意义在于这些规则可以适用于国际法。这是律师在实践中所探究的一个课题,尽管按照奥斯丁的观点,国际法根本不是法律,而只是一个与实在道德有关的法律部门。但是,正如我们试图说明的,如果奥斯丁的定义只能以实际上的便利作为支持的理由,并且,如果这些理由无法在此得以适用,那么,这个古老的名称或许得以适当保留。那不就是在形式上和约束力上得以确定的法律吗?有一些行为规则非常明确,以至于可以被写入教科书,并且可以根据因违约所导致的战争的确定性而在许多情况下得到认可;为什么这些规则如此重要却无法根据对政治弱势者的统治而得以规定下来呢?如果基于这些原因,可以在法科学生的课堂上承认这不是包括国际法在内的异常规则,那么,我们愿意遵循现在所划出的这些界限,并且不涉及道德规范,直到第二个格劳秀斯①的出现。

因此,我们法典的第一部分应该包括主权彼此之间的义务。因为,尽管此一部门的法律学说在很大程度上从城市法中照搬而来,但是,便利性却要求将这些学说区别对待。

第二部分可能是没有对应权利的义务,或者是对于主权者的义务。在这里,例如,纳税的义务通常被当作默示合同,后面我们会再次提到这一术语。另外一个例子是叛国法。或许,在此一标题之下,也会出现在美国得以执行的宏大的刑法体系。不仅是因为主权者是正式的原告,而且也因为存在一项侵犯主权者福利的犯罪,但是,关于检控官是否应该将某一案件提交审判的问题,从理论上讲,受害者并没有任何发表个人看法的机会。当某个人根本不可能影响或者免除该项假定权利所依赖的义务时,从法律意义上讲,怎么能说他享有生命权呢?然而,无论这部分法律站在该条界限的哪一侧,它都会将第二部分与第三部分联系起来,第三部分涵盖了一切人对一切人的义务。在此一标题之下,显然将会出现殴打、书面诽谤、口头诋毁、非法监禁以及类似情况,这些都可以作为提起民事诉讼的理由。

第四部分包括一切人对身处特定地位或关系中之人的义务。在此,我们应当首先考虑被称为特定物的绝对所有的情况。从这一严格意义上讲,英格兰法律人通常使用财产权或者所有权这样的概念,尽管不是一种基本法律概念,但却是我们所提及的那些实用部分之一,并且应当放在一起加以讨论。尽管此一部分专指一切人的义务,

---

① 雨果·格劳秀斯(Hugo Grotius,1583—1645),荷兰法学家、政治家、外交家和历史学家,既是欧洲古典自然法学派的代表人物之一,也是近代国际法的首要奠基人。主要代表著作有《论海洋自由》(1609年)和《战争与和平法》(1625年)等。其中,《战争与和平法》被视为关于近代国际法的第一部综合性论著。——译者注

格劳秀斯

但或许会认为这便于在此解决置于所有者财产权使用上的限制（因而你必须使用你的财产权,诸如此类）,而不是将它们置于有关身处特定地位或关系中之人的义务的独立部分。完全所有权、所有权或者财产权,均为表达与所有人对身处特定状态中之人的义务相对应的全部权利的术语。从案例中阐释了一些特别学说,比如土地保有,或者主权者对于无主物及类似物的特权（只会使此一问题复杂化）,以及期间（于我们的目的无关紧要）,这些原始要素构成了占有,而占有既是一种法律之外的事实或状态,也是一项强制施于其他人尊重它的义务。只有对于直接连续占有的初始占有人或者其代理人,此项义务才是绝对的。我们并未提出任何较为困难的问题,而只是最早说,因为如果占有人并非初始占有人或者其代理人,而只是（例如）非法占有人或者发现者,那么,该项占有就无法得到保护而免于他人的侵犯。只有当占有得到保护而免于任何人侵犯时,才能被称为"所有"。"直接连续"这样的语辞也会面临被放弃的境地。关于野生动物的普通法举例说明了这一事实,即涉及所有权的基本因素就是我们刚才谈及的那些要素。法律并未剥夺所有者所享有的所谓"使用者的权利"。除非受到限制,任何人都可以按照其可以想象出来的方式使用任何他能够得到掌控之物。但是,此一分析仍然是不完整的。法律在这些基本成分之上又补充了用正在讨论的那些义务对象加以替代的可能性。如果这可以通过交付而得以实现,那么,将只会出现前述案件的重复;也就是,尽管占有人改变了,但我们仍享有此前受保护的占有。但是,当占有（例如）通过转让或继承而为第三人所保留时,也可以得到同样的结果。在这种情况下,其他任何人均对该购买人或继承人负有义务,在多数情况下,同样也对此前的实际占有人负有义务。这就赋予所有权一个更为宽泛的含义,而不仅仅是受保护的占有,并将其作为一种法律人视之为实在物的、有时可以转手（如硬币或其他有形物）的形而上的权利。实际上,对于下面将要提出的次级划分而言,如果没有占有,而是通过转让等方式延缓所有权,也是可能的,但或许带来更多的是不便,而非便利。就买卖问题而言,那些教科书通常通过以下方式讲述所有权:交付(在这种情况下,买卖类似于赠与)、转让以及合同(在发生某一事件时将转变为转让)。在谈到继承问题时,不妨指明此一概念的范围。因此,在转让与继承的情况下,均存在一种类似于人格的权利与义务之和,尽管存在作为此类义务的对象并享有此类权利的连续自然人的接替者,但该人格仍然保持不变,正是在这一范畴内,代理类似于转让与继承。当代理人享有本人的部分人格时,跟让与人与受让人,或者死者与遗嘱执行人(或继承人)之间的情况一样,本人并不必然相应地被排除于该人格之外,但是,相对于义务在形式上仍然仅归于本人这一事实而言,似乎并不影响它们彼此之间的相似之处。应当注意的是,在教科书中,替代已经解释过的义务对象,或者通常表达为转让所有权的归属的各种方法,是从权利的视角加以审视的。就涉及不动产的知识而言,这同样也是正确的,包括此类状态的持续期间,以及对于一项或多项不动产的占有。此外,在很大程度上,这两方面的问题构成了财产法最重要的部分。但是,正如我们已经讲到的,如果没能成为错觉之源,那么,预期的防御一方将是无关紧要的。

如果不讨论对法官之义务的确切地位以及其他法律(例如,藐视法庭法)——后者源于或许可以称为与某种关系无关的法律状况(出于实际的考虑,或许适于其他领域)——我们将会发现适于当前正在考察的一般部门的某种关系,并且,与某一特定物的所有权相似的是,此种关系与一切人的义务相关;而与之不同的则是,此种关系又是某一特定个体的特别负担。在此,我们陷入极为难解的问题之中,对于这些问题,我们只能提出少许并不十分恰当的建议。假使我们是对的,那么,若此种次级法律部门从根本上属于特定的所有权,就应当包括或者涉及地役权、合同、其他一些义务以及与(家庭的或其他的)人身关系有关的法律地位等内容。下面,将作进一步解释。如果一个与合同无关的人为了给原告(即缔约人)造成损失而恶意地强行阻止履行合同,并且该被告认为其行为可以导致该损失,那么,将会对其提起诉讼,这无疑是从"拉姆利诉贾伊案"(*Lumley v. Gye*, 2 El. & Bl. 216)中推导出来的。如果情况如此,那么,看起来,对物权利(在对一切人之权利的意义上)与也可被称为对人权利的义务(被假定为仅针对特定个人的权利)之间的差异,并不像奥斯丁所假定的那么绝对,而后者仅仅是一类对物权利,并且相对于其他一切人而言,[此类权利]更有可能受到某一特定之人(例如,承担义务的一方当事人)以及那些比其他人承担更多债务的当事人的侵犯。下面,再扼要地谈一下支持此一观念的其他理由。假定其具有充分的根据,但还须注意的是,如果承担义务的一方已经开始履行合同,那么,与合同无关之人的义务将归于界限的这一侧,而当事人的义务则在一个新的领域——处于特定关系之中的个人义务——予以考虑。但是,此项权利可以被视为一项对于 A、B、C 以及其他所有人的、或多或少受到限制的权利,即 A 应当为某一特定事项。基于这一理由,在其他任一部门中,这两类义务是否应当共存并相互参酌以指明存在某种差异,就属于一个细节问题了。

像合同一样,地役权是一种对一切人的权利①,但对于供役地所有者②而言,则是一项被强制实施的特定负担。但是,可以说,强制施于合同当事人的义务通常是积极作为的,然而,当奥斯丁在一种不

---

① 此一观点不可能被否认,并且清晰地体现在"萨克斯比诉曼谢铁路公司案"(*Saxby v. Manchester, Sheffield, &c., Railway Co.*, L. R. 4 C. P. 198)中。
② 供役地所有者(servient owner)意指为相邻土地的地役权的行使提供方便和帮助的土地所有者。——译者注

同的背景之下设定此项义务时,供役地所有者的义务通常是消极不作为的。如果作为和不作为义务之间在法律上的区别是有根据的,那么,我们就会发现,某些地役权强制实施作为义务——例如,修复栅栏。或许,存在某种值得注意的细微差异。地役权属于有限享受或占有某一特定物的权利,与我们刚才解释过的财产权这一复杂概念紧密相关。此外,从属所有者的义务无疑通常是不作为的,而一般合同当事人的义务则通常是作为的。因此,在合同中,承担义务的当事人的义务是重中之重,而第三人的义务则很少受到质疑,以至于很难假定其存在。因而,存在一个我们刚才提到的合理问题,即合同是否应当被划分为第五个部门。尽管地役权可以通过合同和授予(以一种有趣的方式标明我们正在坚持的关系的事实)的方式予以创设,并且无须告知,据此即可约束善意的购买者,但是涉及特定物的其他有效(真实)合同则不会产生这样的效果。在普通法上,即使有告知,此类合同(例如,买卖)也不能约束后手购买人,尽管仍然可以从衡平法中寻求救济。但是,对于分类的目的而言,只要给予救济,那么,无论是衡平法还是普通法,均无关紧要。在后一种情况下,衡平法能够提供救济,就是证明合同对一切人强制实施义务的另外一个证据。

就推理而言,我们从"拉姆利诉贾伊案"中得出的结论不需要理由或者类推。然而,可以恰当地讲,尽管不履行合同是由不可抗力造成的,仍然可以因其不履行而起诉合同一方当事人,这一原则可以体现为另外一种方式,并且,由于此一主题尚未得到详尽论述,因而可以认为,在我们假定的那一情况下,当该合同缔约人穷尽其他可能的救济方式之后,所剩下的唯一救济方式就是对其提起诉讼。如果这一点非常确定,那么,它或许可以证明,从既有体制中对权利和义务之间所作的绝对区分是合理的,并且确实可以将后者归入我们刚才谈及的第五个部门。

但是，无论怎样，普通法中的该项规定依然保留下来，即如果该缔约当事人可以被称为原告的仆人，那么，雇主便可以提起丧失役务关系的诉讼，尽管在我们的时代里，雇主对于那些仆役所享有的唯一权利源于合同。尽管在涉及一般合同的案例中可以做出相反的裁决，但是，除了通常因维护人格法或者身份法而提出的那些理由之外，只要涉及某种人身关系，作为一项明确的权利，它都可以提供某种理由。在我们看来，下述问题都是无关紧要的：是否根据《劳工法》对雇主提起诉讼，或者，是否因为这一事实——即在知晓某项合同之前，设定了附于某一公认身份的义务——提起诉讼；从表面上看，可以依据下述事实加以说明，即仅仅基于雇用的损失，父母为诱使女儿[放弃工作]而提起的诉讼便得到了支持，尽管[女儿]并没有怀孕，当然也不存在实际的雇用合同。① 只要存在不确定的义务，那么，就可以有充分理由来保留古老的分类，并将其归属于某一独立的主题之下，无论是其暂被归置之处，还是第五个部门。与此同时，显而易见的是，根据诸如我们所指出的那些严格的法律划分，许多有关身份或者人格的构成要素——例如未成年人的缔约能力及其刑事责任、奴隶的责任豁免和资格丧失，以及类似的其他要素——同样也可予以表明。梅因（Maine）先生已经意识到"从身份到契约"的转变正是进步社会的一种标志。② 将雇主与仆人、丈夫与妻子之间的关系视为源于契约，是一种创新，这或许可以成为迈向将此类关系视为完全依赖于契约，进而从法律中消除身份概念的一步。就目前而言，我们不妨冒昧地说，阅读过肯特（Kent）有关雇主与仆人、本人与代理人等章节的聪慧学生，不止一人想知道，为何在一卷书当中将其一分为二，以及一个主题在何处结束，而另一主题又从何处开始？

---

① *Evans v. Walton*, L. R. 2 C. P. 615.
② 参见（英）梅因：《古代法》，沈景一译，北京：商务印书馆1959年版，第97页。——译者注

梅 因

我们稍作回顾,以期再提出一二建议。我认为,现在依然得以适用的几项权利应当有理由予以放弃了,而其他一些权利则需要加以解释。例如,如果没有记错的话,奥斯丁已经说明了无形遗产这一术语的荒谬。在我们看来,出于其他原因,委托也是令人讨厌的。在此一术语形成之时,与今天法定土地权利的转让一样,交付[行为]将此项财产权转移至受托人,以使该受托人的买卖与交付均有利于他的委托人。① 这或许就是那种受托人所享有的特殊财产权,并在后世法律中留下了它的印迹。可以推测,甚至可以从那些摘要中看出,至少在早期,已有少许案例提出了其他有关权利的观点,在那些观点中,动产的交付是基本事实。但是,在现代,根据委托而产生的问题不仅涉及权利,还涉及合同,而且,如果根本不存在交付或者委托,那么,将来同样也有可能出现此类问题。我们无须考虑[旅客在旅店中]没能收到电报的情形,而只是在这一团大杂烩中探寻旅店老板的义务,此项义务无疑不会取决于交付或者合同,而仅仅依赖于该地区的习惯——此类习惯促使他们接纳所有旅客(除了一些微不足道的例外),并且负责旅店中旅客物品及动产的安全。在"卡利案"(*Calye*)中,据称,"虽然旅客既未将其物品交付旅店老板保存,也未让旅店老板知晓那些物品,但是,如果那些物品被搬走或者被窃,那么,该旅店老板也应当承担责任"。对于这些取自罗马法的一般次级法律部门[的事例],我们必须补充一点,即在通常情况下,如果发现那些法律在我们自己的法律体系中仍然保留着原有的形式,那么,在我们看来,这将会成为反常和混乱的来源。

作为一个需要加以解释的次级法律部门的例子,我们已经提到过默示合同。在此一主题之下,我们找到了既包括相当明确的合同,也

---

① Y. B. 21 H. 7, 39;See 2 E. 4, 4.

包括根本不属于合同范畴的案例。如果 A 要求杂货商 B 给他的家里送一桶面粉,其他什么都没说,而 B 按要求做了,那么,就存在一个 A 应当支付货款的实际合同。这被称为"默示合同",并且,如果这仅仅意指,A 并未用语言表达其承诺或者陈述合同条款,而只让 B 从其行为中推断出前两者,那么,这也属于默示合同。然而,这种区别是无关紧要的,因为 A 的行为意欲得出那一结论,从而表达出一种语辞中所蕴涵着的承诺。另一方面,在有关默示合同的同一主题之下,通常也包括另外一类实际上不属于合同的完全不同的案例,但此类案例却类似于罗马法中的准契约之债。因此,在一些州,法律承认纳税义务是一项可以通过诉讼予以强制执行的义务,并且将此项义务暗指为以这一存在争议的名称所称谓的那些义务之一。但是,法律被限定于某些明确的诉讼形式,并且无法根据某一有关实际情形的简单陈述,对不履行[行为]继续强制履行或者判决赔偿。适用于货币补偿的诉讼形式是(或者假定是)以一项合同为基础的。因此,法律通过拟制提供了此类要素,并且它们意欲将此项义务变为要素之一。但是,法律拟制并不能改变事物的性质。同时,一项拟制仅仅是被用来掩饰这一事实,即普通法无法在必须提供救济的情况下提供救济,而对于另外一套诉辩与惯例体系(例如,衡平法)而言,这种拟制则是不必要的。因此,不能让法律拟制影响根据所建议的那些基本原则而进行的划分。

我们重新回到主题上来。严格来讲,一项义务仅仅是由命令所创设的,人们或许以招致惩罚为代价而违反这些命令。尽管法律直接强制推行的命令可能通过令个人承担过重的义务而对其产生影响,但却不能将该命令视为可以对个人强制实施某项义务。法律只能针对将要做的事,而不能针对受其影响的人,并且无法惩罚人的不予合作。在基本权利——也就是,法学整体——的划分中,相对于致使我们忽视这一区别的那些考虑因素而言,这一区别没有那么重要。因此,由于财产权这一概念实际上的一贯性,我们据此不仅汇集了尊重因动产侵占之诉而强制执行的占有的义务,还有同样的类似义务。此类义务的履行,是由司法官员在不动产诉讼中将占有赋予胜诉之原告时强制推行的。于是,我们再次未予区分要求县治安官废除的妨害行为与法院通过强加损害赔偿而奉劝被告终止的妨害行为。当我们想到奥斯丁所谓的制裁权利时,这些理由就不存在了。在根据义务所进行的划分中,我们不得不怀疑,那些义务能否寻得独立的位置。试举那个请求赔偿并获得胜诉的原告的例子。他无疑享有获得损害赔偿的权利,并且也可以放弃或者转让该项权利。但是,当法律为了执行判决而查封并出卖被告的物品时,能否称后者正在履行义务呢?表面看来,更为恰当的是此类制裁应当遵循其所依附的义务。在对此做出决定时,我们(根据适当的相互参照)在同一类义务中提供类似于明确履行之命令的公平救济;尽管可以公平地说,这些救济强制实施了那些因藐视法庭的程序责任而予以制裁的义务。

  对于诉辩与惯例的定位,存在一些难题。在普通法强调诉讼形式的时期,通过将权利置于那些能使它们得以行使的救济之下,部分地解决了这一难题。无论多么不完整,这毕竟属于一种法律编制;因为不同救济之间的区别仅仅是法律上的区别,并且体现出一种关于法律的哲学。如果诉讼形式以及普通法与衡平法之间的区别完全消失,并且法院不久之后将会根据对产生义务的事实的简明陈述而强制执行那些义务,那么,与名称一同得以保留下来的少量的诉辩程序,根据其所适用的义务,将会与制裁相伴而得以适用。与美国的大多数州当前所处的情况一样,在一般情况下,诉辩程序保留了某种判决的要素,以使得单独论述它更为方便。从表面上看,在不同于议会规则①或者某些公司的议事程序的任何其他意义上,惯例并未成为普通法的一个组成部分。如果惯例能够融入法典,那么,它将有利于律师从事实务活动,并且它当然也就可以获得独立的地位。

---

① 议会规则(parliamentary law)意指某些议事机构据以指导其活动程序的规则。在说英语的国家中,这些规则是建立在英国议会(主要是下议院)的惯例基础上的。英国的议会规则因循惯例而形成,而非根据制定法确定,包括惯例、先例以及议会的议事规程(Standing Orders)。参见 H. A. Bosmajian, ed., *Readings in Parliamentary Procedure*, Harper & Row, 1968; H. E. Hellman, *Parliamentary Procedure*, 1968。——译者注

第 04 篇

对罗马法的误读*

在《美国法释义》中,肯特①大法官提到了几个关于无缔约能力的案例,并指出智力障碍并非总是使协议归于无效的充分条件,随后,他继续主张:

> 天生聋哑之人不得被绝对视为心智不健全的,尽管有些古代的权威人士视之为无缔约能力。从表面上看,任何此类人均是无行为能力的,因为听力与语言表达的缺陷必定会极度束缚人类的智能并限制人类思维的范围,此一命题似乎是合理的。但是,众所周知,有无数感人的例子可以证明,丧失语言表达能力和听力的人拥有敏锐的领悟力和强大的理解力,并能够在道德和科学领域取得诸多成就。②

---

* Oliver W. Holmes, *Misunderstandings of the Civil Law*, 6 American Law Review 37—49(1871).

① 詹姆斯·肯特(James Kent,1763—1847),美国法学家、法学教育家。在毕业于耶鲁大学后,肯特以学徒身份进入纽约律师界,随后又成为哥伦比亚大学第一位法学教授;在1789—1814年间,担任纽约高等法院法官,1804年就任首席法官。肯特模仿威廉·布莱克斯通(William Blackstone)的《英格兰法释义》(*Commentaries on the Laws of England*,1765—1769)撰写并出版了伟大的著作《美国法释义》(*Commentaries on American Law*,1826—1830),这是其对美国法律最杰出的贡献。参见(美)克密特·霍尔:《牛津美国法律百科辞典》,林晓云等译,法律出版社2008年版,第378页。——译者注

② Vol. 2, p.[453]。比较 Shelford on Lunatics, p.3。

肯　特

作者引用的现代权威依据是"布劳尔诉费希尔案"(*Brower v. Fisher*)。① 在该案中,被告是一位天生的聋哑人,原告购买了被告的不动产和动产,并且原告已经为担保买价支付了一笔保证金,据此,被告可被视为恢复了判断力并已着手履行[契约]。有人建议原告,此项财产转让是无效的,因为被告不具有缔约能力,并且,如果可以证明该项所有权是存在瑕疵的,那么他将无法向被告请求赔偿,因为被告已经成为无节制之人,并且正在浪费其财产。② 基于上述原因,原告提交了起诉状,要求延缓执行。根据原告的诉状,可以发布禁治产鉴定书,以调查被告是否属于心智健全之人。结果表明,如果被告系天生聋哑人的事实没有使其在法律判断上存在缺陷,那么就不能将其归为禁治产人,而且同样表明,被告已经基于一项公平的对价而转让了其对上述财产的所有权。于是,该项禁令被撤销,并由原告支付审理费用。现在的问题在于,该项起诉是应当以收取费用的方式,还是以不收取费用的方式予以驳回。肯特大法官引用了布雷克顿(Bracton)、弗莱塔(Fleta)以及其他人的观点,认为:

> 从表面上看,这份起诉状的提交并不麻烦,仅仅是为了更加慎重地得到法院对于某一观点的意见,因为该观点在许多著作中均很难予以确定,并且至今尚未得到任何的讨论……或许,毕竟,这一假定首先是,每一个这样的人都是无能力的。这是一项合理的假定,目的在于确定保护和防止欺诈……一项对于拒绝智力障碍推论的特殊验证似乎总是必不可少的;根据教会法院的解

---

① 4 Johns. Ch. 441,443.
② 根据古代罗马法的规定,某人一旦被宣告为浪费人,就不能再管理、处分自己的财产,其财产只能由所设置的保佐人代管。例如,《十二表法》第 5 表第 7 条规定:"浪费人不得管理自己的财产,应由他最近的族亲为他的保佐人。"此处,浪费人是指经常滥用、挥霍财产,从而使本人和其法定继承人的利益受到损害的人。——译者注

优士丁尼

释,这完全是罗马法(civil law)①所意图实现的假定……我确信,原告应当免于承受毫无根据的、令人厌烦的调查;如果该项诉讼是基于善意而被提起的,并且有可以证明的理由,那么这一程序就不是对于提起收费式禁治产指控的起诉人的处罚。我将因此而以不收取费用的方式驳回这份起诉状。

简言之,其观点是,对某天生聋哑人是否属于禁治产人进行调查,是非常恰当的,因而启动此项调查的人不应当被要求支付调查的费用。如果某一并不精通法律的人被告知,实际上,存在这样一种极端的假定——如果那些天生的聋哑人都是低智商的人,那么,他或许会感到相当震惊,并且认为无法理解这样的假定。实际上,这种说法是与常识相悖的,因而,无论依据权威人士反复重申的哪一种观点,我们都很难将其作为法律而予以接受。如果此种假定得不到事实的支撑,那么也就不会有做出此种假定的政策;但是,与之相反,此种假定或许正是极端不正义的根源,因而,对于此项假定规则之渊源的探究,将不仅仅只具有文物研究上的意义。② 优士丁尼的《法学总论》第3卷第20章第7条的规定中,重申了盖尤斯《法学阶梯》第3卷第105条(Gaii Inst.3,105)的内容:哑人显然无法通过要式口约给予承诺或者被给予承诺,上述说法也适用于聋人。在私人债务口约③之后,这种罗马法中为人熟知的普通早期契约形式之一,是通过要约和承诺予以订

---

① "civil law"通常直译为"民法"或者(罗马法中的)"市民法",但是,结合本文的具体语言情境,以及作者对于不同法律传统(普通法与罗马法)的历史比较研究,此处译为"罗马法"。——译者注

② 可以适当地认为,在"哈罗德诉哈罗德案"(*Harrod v. Harrod*, 1 K. & J. 4, 9, Wood, V. C.)中,如果不涉及那些古代权威,便可以明确"在涉及聋哑人的情况下","此项规则不存在任何例外",即这种假定总是支持心智健全的。

③ 债务口约(nexum)是一种罗马法中的古老契约形式,即当事人在见证人和司秤面前缔结有关消费借贷方面的契约,类似于要式买卖,区别则在于,缔约一方(债务人)以出卖其人身的方式为该项借贷提供担保。这就意味着,如果债务人不能清偿债务或者未能实现债务口约的解除,根据该项契约,债务人将成为债权人的债务奴隶,接受债权人的役使。——译者注

优士丁尼一世统治时期的苏勒德斯金币

立的;也就是,通过要约人(拉丁语称为 stipulator)用特定的正式言辞所作出的口头询问和承诺人(拉丁语称为 promissor)同样正式的答复来予以订立。对于这些程式的口头宣告是这种契约的基本要素,正如封印是契据的基本要素一样,契据则是一种古老的契约形式。在通常情况下,无论如何发生,我们现在都将对价和相互理解视为基本要素;但是,如果没有创设某项(至少是这种)债务,约因和相互理解或许就已经存在了,正如在格兰维尔(Glanville)时代,如果没有在教会法庭之外强制实施任何责任,它们或许也已经存在了。这种形式是至关重要的。因此,顺理成章的是,不能宣告这些言辞的人将无法订立契约;同样显而易见的是,不能听到那一询问的人也将无法对之做出答复,或者,如果他是**要约人**,将无法接受一项他并不理解的答复。盖尤斯(Gaius)认为:哑人极少涉及到口头之债,这是显然的。聋人也是如此;因为如果要表达内心意思或者做出承诺,他/她必须能够清晰地听见要约的内容;或者如果发出了要约,他/她必须能够清晰地听见承诺的内容。由此可以清楚地得知:我们所说的不是听力迟钝之人,而是完全丧失听力之人。①

用类似的方式可以解释《法学总论》中的另外一部分内容(第 2 卷第 12 章第 3 条):哑人和聋人同样不总是能订立遗嘱,诸如此类。正如文尼乌斯(Vinnius)所评论的,引用了保罗(Pauli)的《论判决》(*Sent*. lib.3, sent.4),这是因为哑人无法询问证人,而聋人也无法聆听证人陈述证言。

众所周知,布雷克顿在很大程度上效仿了罗马法学家,而且,前面引自《法学总论》的那段文字便可在他的文章中找到,并且几乎未加修改。② 但是,他说明了,他要么是不知道,要么就是忽略了原文中要约

---

① D. 44, 7, 1 § 14 *et seq*.
② L.3, f.100;比较 L.5, c.18, f.415, and c.20, f.421。

与承诺的严格的专门含义；他又补充了，除非可以间接表明，他们能够通过点头或者书写文字来做到这一点。同样在第 12 页，在说明哑人可以通过手势和点头的方式表示同意之后，他补充道，一般认为，哑人不能进行赠与，因为其无法表示同意赠与，正如一位发疯的人一样。他还使用了"consentire"一词以表示"同意"，这也是之后错误的一个来源。此外，在第 421 页，我们可以发现，在对那些天生聋哑人（这是天生的）和那些偶然造成的聋哑人之间进行区分时，出现了另外一种误解。或许可以通过上面引自盖尤斯那段文字中的"天生"一词来间接地表明这一点。

在布雷克顿之后的是弗莱塔，弗莱塔效仿布雷克顿，就像布雷克顿效仿阿佐（Azo）一样。弗莱塔认为：因为请求者的自然缺陷也会存在例外，如果他/她是天生的聋人或者哑人，他/她就既不能取得，也不能转让，因为他/她无法表示同意，但对于逐渐变聋、变哑的人来说，则并非如此[①]；等等。相对布雷克顿而言，此处的"consentire"似乎是在一种更为宽泛的意义上来使用的，它意指天生聋哑人不具有表达同意的智力，是一种迥异于原初规则的异常状态。与此同时，拉丁法规定，仅仅是听觉迟钝的人并非不适格，这一首要的限制性条款，已经站在了由布雷克顿在**天生**聋哑人与后天聋哑人之间错置的敏锐所间接表明的对立面上；据此，我们认为应当对迟钝的哑人加以解释。[②] 当然，以拉丁人的观点来看，某人如何变得无法用语言表达或者听到那些程式的言辞，是无关紧要的；唯一的问题在于，他是否能做到这一点。

布里顿（Britton）简要地提及了"那些既不知道如何也没有能力表

[①] L.6, c.40, § 2；比较 L.3, c.3, § 10. Bracton (De Exceptionibus), f.421。
[②] 那些英国作者盲目地坚信这些古老文本中的标语，但却只是被引入歧途。

示同意的人,例如聋人和疯人以及纯粹的低智商人"。①

这种观点基于那些早期的文章,是非常明显的,即使没有塞尔登(Selden)评论的支持,即"亨利·德·布雷克顿(Henry de Bracton)或者布雷顿(Breton)——在这部书中通常被称为布里顿和布雷顿——应当被认为是这部著作首要作者的名字,尽管此后比他那一时代在内容上有所增加。"②

大约两个世纪之后,极具天赋的珀金斯(Perkins)在《利图论》(*Profitable Book*)中进一步改进了前人的观点;尽管他不同于前人的观点,但是,通过改进,他更加接近了生活的真相。他认为:

> 如果一位天生聋哑人能够理解,可以进行赠予;但是,这样的人很难理解。因为某人应当根据其听力而具有理解力,而驾驶人员则需依据其视力而具有理解力,等等。一位天生聋哑人或许具有理解力。但是,一位天生的盲聋哑人则不可能具有理解力;因此,他将无法进行赠予或者转让。③

紧随珀金斯之后,柯克爵士④阐明了一位天生的盲聋哑人不能进行转让等内容。但是,他又补充,"一位聋哑人或者盲人,只要具有理解力和健全的记忆力,尽管是通过手势来表达他的意图……也可以进行转让",等等。⑤

---

① L. 1, c.29, f. 62; 比较 L. 6, c. 5, f, 279。
② Diss. Ad Fletam, § 3, p.457; Kelham's Tr. p.16. 载于 Y. B. 2 H. 4, 8, Bro. Eschete, 4 中的这一案例并未引起注意。
③ Pl. 25.
④ 爱德华·柯克(Edward Coke,1552—1634),英国法学家、民事诉讼法庭首席大法官(1606—1613)以及王室法院首席大法官(1613—1616)。他曾于 1628 年起草了《权利请愿书》,主要著作有《判例汇编》和《法学概要》。他始终坚持这一信仰,即普通法是最高的法律,并且其效力高于国王;并认为"理性是法律的生命;不仅如此,普通法本身就是理性……法律,即完美无缺的理性"。——译者注
⑤ Co. Lit. 42 b.

柯 克

大约在同一时期,作为林肯律师学院的高级讲师,韦克林(Wakering)重申了同样的观念以及与弗莱塔对立的观点:"一位天生的聋哑人是心智不健全的,但偶然造成的除外。但是,偶然造成的盲聋哑人也是心智不健全的。"①我们只有一个他引可以补充说明上述观点。黑尔(Hale)爵士以一种适中而合理的方式追究聋哑人的刑事责任,通过那些人们不会过于严格遵循的步骤得出了他的结论:

> 根据法律的推定,一位天生的聋哑人是低智商的人,抑或更甚,因为他不可能理解法律禁止做什么或者会受到何种处罚;但是,如果从表面上看他可以运用理解力,并且许多身处那种境况的人在相当大的程度上都可以通过手势来运用这种能力的话,那么,他可以受到审判,并可以接受裁判和执行,尽管在这种情况下应当极为谨慎。②

我们对于那些编写供打算从事普通法律师执业的初学者用于研习之课程中罗马法部分的人的智识表示怀疑。我们有理由怀疑,此种智识倾向于鼓励一种乔特(Choate)先生据以呼吁的华而不实的概括性的危险信赖,以及对于详尽分析某一特定案例的厌恶,而普通法正是始终不能脱离此类分析的。但是,上述例子难道还不能说明有充分理由让那些年长的律师在闲暇时间对之稍加思考吗?现在,没有人会怀疑,普通法中至少有相当部分内容是以罗马法为基础的。布雷克顿对将之归功于此的看法未作丝毫掩饰。但是,当柯克借鉴布雷克顿时,并没有探究其文本;而柯克则是现代的起点。结果必定是,与这种情况一样,在其他情况下,基本原则也会背离其真实的含义和内容,因为我们无法回忆起它们的历史和起源。某项逐渐形成的法律规则只

---

① Vin. Abr. Deaf, Dumb, and Blind, pl.8; Dyer, 56 a, pl. 12, note.
② 1 P. C. 34.

能通过认识其发展的过程而加以理解;并且,如果该项规则是诞生于英格兰的话,那么,优秀的法律人或多或少是可以了解一些的。只要我们的法理学可以追溯至早期时代,那么,就有同样的理由可以寻根溯源。我们不仅很难指明最早将这种法理学一般问题解释为法律编制的人(尽管他对于平民的劳动所知甚少)的名字;而且,我们还应当努力说明,除了已经由奥斯丁和其他人所指出的那些情况之外,在其他情况下,对于这种罗马式分类的愚昧误解也会导致普通法自身的混乱。

如果我们依据原则来考虑这一问题,在普通法中,那些将委托作为一项所有权的理由则是不明显的。如果我们根据这一主题来追溯分类的历史,那么,我们或许可以确信,它是由罗马法体系中的诸多片断所组成的,那些片断在此以这种方式建构了普通法的主体,以至于完全背离了它们原本适用的那些目的,与此同时,它们也同样没有适用于任何新的目的。

与我们自己的普通法一样,罗马法并没有规定每一项契约①都必须具有约束力,但却要求在形式上具有某种庄重的程序。我们会说,加盖封印的书面记录或者约因对于使某项承诺具有法律上的约束力是必要的。与之相同,罗马法规定,契约之债是有效的,或是要物契约,或是口头契约,或是书面契约,或是诺成契约(Inst. III.13, 2);正如布雷克顿(16 *b*)所指出的,带着或许会被忽视的现代因素,

> 订立合同,在习惯上要采取
> 要物、口头、书面、诺成、交付的方式。②

---

① 在古代罗马法中,除了少数承诺、要物契约和一些无名契约之外,当事人如果没有履行一定的仪式,仅有单纯的合意,若不另订罚金口约,债务人并不受违约的制裁。此种合意就是无式契约,也可称之为"简约"(*pactum*)。——译者注
② 原文为:"Re, verbis, scripto, consensus, traditione, Junctura, vestes sumere pacta solent."——译者注

口头订立之债就是已经提及的要约,在此类要约中,正式的提问与答复均为创设义务的有效事实。

通过经债务人同意而将某项债务记录于债权人账目之上,或者,在有些情况下,依据由债务人签署的债务确认回执,来订立书面之债。据称,与我们的书面封印合同相类似,这种记录并非仅仅作为证明债之存在的证据,还可用于强制债的履行。①

然而,我们目前所关注的是要物契约之债。一般而言,我们可以认为,这些债包括了通过某人合法取得属于他人之物的占有而适当创设的那些义务。由于非经当事人的同意,这种情况通常不会发生,因此,在大多数情况下,此类债务可以被视为因契约而产生的;尽管这并不适合于所有的情况,但是,由于同样的行为方式是被公正适用的,因而没有必要在它们之间做出区分。其中,交付或者占有特定物是具有法律意义的事实,而债则被视为源于该物本身。无论怎样,即便是在可适当认为契约存在的那些情况下,这也并不意指有关约因的现代理论。与在我们普通法的格兰维尔时代或者现在有关封印文书的法律当中一样,该理论在罗马法中也没有什么地位。我们认为,该理论的重要性在于:在罗马人的叙事被记录下来的那一时期,在那些书面记录中,就已经划分了不同种类之债,一般而言,要约就是一种订立契约的适当且正式的方式;但是,也存在一些频繁发生的明显案例,并不同样受这一规则的约束。如果没有研究这些例外的历史起源或者时间,我们可能会认为,任何社会中的人相互之间都会轻易借用金钱、谷物或工具,或者,另一方面,并没有过多地考虑正式的仪式而在相互债务中交付类似的物品。在此类简单交易中,依据一套发达的法律体系,进行物的交付足以创

---

① Gaius, 3, 131, *et seq*.

设某项与该物有关的债,这并不令人感到惊奇。由于忽略了某些形式程序,而允许接受物之交付的当事人拒绝返还该物或者其等价物,将是极为不公平的。因此,法律规定了一些特定行为以强制其实施。但是,这应当符合相关发生之债的范围,并且该债务是通过寄托、使用借贷、质押以及其他行为而得以履行的。某所有人拥有某物并且从未使该物与其所有权相分离,在这种情况下,对于其所有之物的占有,将不得不承担履行返还该物或者说明不予返还之合理原因(例如,该物在不应由占有一方当事人负责的情况下被毁损了)的义务。对于委托人打算使用之物的接收,将不得不承担履行返还其他同种类之物的义务。据此,实际上,可以认为该项义务并不依赖于契约而存在。如果可以期待变更法律责任,或者对此项债务增加新的条款或附属保证,我们则可以推定,一般而言,与未曾交付任何物一样,要约是不可或缺的。①

现在,我们便可看出,罗马法将寄托、使用借贷和质押归为一类的原因在于,在其中任何一种情况下,所讨论的债务均是从交付或占有的事实而非作为惯常形式的要约中获得法律效力的。②

基于同样的原因,可以将没有明确界定的委托所包含的第四类交易与它们归在一起。当然,我们意指实物[或消费]借贷。在此,交付之物无法被作为特定物予以返还,而只能被作为种类物予以返还。此项契约可以导致如下预期,即交付之物上的所有权应当转移至接收该物的一方当事人,且只能要求其返还同一种类的其他物品,并且除个别情况之外,通常情况下是没有利息的。这些物品是可以通过重量、

---

① 另一方面,参见 D. 17, 1, 39。
② 我们意识到,契约之债可以被视为对于债务口约这一原始交易而非要约的早期改造;我们并未担保为其他方面的思考提供理由。但是,显而易见,在罗马法的法学概要被记录下来的那一时期,要约是一般形式;因此,在那时就是这样对待法律的,从时间上说,无论哪一个债先发生,其他的债完全被划归在一起而作为一般规则的例外。

数量或者度量予以衡量的,当我们可以将消费借贷称为买卖时(L. R. 3 P. C. 101),这些物品不仅包括诸如酒、油和谷物之类的物品,还包括重要的货币商品。一项普通的借贷,如果没有担保或者书面记录,将会创设一种物品的实物[或消费]借贷之债;或许可以提及,即使此后借用人同意记录于出借人的帐目之上,作为一项规则,此项书面记录也与《欺诈法》中的交易备忘录一样,仅仅只是证据,而不能通过更新此前订立的有关契约而替代某项书面之债。① 一方面,委托并不包括这一值得深思的次级分类;然而,另一方面,霍尔特(Holt)爵士的研究对象又增加了两类,即租赁和委托,这在罗马法中属于两种完全不同种类的债。对于这一问题,其观点的创始人布雷克顿已经效仿了罗马法学家;但是,当霍尔特(Holt)爵士在裁决颇具影响力的"科格斯诉伯纳德案"(*Coggs v. Bernard*)过程中领悟到被强制实施以获得救济的债之一般观念,并在其关于委托的演讲中认为体现了那些同样的理论时,他发现,在依据所讨论的类属而列举出的那些种类中,没有一类能够包含他的案件。但是,因为他或许并不理解确定种类界限的那些技术性理由,并且,因为他间接提及了其他那些肯定或至少可能涉及交付的契约,而且其中之一满足了他的需要,所以,他利用那些契约完善了他的分类。他在所审理的案件中将委托作为充分的起诉理由,于是,他增加了对委托的分析;并且,由于委托应当被视为一项善意的契约,所以,他认为,被告保证的约因应当与原告的货物一起"受到信赖"。② 之后,通过加上租赁,这份列表将最终得以完成,在接下来准备讨论委托时,便会发现租赁问题。

许多读者意识到了,在这一拉丁体系之中,委托意味着无偿代

---

① Gaius, 3, 131.
② 我们认为,可以从霍尔特爵士判决的整个段落中看出,这是信托而非交付,后者被视为约因;为了将这一观念的起源归因于"善意",至少进行了一些润色。

理,而非无偿委托,而且,将其区别于其他具有约束力的契约的理由并不是缺乏约因,而是允许其不受要约或者交付的影响。有四种可以明确表示同意的契约得到后来法律的认可和执行——买卖、租赁、合伙和委托——而将它们归在一起的理由则是,在它们当中,债既非源自于要约,也非源自于物,而在于它足以使当事人意愿达成一致。① 盖尤斯认为,没有哪种语言或者书面形式是必要的;我们可以更加有理由推定,在那些存在应当交付之物的情况下,交付是不必要的,即使优士丁尼没有补充说不需要给付任何事物。②

我们必须承认,沿着我们所描述的这一路径所形成的分类,尚有一种与之相反的特别假定。我们并不打算详尽考察人们依据一般原则对于这一分类的看法;但是,我们可以追问,这一分类所赖以作为基础的明确区别是什么?理由不可能是,约因即是动产的交付;因为,如果存在一项简单契约的约因,那么该约因是什么则是无关紧要的。除此之外,可以说明的是,存在许多与约因相关的案件,尽管在那些案件中会强制履行要物之债,但是该约因并不构成委托;例如,一项普通的货币借贷,或者基于一项返还同质同量谷物的承诺,而交付以收益为目的的谷物。此外,在对所有的契约进行分类时,不论约因如何,均不存在任何哲学上的适当性,而那些契约仅与属于订约人所有而由立约人占有的动产有关。扩大或者缩小一位裁缝对修补我的外套所作的保证[范围],是取决于我将外套送至该裁缝的店内,还是取决于他作为我的家庭成员之一在我家里进行修补呢?多数人所支持的这一分类将会遵循有关得以适当理解的要物之债的一般观念,并且还会包括仅仅根据对他人所有之动产的接收或者占有而创设的全部义务。但是,这并不属于委托,因为对此类义务的违反并不总是能通过违约之

---

① Gaius, 3, 135, 136, *et seq*.
② Inst. 3, 22 (23, § 1 in some ed.).

诉而获得救济。在同样规定了寄托之诉的罗马法中,这一区别并不重要,而不论被告是自愿还是偶然接收了某一物品,也不论他自愿对其负责,还是由于船舶失事而交由他负责;约舒亚·威廉斯(Joshua Williams)先生在将委托和追索侵占物之诉放在一起而作为某一章节的标题时,或许,他持有这一方面的看法。但是,根据通常的理解,委托属于所有权契约的一个分支。然而,即使所有权应当像所要求的那样予以扩大,我们仍将会对其适当性表示些许怀疑。从表面上看,占有人将物返还给所有人的义务,和不得从所有人之处取走该物的义务一样,难道不属于所有人对于其财产占有的一般权利的某个方面吗?伤害或者毁损的责任,难道仅仅是一切人因对他人财产造成过失损害而应承担的一般责任的一个分支吗?接着,另一方面,委托人的义务和责任难道是有关委托的案件所特有的吗?① 如果委托应当仅限于源自物之占有的契约责任,那么,除刚才所述及的相当常见的困难之外,在我们今天,这一分类就可能存在最值得严厉质疑之处——即为了救济的形式而牺牲了义务的性质和真正起源。因为,通常而言,如果在这种情况下不存在契约,这些责任就应当通过侵权之诉而得以实现。被如此武断地置于一起的罗马法的标题之所以被保留下来,我们认为,原因就在于它们包含了那些与过失程度相关的罗马法规则。但是,除了普遍质疑那些规则是否适用于我们的法律体系之外,还应当值得记住的是,罗马法并未将那些规则局限于与委托有关的案件,而我们的法律体系则不是那样做。不同的学者曾经试图通过两种不同的方式来解决那些促使霍尔特先生求诸"科格斯诉伯纳德案"中委托规则的问题。第一种方式是,因侵权行为,如原告以被告在搬运时因过失弄破了原告的木桶并洒出了他的白兰

---

① *Blakemore v. Bristol & E. R. Co.*, 8 E. & B. 1035; *George v. Skivington*, L. R. 5 Ex. 1; *Francis v. Cockrell*, L. R. 5 Q. B. 501, 515.

地为由而提起诉讼,且该主张是基于一项在陪审团做出有利于原告的裁决后阻止判决执行的请求而发生的。如果某人过失弄破了我的木桶而使我受到损害,无疑他将因违反了对我的义务而承担责任,尽管在我们之间不存在任何特别关系,并且,我应当获得胜诉,而无论是否存在契约。如果某项契约并未明确涉及这一问题,那么将很难理解为什么占有(或者依据契约,或者没有契约)应当免除被告应当承担的义务,尽管他仅仅是将我的物品移至街道上。如果那些现代的英国人对此表示质疑,我们会敢于认为他们错了;但是,我们却赞同某些人的观点,他们认为该诉讼具有一种略有不同的请求损害赔偿之诉的形式。据称,对于所作承诺的充分约因是存在的。与门外汉的看法一样,罗马法学家更愿意将搬运木桶称为一项无偿劳役,因为他们没有关于约因的专门理论,并且也因为被告没有得到收益或者报酬。但是,在我们的法律体系中,作为对于原告的损害,木桶的交付或许可以满足某项约因。在期待整个事务得以完成之时,如果所有一切均如我所预期的那样得以完成,那么此项交付将会对我有利,这是正确的;但是,那并非问题之所在。问题在于,在所谓的约因得以实现时,由于我失去了对我的物品的占有,并将其交由他人占有,我是否遭受了损害。无可否认,答案是肯定的。① 对于这一我们无法轻易超越的观点的异议在于,承诺人将所讨论的那一损害视为其承诺的诱因,或者仅仅是其履行承诺之前的一个必要条件;我们并不理解,如果该项损害不是证据,那么,它是如何可以构成约因的。事实上,该诉状并未声明任何约因;正如我们所看到的,霍尔特爵士隐含地指出,使该项承诺具有约束力的是信托而非交付。有时,区分在先损害和约因,或许是一个微妙的问题;但是,必须承认,这

---

① *Bainbridge v. Firmstone*, 8 Ad. & El. 743.

些案件的表面倾向是,尽可能将任何这样的损害解释为充分的,并阻止有关这一问题的细致询问。或者在这一罗马法规则——代理人可以在未履约之前而非之后放弃代理契约,除非因疾病等而免责——或者在请求损害赔偿之诉(作为本案诉讼的一个分支)的早期历史中,均可以显示出霍尔特爵士的这一观点[①],也就是,伯纳德不应因未履行义务而承担责任(尽管是在交付之后,正如我们对该意见书的理解)。除了其他反对理由之外,由于与我们的契约理论相矛盾,所以前一理由是错误的。如果对于该项契约的任何部分均存在一项充分约因,那么对于全部契约也就存在一项充分约因,并且,某一部分与其他部分一样具有约束力。另外一点则更令人感兴趣。与我们阅读年鉴时一样,在年鉴[记载]的那些早期案例中所面临的真正困难,并非基于任何有关约因的问题,因为那时根本没有将那项规则视作可以适用的,而在于如何可以因未履行义务而提起间接侵害之诉,也即类似于侵害但缺乏一些形式要素的侵权行为之诉。这一困难在有约因时和无约因时一样大。那些审理源自契约关系的间接[侵害]诉讼的法官们所暗指的那些早期例证,就是这样一些案例;其中,与在"科格斯诉伯纳德案"中一样,协议涉及到财产,并且被告(当履行其协议时)损害了该项财产。该项契约立刻消失不见了,而该项诉讼则属于侵权行为之诉,因为该项契约仍将成立,尽管没有订立任何协议。从逻辑上讲,扩大法院管辖权的下一步是,当被告仅仅因疏忽或者未履行义务而陷于损害的一般根源时,便裁决被告承担侵权责任。在未履行的义务并非通过契约强制实施的情况下,这种做法显然是适当的。此外,当因被告不遵守承诺而造成损害时,依然不依赖于约因,这一同样的做法仍被认为是正确的。如果某人同意在某一特定时间内盖好我

---

① 也可参见 2 Kent, 570 *et seq* 。

的房屋,而他没有做,而因为缺少遮盖物,房屋的屋顶被雨水泡烂了,那么这会被视为一种侵权行为。在承认未履行义务可能属于侵权行为之后,便开始提出质疑,在辩称存在担保和过失的情况下,反驳是应当基于担保,还是应当基于过失;当作为此类案件中特有的争议——非请求损害赔偿之诉的争议——得到解决时,关于作为诉讼理由的侵权行为的观念就变得相当薄弱且逐渐消失了,契约的观念取代了它的位置,并将对于约因的证明引入了诉状,这并不足为奇。然而,"科格斯诉伯纳德案"中的诉状更类似于《年鉴》(Y. B. 19 H. VI. 49)中的诉状①,而非稍后请求损害赔偿之诉妥善解决的形式;它宁愿将担保称为诱因,接着阐明对于财产的过失损害,而这一争议并不应**当受到谴责**。这种根据证据进行声明的古老方式唤醒了霍尔特爵士头脑当中的这种怀疑,它在早期那些有关请求损害赔偿之诉的案件之前就已存在了,并且刚刚得到了解释。"请求损害赔偿之诉",他认为,"在诸如此类的案件中,就表明了对于该物的实际侵占……如果某人那样做了,并且未能履行其信托,那么将会因之而对他提起一项诉讼,尽管没有人能够强迫他管理该物。"将《年鉴》(11 H. IV. 33)中的语言与这段文字加以比较,便会发现,前者就是因未能在约定时间内盖好房屋而提起的诉讼。遭到反对的是,如果未能出示一项封印契约,那么该诉讼似乎就是契约之诉。对于这一问题,诺顿(Norton)答复:"爵士,如果他没盖好我的房屋,并且将我的木料扔得乱七八糟,那么我应当有充分理由无需契据而提起诉讼";但是,民事诉讼法院的首席大法官瑟宁(Thirning)则对所举出的这一案件做出如下答复:

> 我非常赞同你提起诉讼,因为他应当对自己由于疏忽大意而

---

① 在此,我们看到请求损害赔偿之诉恰好开始与诉讼理由进行区分。据称,被告担保治愈原告的马,但却因过失用药导致该马死亡。对于请求损害赔偿之诉的否定被认为是有益的,原因在于,过失或许仅仅是一种未履行义务。约因既非假定的,也非口头的。

实施的侵权行为负责;但是,当某人订立一项契约,并且将不会履行此项契约的任何部分时,你如何在没有封印契约的情况下对他提起诉讼呢?

如果这一观点占优,那么请求损害赔偿之诉就不会从该案的诉讼中产生出来,因为它一开始就受到如下意见的阻挠,即未履行承诺或许属于侵权行为,但不履行承诺则不可能属于侵权行为。正如我们所看到的,该意见起初占据了优势,但在霍尔特爵士时期之前很久就已经不再流行了;并且,他具有同样效力的注释虽然适用于任何因未履行义务而导致的请求损害赔偿之诉,却遭到至少长达一个世纪的实践的反驳。

第 05 篇

书评与评论(一)*

《论当事人选择诉讼规则》(*A Treatise on the Rules for the Section of the Parties to an Action,* London: William Maxwell & Son. 1870.),作者系伦敦内殿律师学院的戴雪(A. V. Dicey)先生,出庭律师,牛津三一学院的校务委员。

这本书的形式令人想起了斯蒂芬的《论诉讼程序》,甚至麦考利的《印度刑法典》,与之极为相似,作者通过举例意图指向长期讨论的英格兰法的法典化问题。这本书根据一系列规则排列,连续共计 118 条,每一条规则都表达了一项原理。每一条规则都通过简明的案例加以阐释,从而使得规则的应用与范围非常清晰,并且由以次级规则形式编制的例外来限定。正如:

> 规则 54:一个无权代理人代表委托人签订一项合同,并不受**此项合同**的约束;但是,却以其他方式承担责任。

---

* Oliver W. Holmes, *Book Notices*, 5 American Law Review 534-535(1871).

接着,在其他案例中:

A 欺骗 T 说他有权代表 P 签订合同而意图进行诈骗。A 没有取得 P 的授权并且知道这一情况,然而,他还是像具有该项授权一样与 T 签订了一项合同。尽管 A 事实上并不具有作为 P 的代理人与 T 签订合同的任何权利,A 仍然基于实际上相信他有那样的权利而与 T 签订了合同;例如,因取得一项编造的律师权力。在这些案例里的第一个和第二个案例中,T 可以因错误表达而起诉 A,也可以在所有这些案例中因违反该默示合同,即 A 有权作为 P 的代理人签订合同,而起诉 A。(*Thomson v. Davenport*, 2 Smith, L. C. 6th ed. 327.)

……

例外:如果在签订合同时,他并不知道,代理人的权利已经终止。

或许,我们很快就会质疑,最后一种表述是否过于宽泛了。在委托人死亡的案例中,这无疑是正确的,并且据称这已成为一个公开的事实了(*Marlett v. Jackman*, 3 Allen, 287, 293);但是,将这一理论适用于其他何类案例,尚有待确定。

我们关注这本书的形式,正是因为我们的大多数法律著作均陷于此一形式当中;尽管我们无法完全确定,运用规则、案例、例外的方式优于通过合理的、准确的编排来予以持续阐明的方式,但是,戴雪先生已经如此愉悦地将之加以运用,以至于这个问题变得无法确定了。

基本的划分是:

1. 普遍适用于所有诉讼的规则;
2. 适用于合同之诉的规则:

(a)原告,包括以下章节:一般规则、本人与代理人、合伙、公

司、夫妻、破产人与托管人、遗嘱执行人与遗产管理人;

(b)被告,包括类似章节;

3. 适用于侵权之诉的规则:

(a)原告;

(b)被告,每一部分均按上述划分;

4. 收回不动产之诉;

5. 纠错程序的效力。

在前述所有这些章节中,读者将会发现新的法律,而旧法经过如此阐述,似乎也变成新的了——衡量一部精妙之作的两个标准。对于我们而言,唯一的困难就在于该书的主题。只要法律具有当前每个人都希望赋予法律的哲学上的一致性,那么诉讼当事人就将面对如下这些问题:不得不履行的义务是什么,对谁履行此项义务,由谁承担此项义务? 换句话说,当事人的法律在逻辑上仅仅是特定权利和义务的推理结果,从表面上看,将某一部分与其他部分相分离,是不可欲的。呈现于我们面前的这本书将这一问题阐述的非常清晰,无疑,应当更多地归功于作者的天赋。然而,下述此类规则将无法与实体法相区别:

规则63:未成年人不得因其签订的任一合同而被起诉。

例外01:有关生活必需品的合同。

我们不得不说,由于根据一项或者数项救济方式(例如,禁令或者诉讼以及受其保护的权利)而汇集起来的作品通常都是有用的,因而,用于此类编制的时间就过去了。在法学史上,程序形式比诉讼规则出现得更早一些,那么,诉讼规则应当首先按照程序形式及其得以发展的方式加以归类,就是自然而然的事了。此后,我们发现了两者是相辅相成的;但是,我们现在需要的是像程序形式与诉讼规则这样彼此相互关联的基本原则,而不仅仅是依据执行规则的方式所做的次要区分。

第 06 篇

法律编制——共有关系 *

在此前的一篇文章中①,我们表达了此一观点,即一种完善的法律划分是不可能的,除非以**义务**这一本原概念为依据,来代替**权利**这一派生概念,而后者正是现有法律体系的基础。于是,在该观点中,我们自信是有独创性的;因为,尽管不同的法学家,比如福尔克(Falck)和奥斯丁,均曾间或提及法律编制是可行的,但是,那些作者中似乎根本没有人思考过这一问题,或者已经认识到问题的重要性,却仍然继续沿着旧路对待法律。然而,近来有一部才华横溢的作品,它完成许久并发表之后,我们才发现它已经开始影响我们的国家。在该部著作中,我们找到了如下段落:

> 在奥古斯特·孔德(Auguste Comte)的著作中,不会再有哪段文字比他极力主张的如下观点更富于哲学上的启发了,即法律应当可以靠近,并且法律的目的问题可以从义务的观点而非权利的观

---

* Oliver W. Holmes, *The Arrangement of the Law-Privity*, 7 American Law Review 46-66(1872).
① Oliver W. Holmes, *Codes and the Arrangement of the Law*, 5 American Law Review 1(1870).

点上予以解决……正如孔德所清楚阐明的,无法将权利作为法律中根本的或者不可拆解的现象;因为它们允许分析,所以它们需要分析;并且这种分析也可以适用于施于他人的义务、行为或者容忍,以及对于构成权利之内容的请求。为了界定每个人的权利,必须赋予对施于他人的行为或者容忍的追索权。权利的名称是"次要目的";它的"首要目的"是权利可以被拆解而成的义务。将权利而非相应的义务作为法律的根本现象,正是为了结束缺乏全面分析的状况,并且形成"抽象观念的实体"。①

除了这些考虑因素之外,这位作者还发现,"'权利'的法律将无法与道德规范保持一致"②;我们无疑总是可以从义务的方面接近这一主题,而无论我们是否同意该作者"在诉求的意义上"对道德权利之存在的否定,"正如在法律中对权利的理解那样"。

我们并未打算夸大支持这一观点的论据,或者同时进行深入的解释,而是以法典的形式提出这一理由方案,仅仅假定基本法律部门涉及那些被强制施于负担的阶层,也就是,法律所直接针对的那些人;而次级法律部门则涉及支持那些被强制施于负担者的那些人。下面的列表并不算完备,而仅是解释了普通法体系的性质(参

---

① Shadworth H. Hodgson, *The Theory of Practice*, London: Longmans, 1870, Vol.2, pp.169, 170 (§ 90, par. 3, 4)。我们未能查阅引自孔德的这一段落(Cours de Phil. Pos. Lecon lvii. Vol. vi. p.454, ed. 1864)。边沁的一些语言也是颇具启发意义的(View of a Complete Code, ch. 2, 3, 14, 19; *Works*, vol. iii. pp.159, 160, 181, 195);以及康德在《法哲学原理》中所称的法典(tr. Barni, pp.60, 61, 81)——**义务的法典**。至于在何种程度上通常所谓的法律才可以强制实施一般所谓的义务,我们则只可能地根据当前的目的来使用这一词语,但是必须根据调查,而对于此类调查的概括则已在前页(第 724 页、第 725 页)描述过了。

我们认为,在没有详细探究对该体系有益的初始论点(可以被扩展为一篇独立的文章)的情况下,提出一个体系的大纲是适当的。所谓的可行方案有时被正式提议,而通常则是由有关诸如电信、铁路等主题的书籍间接提出的,完全可以用反对这一方案的态度说,全部划分的目的应当在于使普通法成为**可知的**;并且,这一体系可以完全实现该目的,并使得从最普通的概念至次级逻辑顺序中最特殊的命题或例外均成为可知的。

② Ib. p.209, § 90, par.53.

见下列附表)。

然而,显然,这一方案并未穷尽普通法的整个体系。例如,在一部关于侵权行为的著作中,我们将会看到占有这项权利通常被作为当中的某一章节,并且不会再看到涉及所有的内容。于是,在涉及合同的部分中,我们将只考虑合同强制施于合同当事人或者第三人的负担和义务。但是,关于不动产或者个人财产的著作的大部分内容,关涉到转让方法以及将有价物再次划分成的不同财产权或者利益,而对于这些问题,至今无人论及。至此,我们仅仅看到了普通法的一个横断面——即被认为在某一特定时间存在的义务——尚有待形成一个纵断面,也就是,在一个持续的时间范围内展示义务。

附表 6-1:不完备的普通法体系①

A			一切人的义务
1	对于统治者	a	荣誉法(适用于臣民和非臣民)
		b	兵役——某些税赋(例如,人头税)
		c	刑法
2	对于一切人	a	[书面和口头]诽谤法(民事诉讼)
		b	对人的侵害——例如,错误监禁等
		c	某些妨害?
		d	与合同或特定关系无关的欺诈
3	对处于特定情况或关系中的人(其中一些只是A.2类的特殊适用)	a	职务法——法人
		b	垄断(例如,专利权)
		c	占有
		d	所有权、地役权、租赁等
		e	合同
		f	家庭关系

① 为了简明清晰,译者添加了附表标题并调整了表格形式。——译者注

(续表)

B			处于特定情况或关系中的人的义务
1	对于统治者(或许出于方便一切人对统治者履行义务的原因)	a	高级职员的义务——控告等
		b	征用权
		c	财产税
2	对于一切人(或许为了一切人对处于同样情况下的人履行义务。其中一些是 A.2 类的特殊适用)	a	法人？
		b	土地所有者不得侵扰其土地的义务
			等等
3	对于处于特定情况或关系中的人(包括 A.2 和 A.3 类中一些极特殊的适用)	a	法人成员相互之间
		b	土地所有者与承租人等
		c	受托人与受益人
		d	立约人与订约人
		e	雇主与雇员
		f	监护人与被监护人
			等等

一项义务是持续的,或者更确切地说,某一特定个人对另外一个人负有一系列恰好相似的义务。然而,除了使标明这一系列义务的形成与终止成为必要之外,这一事实本身在其他方面并不重要。A 所负有的不得威胁 B 的义务,现在和过去是一样的,无论在某一特定时刻,还是任何其他时刻,对于此项义务的描述同样是合适的,并且,与在这种情况下一样,如果此项义务严格属于个人,当在这些既定主题之下予以描述时,该义务的形成与终止则可充分得以指明。我们可以更进一步认为,存在依次归于可能连续处于某一特定事实状态的一群人中每个人的连续义务,这一事实并不重要;例如,有些人可以相互占有某物。因为,正如以前一样,对于这些义务的简单描述就已足够

了,并且,就那些义务的任何特定目的而言,其形成与终止则根据对于那些义务随之发生的状态的描述即可予以指明。对处于特定情况下的人的义务随着其开始满足那一状态而形成,并随着停止满足那一状态而终止。当对于义务作为法律后果而随之发生的状态即那些事实加以描述时,你是在描述关于某一特定个人义务的形成与终止。那些义务随正在讨论的全部事实的发生而形成;随其中某一事实不再适用于该特定个人而终止。因此,如果将占有界定为以某人自己的名义处理某物的权力和意图,那么可以由此推定,同样简单的是,归于某一占有人的那些义务在 A 或 B 享有此一权力和意图时开始归于他们,而在他们丧失其中之一时则将不再归于他们。这些对于无担保占有人权利的继承方式不会带来任何新的难题。那些归于该占有人的义务随某一持续的事实状态而发生,无论如何,都将归于可以满足这一状态的任何人。至于占有是合法的还是非法的,则与第三人无关。因此,这些继承方式属于事实问题而非法律问题。这是一种事实状态,而非将要继承的前手占有人的权利。然而,还有其他一些关于继承的例子,需要更为认真的对待,并且较难加以解释。某一事实状态只能由享有正在讨论的这些权利的第一人予以满足,有些持续性权利是随此一事实状态而发生的。只是某一特定个人(而非其他人)签订了某一特定合同,或者被赋予了某一特定的许可权或者专利权;因而,随立约人或者受让人的状态而发生的那些持续性权利,或许会被无法满足这一状态的他人所继受,并且,同样的情况也适用于与无担保占有相区别的所有。为了解释这一问题,有必要对**共有关系**的起源作一个简短的历史考察。

  这一概念决非法律上的每次财产转让所附带的必然事件。即使在当前的时代,受让人也可以对抗一切,正如在海事法庭的某一对物诉讼程序中那样;显然,可以从法律发展早期所采用的象征符号中看出,某些早期的转让形式是以俘获品为基础的。麦克伦南先生在其关于原始婚姻的书中指出,这种情况与妻子的取得有关,并且,当她们成为交换与出卖的对象时,这种俘获形式得以保留下来。作为罗马人拍卖的标志,长矛似乎象征了类似的情况;另外一个此类例证可以在盖尤斯第四部书的第16页所描述的誓金法律诉讼中找到。受让人继续使用让与人的权利,而不是要求一项源于其自身与转让物之关系的新权利,但问题在于,这一观念是如何形成的。

个人所有并非财产的最初形式,对于这一问题的发现或许无法归功于任何单个人,但它却是由麦克伦南先生异常清晰地表达出来的(Prim. Marr. 282)。那些众所周知的财产种类在任何地方最初均体现为共有财产,并且那些群体起初也都是所有者。在发现这一问题之后,他认为,"正如我们所掌握的那样,财产权的历史仅仅是区别于部落财产的**在**所有权族群**内部**成长的历史。宗族财产被认为区别于部落财产,是一个进步;家庭财产被认为区别于宗族财产,则是一个更大的进步。当个人财产出现时,蒙昧已经被远远地抛在后面了。"

梅因先生曾经非常清晰地指出,继承人对已故家父的继承,正是源于此。因为家庭的连续性是一个自然事实,所以,在暂时领袖去世后,无需经过任何创设就可以理解财产在家庭中的延续。在《十二表法》中,继承人被称作自家继承人,也就是,其自身或其自有财产的继承人,这一概念得到了盖尤斯的解释(Inst.2,157),并在保罗卓著的章节中继续得以完善。① 家父替代了管理者而开始被视为

---

① 从家父继承人的角度可以更加明显地看清这一点:当某一事项的支配权继续存在时,是不存在继承问题的,因为那些在父亲活着时被视为主人的人现在依然是主人。如此,虽然一个人被称为"儿子",但他却更像是"一家之父",只有通过称谓才可以分辨父亲与儿子,并且在父亲去世之后,看起来没有发生继承,而更多的只是对财物的自由管理。因此,可以认为,他们不是设定的继承人,而是主人。他们自己能够订立遗嘱,正如他们能消灭这些财物一样。D. 28, 2, 11。

所有者,而这一渐进的变化并未影响基于其死亡而形成的家庭转移。但是,在家父将之置于其中的条件下,财产理所应当被转移了。该继承人无法分别取得对此物或彼物的所有,而只能取得家庭的全部遗产或者家父地位以及附带的特定财产权利①,他将会取得这一家父地位或者代表家庭利益的权利,而这则容易受最后管理者的影响并发生变化。

由被继承人维系的其权利和义务或者全部人格的集合,起初即归由作为家庭领袖的被继承人所有,并由家庭权利和义务的集合所组成。正是基于这一事实,该集合便很容易与被继承人的自然人格相分离,并且被视为依次由其继承人加以维系。如果我们开始讨论在该共同体中某一个人整个状况的继承问题,假设是其全部人格,那么我们将会发现有关共有继承的其他更为普通的例子是很容易理解的。企图仅从英格兰法的例子中概括出法律概念的历史是非常危险的,因为早期英格兰法并非社会需要的自发生长,而是由一种关于较为成熟的罗马制度的知识所推动的。但是,在英格兰,我们却认为这是理所当然的。首要的共有关系的继承便是罗马法中的概括继承;接着,当所有这一概念起初从属于人身关系时,就出现了对特定事物继承中的共有关系,并且,这种继承作为一种附带事件,也处于与对物权利有关的人身关系之中,于是,也就被普遍地延伸至继承。比较一下土地权利的继承和动产的转让。共有关系这一概念最初并未加于当事人生前的动产转让之上。所有买卖均必须在市场上公开进行②;某人在市场上公开购买一项动产,即取得了一项可对抗一切人的有效所有权——

---

① Dd. 50, 16, 208.
② Laws of King Edward, 1 Wilkins, p.48; 1 Thorpe's Ancient Laws, 159; Aethelstan, 12, W.58; Thorpe, 207; Edgar, Supp. 6, W. 80, 81; Thorpe, 275, &c., &c.; Laws of Wm. Conqueror, 2 Palgr. Comm. xcvi. §21; cxix. n. (26); Mirror, ch. 1, §3, p. 14, ed. 1768.

他并不依赖于出卖人的权利。① 但是,这个例子不同于土地问题。最新调查显示,直到相对晚近的时期,共有关系才被视为有关个人所有的问题。在封建时代初期,领主与附庸之间的关系属于人身性质的,并且,这一延续被继承人之人身状态或关系的继承人的概念,源于英国人从罗马法中继受的概括继承。我们宁愿认为某一特定数量附着土地的使用附带并从属于人身关系;驱逐出境并未终止该附庸的义务,而只是将授予其具有同等价值的土地的义务强制赋予该领主。于是,一种与农奴劳役和土地保有相关的类似过程便发生了。农奴可以从中交纳赋税并使其能够履行人身劳役的唯一资本,就是他获准占有的那块土地,并且,随着时间的推移,这些劳役逐渐被视为依讨论中的该块土地而应当履行的义务。同样,免费劳役最初"对于其数量或者期限,完全是人身的并且是不确定的",但是,随着时间的推移,逐渐成为确定的,并且具有某种固定的价值,与农奴劳役一样,被视为依土地而应当履行的义务,最终被抵换为货币。在每种情况下,次要的变为主要的,而主要的则变为次要的。代替土地附随于那些劳役,那些劳役反而变为附随于土地了。② 这种变化正在发生时,布雷克顿曾经写到,使用者与所有者之间始终存在着一种服从关系,只要继承人可以自双方处获得利益,且使用者具有支配权或者劳役责任,就可构成服从的义务(81 b.)。

当然,在这些劳役失去其人身属性时,由谁承担劳役并成为在该关系中以土地作为担保的占优的一方当事人,则相对不太重要。因此,在财产让与中通过转让而将某项替代权赋予占有人,也就变得很

---

① 2 Palgr. cxix. n. 26, and Leg. Cnut. § 24, Thorpe, Anc. L. vol. i. p.391, Wilkins, p.137, § 22, 似乎显示出,至少在一个短暂的时效终止之后,公开市场中具有必要格式的买卖可以转移所有权。研究英国法的作者通常会确认这一毫无限制的原则。2 Co. Inst. 713; 2 Bl. Comm. 449; 比较 Spence's Inquiry, 475。

② See *Systems of Land Tenures*, Gobden Club, Morier's Essay, pp.288, 290。

普通了。布雷克顿的一段文字(17 b)将会说明可以得出这一结论的法律体系以及我们所假定的英格兰法中共有关系的起源。"他同样可以扩大赠与范围,并设定另外一些人为继承人,也就是说,他们不是真正的财物的继承人。可以认为,当他们拥有赠与物时,他们似乎成为了继承人,或者认为他愿意给他或者设定给他那块土地",等等。这段文字的其余部分也是值得一读的。为了一个有限的目的,第三人属于准继承人,基于这一拟制,对于人身关系的继承被延伸至第三人。代替对于被继承人全部人格的概括继承,我们设立了一种对于被继承人的某些被视为可与其他部分相分离的特定权利和义务的继承,这些权利和义务自身可以构成一项人格,正如它们可以清楚地构成一项独特的人身关系一样。布雷克顿认为,一个自由人可以拥有农奴土地,承担属于该块土地的任何劳役,并且仍然保持自由,因为他承担了那些以其作为该块土地之主人的理由而非以他作为个人的理由的劳役(Bract. f. 26, 67);也就是,原因在于他所承担的那一特殊且有限的关系,而不在于他的普通条件。

我们只是试图解释英格兰法,但是,从表面上看,或许可以从优士丁尼的《法学总论》中发现相似之处。在规定了因死者而形成的继承占有以继承人等为受益人而得以延续这一规则之后(L.2,t.6,§12),他在随后的章节中补充到,罗马皇帝塞维鲁(Severus)和安东尼(Antoninus)曾经写过,在卖方与买方之间存在时限上的联系。所以,此种卖方与买方之间的共有关系使后者能够利用前者未经许可的使用权,或许通过家庭的遗嘱出售这一中介。此种共有关系在继承人的概括继承之后很久才得以引入,并且似乎是由概括继承以类似方式呈现出来的。还应当注意另外一个事实。依据罗马法,与继承人不同,如果购买人发现对其有利,那么,他或许会拒绝接受出卖人的占有,并且坚持是他自己获得的而不利于他人的占有。同样的情况也适用于英格兰法。

下级土地持有者起初是基于与其领主的人身关系而持有土地的,而该土地只能由那些维系其继承人或准继承人之人格者予以继承。如果土地权利的共有关系源于上述事实,那么,假定同一规则适用于来自公开市场的动产仅仅是后来对不动产法律的某种效仿,或许并非是一种曲解原意的猜想。

无论怎样,当我们说共有关系中继承的对象只能是人格时,我们现在就已充分理清自己的意思了。比较一下对物(比方说,土地)的所有与对物的无担保占有。正如所解释的那样,占有是一种占有的持续事实状态,该状态可以依次由他人根据使其可以那样去做的任何方式来实现,并且某些特定权利也依附于这一事实状态,而不论该项占有是通过何种方式取得的。出于其占有的原因,第三人暂时将同样的义务归于占有人,而不论他是合法的还是非法的占有人。但是,一个非法继承人并非所有者,因为,尽管他可以得到免受第三人侵害的保护,但仍然无法得到免受不动产被侵占者之利益诉求的保护。那么,谁是所有者呢?根据占有通常受到保护的那些理由来推理,我们认为,是那些并非故意放弃占有的直接连续占有人中的第一人(例如,野生动物的捕获者),或者根据时效原则规定的时效期限内的最后继承人,或者遵照约束一切人之诉讼程序的权利请求人。现在,这些描述中的每一个,都类似于已经提到过的有关某一特定合同当事人或者某一特许经营权的受让人的那些情况——在任何特定期间,它们可以并且只能适用于某一个人而不能及于其他人。那么,某一后续的善意的物上受让人,如何利用根据仅有让与人才能满足的情况而发生的显著利益呢?只有通过假定让与人的人格这一观念,我们才能解释其起源问题。在共有关系为英格兰法所吸纳之前的那些年代里,受让人须在极短的诉讼时效期限内——许多早期习惯法汇编都将满一年作为占有转变为所有权的期限——寻求保护,这或许并非毫无意义。

这并不意味着,如果没有这一观念,就不可能出现转让。随着前手占有人权利请求的部分放弃,占有的转变足以为受让人提供普通法通常赋予占有的那种保护。但是,如果没有共有关系这一概念,购买人的所有权则必须依赖于他实际上所获得的占有。显而易见,正是在布雷克顿所处时代的晚期,罗马法中的这一规则在英格兰得到了普遍认可,并且,除非交付,否则动产所有权不会因买卖而转移,正如他所言,如果某人尚未将某物交付买方,那么,他仍然是物主(62 a)。但是,当购买人延续出卖人对物的法律关系,而非承担一种新的、独立的法律关系时;当买卖的目的在于,替代购买人,不仅仅是占有,而是由出卖人特有的事实而产生的出卖人的那些特定权利时;当买卖的目的在于,将出卖人的法律人格与其自然人格完全分开,并允许他人维系这一法律人格时——某项未交付的买卖便成为可以想象的了。现代法律的其他规则也是如此,它们依赖于买卖双方对物之法律关系的一致性,同时,也无需详细探究那些规则。例如,为了自身利益考虑,购买人可以增加出卖人短于诉讼时效期限的不利使用的年限,以补足那一必要期限,而这则是不动产侵占者无法做到的。

通过列举一般规则所适用的一些例子,并略加详细考察,我们将继续阐明这一规则。共有关系中的继承可以分为概括继承和部分继承,或者分为继承人承担被继承人全部法律人格的情况和继承人只承担该人格中某一明确部分的情况。前者的最好例子是罗马继承人的继承,这是颇为令人关注的例子,因为在那种情况之下,罗马法近乎承认了我们的这一观念,即所谓的物——作为共有关系中继承的客体——是人格。遗产是《法学总论》中所提及的第一个无体

布莱克斯通

物①,在那里,遗产仅仅被视为所有权的客体。但是,在《学说汇纂》(41,1,34)中,我们可以看到,遗产不仅维系了死者的人格,还临时代理了死者的所有权(D. 43, 24, 13, §5),所以,在继承人取得遗产之前,因死者而形成的继承或许已经完成了(D. 41, 3, 40),并且,如果继承人将要继承该遗产,那么,当该遗产尚未被继承之时,他也可以阻止对属于被保管遗产范围的财产的损害(D. 43, 24, 13, §5)。有关遗产管理的证书应当追溯至死者的死亡之时,这一规则似乎体现了同样的观念,因为我们的遗嘱执行人相当于罗马的继承人,同时,这一规则也是有关概括继承的另外一个例子。

  我们曾说过,在封建时代早期,土地的持有仅仅是[下层土地持有者]与上层领主之间某种人身关系的附带事项。同一附庸持有不同领主的地产时——当然,到目前为止已经发生了变化——他不再被要求履行不一致的劳役;并且,格兰维尔告诉我们(L. 9, c.1, pp.218, 220, Beames' tr.),在那种情况下,尽管他会因每块地产而向不同的领主表示效忠,但是他仍保留了对于其持有之主要地产的领主的忠诚;但是,如果不同的领主之间彼此发动了战争,而且主要的领主命令他与自己一起反对他的另一领主,那么他就应当服从,并且免除对于他所持有其地产的其他领主的劳役。此外,我们还知道,附庸对于其所持有的每份地产享有不同的人格,并且对于某一地产的继承与另一地产无关。每项继承均是对于一个独立的人身关系的承担,在每项继承中,继承人是根据上述人身关

---

  ① 我们不得不注意在我们看来属于错译的问题,我们为之向前追溯了150年,并且极有可能可以追溯得更远。有体物与无体物的区别规定在 Inst. 2, 2, §§ 1, 2 中,即前者就是那些可以触摸之物,后者就是那些不能触摸之物,是那些法律范围之内的物。这通常被译为"存在于权利之中的物",并予以如此的解释,从而导致了现代"无体的可继承财产"无法解决的混乱,并引发了奥斯丁对于这种毫无意义的划分的批评(Lect. 13)。如果将这一短语译为"何者仅存在于法律的意图之中",或者"何者依赖于法律而存在",并注意到第一个例子是遗产,这就是区别于其组成部分的宇宙(D. 50, 16, 208),而且,诸如法人那样的拟制物就是一个拟制的自然人,那么,我们将会更加接近罗马法律人头脑中的观念,尽管我们可能无法证明他们的所有例子都是正当的。

系而确定的。布莱克斯通①告诉我们(2 Comm. 386)，凡不属于封地的均为动产，而对于此类动产，情况则有所不同。对于这些动产，不存在不同的人格，并且我们据此发现，从很早以前开始，英格兰法中关于一切人的非封地财产的内容就仿效了罗马法中有关一切人的财产转让的规定。据称，罗马的继承人取得占有权，并非通过大量动产和土地的转让，而是通过继承人对于法律人格的简单延续，这似乎并未发生所有权的变化。通过类似的方式，遗嘱执行人之前就享有了对于未分配遗产的权利，并不是作为那些特定物的遗产受让人，而是作为立遗嘱人在遗产分配之后（如果还活着的话）所享有的所有权利的代表。遗产受赠人无法主张对遗赠物的法律权利，除非遗嘱执行人同意，我们认为，这也是基于同样的规则。或许正因如此，应当以同样方式说明此项现代原则，即作为剩余遗产，动产不如土地明确。由涉及其死后被依法占有的几份地产的立遗嘱人所维系的不同人格，不会因如下事实而混淆，即那些人格碰巧全部由同一继承人承受，正如此前由立遗嘱人独自承受一样。但是，对于剩余动产遗产的权利，原本是承受立遗嘱人的一般人格时的某一附带事项，正如法人成员对于法人财产的权力是随他们维系法人人格而发生的；并且，该项权力的继承不是通过几件物品的转让，而是通过那些承受

---

① 威廉·布莱克斯通(William Blackstone, 1723—1780)，英国历史上著名的大法官、法学家。1723年7月10日出生于英国伦敦的一个丝绸商人家庭，1730—1738年就读于切特豪斯学校，随后入读牛津大学彭布罗克学院，开始研习古典文学、逻辑学与数学。1741年，以学生身份进入中殿学院(Middle Temple)，1746年成为一名出庭律师。1750年，取得罗马法博士学位。1753年，他决定退出律师执业，专心在牛津大学从事法律学术研究和教学工作。自1749年和1751年起，先后担任沃林福德刑事法院法官和［牛津和剑桥］大学校长法庭顾问。1753年，开始围绕普通法发表一系列演讲，逐渐赋予了普通法一种整体的、相互依存的基调，同时又模糊了英格兰法的困难和矛盾，仿佛它原本就是一个统一的逻辑体系，甚至将英格兰法誉为18世纪智慧的结晶。1754年，出版了《英格兰法纲解》(Analysis of the Laws of England)。1758年，当选为第一位普通法维纳讲席教授。此后的一系列演讲构成了四卷本《英格兰法释义》(Commentaries on the Law of England, 1765—1769)的基础。1770年，在拒绝总检察长职位的同时，就任民事上诉法院大法官，直至1780年2月辞世。《英格兰法释义》是一位伟大的法学家对18世纪中期英格兰法所展开的一次系统的、清晰的、凝练的智识概述。参见《不列颠百科全书》，资料来源：https://www.britannica.com/biography/William-Blackstone，最后访问时间：2023年5月9日。——译者注

特许经营权受让人的人格的新成员而实现的——此项人格是在法人拟制中得到法律认可和具体化的人格。当遗嘱执行人开始分配剩余遗产时,或许可以推测,此项遗产仍将继续由同一概念所支配。

另外一个关于适格的概括继承的例子,是丈夫依据婚姻对于妻子的继承。依据早期罗马法的规定,妻子应成为丈夫的奴隶,并且,如果妻子有任何的权利和责任,都将由丈夫负责享受和承担。这一观念后来虽然或多或少有过改变,但大体仍为现代所承继。

让我们转向部分继承。此类继承包括土地的继承和大多数特定物的转让,或者是通过当事人生前的行为,或者是通过遗嘱——与对物诉讼或者市场公开买卖的情况相类似——在这种情况下,受让人无法对抗前手持有人。乍一看,似乎单一法人①就是部分继承的最好例证。存在某种权利与义务的持续集合,法律将其人格化,并且,这一集合或许会持续地归因于一系列个人。但是,除了公共目的之外,很少会创设此类法人。尽管在法律理论中,为了特定目的,可以维系与其前手同样的人格,但该继承人似乎只能通过一项新的授权而非共有关系来取得财产。因为,基于其公共特征,授权以及大多数与上述人格有关的附带事项超出了现任者的控制。

真正的部分继承类型似乎应当是有着私人目的的法人,例如现在的制造公司。持续权利与义务的集合构成了上述人格,这些权利与义务是随特许经营权的授予而发生的。只有 A、B 和 C 实际上符合受让人的描述,他们的权利或许只能通过承受其人格而予以继承。迄今为止,普通法始终认为此项人格可以与那些权利相分离,并认为它是明

---

① 通常,英国法学家将法人分为"集合法人"(corporation aggregate)和"单一法人"(corporation sole)。前者是一个真正的法人,而后者则是一个个人,是一系列的个人中的一个成员,通过拟制而赋予一个"法人"的性质。例如,国王或一个教区中的教区长就属于"单一法人"。古代罗马法理论中的个人之于家庭,正和英格兰法理论中"单一法人"之于"集合法人"的关系完全相同。参见(英)梅因:《古代法》,沈景一译,商务印书馆 1959 年版,第六章"遗嘱继承的早期史"。——译者注

确存在的,而且将此项人格作为上述那些权利的所有者,尽管从哲学上讲,那些权利属于法人成员是显而易见的。

在转向土地所有权的继承问题时,应当记住的是,首例共有继承即源自罗马法,并且在通过授权确定原始占有人的继承人时,就已经出现了。我们必须面对的此项人格就是享有无条件继承的不动产的所有权,据称当让与开始获得允许时,它们即承认了准继承人。但是,这种情况之下的共有关系并未得到其逻辑上的结果——封地受让人的遗产不因原始封地受让人的继承人没有继承而转归领主所有。或许这正是领主与附庸之间关系的原始人身特征,也是对于通过归还和重新授权实现不动产占有人的变更那一时代的记忆。更加值得注意的是,正如已经提及的,受让人可以在一定范围内对抗其授权人,从而根据时效以取得一项新的所有权。

享有无条件继承的不动产所有者的人格可以由多人和一人予以维系,正如法人可以有或多或少的成员。此项人格不会因维系它的自然人之一死亡而受到影响,正如在股票发明之前,法人完全由活着的成员维系,直至最后一人[死亡]。如布雷克顿所言(66 b),继承人可以是一个人,也可以是多个人,但如果是多个人,则应被视为一个法人,这是基于法律的一致性(和76 b)……如此多的继承人看起来似乎只能有一个身体。这就是联权共有(joint tenancy)。① 它可以通过分割土地加以划分,或者,如同分割一样,也可以赋予其对分割部分的权

---

① 联权共有(joint tenancy),是一种在不动产所有中极为重要的法律关系,在该法律关系中,每个共有人对整块土地均享有一种不可分割的权益,并且均享有使用整块土地的权利以及生者对死者的遗产享有权,也就是说,当某一共有人死亡时,其他共有人可以自动享有对整块土地的权利。——译者注

利;这就是分权共有。① 可以将其横向划分为特定地产和剩余地产,同样也可将其予以纵向划分,如下:

享有无条件继承的不动产

因为剩余地产受让人体现了权利和未来享有的可能性。他会因财产返还受到损害而获得损害赔偿,这一赔偿原本应当完全归于维系此项完整人格(例如,占有封地)的人所有,而现在却要在共同维系此项人格的许多人之间加以分配。

从这一观点来看,血统玷污②的原则至少是合乎逻辑的。由于普通法终止了被继承人的人格,所以那些仅有资格维系此项人格者不可能在经济状况上优于被继承人。

由于我们并未考察人们如何通过继承而享有他人的同一**物**,而只考察如何继承他人的同一**权利**,因此,所有权消灭和他人继承前手所有者最主要财产的方式在继承中均无一席之地。正如受让人所做的那样,在此类情况下,新的受让人维系了一项新的人格以代替旧的人格,与此同时,所有在转让时尚未解决的法定的和附带的主张,随着时间的流逝均为法律所禁止了。我们所考察的

---

① 分权共有(tenancy in common),是一种两人或两人以上对某项财产(通常是不动产,但也可以适用于动产)共同享有权利的法律关系,其中,每个共有人对该项财产均享有一种不可分割的权益,并且均享有平等使用该项财产的权利,即使权益份额是不平等的,或者生存空间是不同的。另外,当某一共有人死亡时,根据这种共有关系,生者不得享有对死者财产份额的权利。但每份权益(或财产)均可分别出售、抵押或者遗赠他人。——译者注
② 血统玷污(corruption of blood)指禁止重罪犯人享有继承财产、世袭称号等权利,又可译为"褫夺继承权"。——译者注

继承就是支持某项特定人格的继承。人们想当然地认为上述人格（**例如，所有权**）的开始与终止是确定的。此类继承应当通过对于某些事实的描述得以简要说明，构成人格的那些义务就是随着那些事实而发生的。那些事实则包括，在时效期限内，要么成为第一持有人，要么成为最后持有人，或者依据诉讼而成为对抗一切人的占有人。如果此一描述对于某人不再真实而对于他人却变得真实了，那么第一人的人格即已结束，一项新的人格则由第二人承受。于是，源自合同的权利的开始与终止由合同条款所确定；如果某一合同受让人根据合同放弃了他的权利，而接受了一项新的承诺以代替该合同，那么他所一直维系的人格就消灭了，并由一项新的人格取而代之。

当转向动产转让时，我们发现共有关系的观念在美利坚相当普遍，并且在英格兰也相当普遍——在那里，公开市场的买卖或许是一个例外。我们依然有理由认为，公开市场的买卖是普通法中为人熟知的典型买卖，并且其中没有容纳共有关系观念的位置。或许，这可以解释如下事实，即在普通法中，通过当事人生前行为来限制剩余动产是不可能的，而在口头遗嘱和书面遗嘱中，此类限制则是允许的。剩余遗产只能通过再次划分授权人的人格来加以限制。这可以通过遗嘱处分来完成——正如上面所解释的，这种方式源自罗马法。但是，当购买人不承受出卖人的人格时，购买人的权利则不会受到限制，相反，却可以对抗一切人。

我们已经说明了，共有关系原则使得交付不再是转移所卖之物所有权的必要条件，并且，在逻辑上，这一原则也应当适用于赠予，除非它被认为是违反公共政策的——因为某人根据某一特定人格而替代他人，既不需要交付，也不需要约因。然而，普通法法院却拒绝走得那么远，原因在于，所谓有体物的赠予，实际上就是一项将来交付的合同,并且因缺乏约因而无效。这种推理是英格兰法所特有的。我们认为,罗马法只要求通过交付赠予物而转移所有权,因为占有的变更在以此为目的的所有情况之下均是必要的。我们将立刻采取此项衡平法规则。这一古老法律中的另一项规则是,**诉讼中的动产**并不是可以指定的。① 当购买者对抗这一事实状态(占有)从而影响到动产利益的买卖,且那些权利随该事实状态而生时,将难以理解一项合同如何能够得以转让。A 已独自满足此一人格状态——实际上,某项特定合同正是与满足该[人格]状态之人签订的。这仅仅是根据一种拟制,即 B 维系了 A 如此之多的人格,以致 B 有可能继承此项合同的利益。当共有关系的观念得以适用于其他动产的转让时,即使对于普通法法院而言,将其适用于合同也是很容易的。正如法人成员据以享受法人权利的人格之延续性是根据法人名义的延续性而得以承认那样,普通法法院则是通过支配以 A 的名义提起的诉讼来承认 A 的人格之延续性的。在衡平法院,通过要求受让人遵守原始当事人之间的衡平法,也可以较非正式地达到同样的结果。衡平法走得更远,甚至支持**诉讼中动产**的赠予。从逻辑上讲,我们认为,原因在于这是一种某人根据订约人的人格而对他人的一种替代——也是一种交易。正如前面所提及的,约因似乎对于这种交易是不必要的,并且交付也与这种交易无关。

---

① 英国学者所提出的不允许转让合同的理由是,那将会鼓励健诉,这一理由被视作对罗马法的误解。在论及那些有利于对抗一切人的财产权利之后,《法学总论》转而论及债务和诉讼。债务包括契约和由侵犯法律权利而产生的责任,这些是基于其对于某一特定个人强制实施某项特定负担,而不是对于一切人实施某种公平负担,才被划分在一起的。由于侵犯某项权利而产生的责任仅仅是一种可以被起诉的责任,并且已经成为中世纪罗马法学家的口中常谈,如果想说明诉讼这一类别的地位,那就是诉讼源于责任,正如女儿来自母亲一样。对于后一种责任而言,这是真实的,但是,对于契约和将法律作为最终保护手段的其他任何权利而言,却都是不真实的。依契约而赋予的权利和依所有而赋予的权利均不是一种可以起诉的权利。起诉权并不存在,除非原始权利受到了侵犯。但是,对于某种责任来说是真实的那些部分,也被适用于另外一种责任,并且,这一错误以**诉讼中动产**的名义被永久延续下去。现在的法院正在使这一格言恢复其真实的意蕴。

到目前为止,我们已经分析了一些有关替代的明确案例,在那些案例中,某一继承人承担了一项人格以排斥曾一直维系该项人格至替代之时的个人。还有另外一类案例,在这些案例中,根据一项并不排斥其前手的人格而引出一位新的继受者。

在那些义务随之而生的特定关系之中,我们曾提及丈夫和妻子,以及雇主与雇员。它们被适当地称为"关系",因为目前这些关系的双方当事人或多或少地均保留着他们的法律人格,而不是由某一家父的人格所包含和消灭的附属个体。雇员可以起诉其雇主违约,同时,经过雇员的允许,其雇主也可以因侵权行为而向第三人要求恢复原状;并且,妻子甚至也具有其独立的**身份**。情况并非总是如此。根据早期罗马法的规定,某一公民的妻子、孩子和雇员就是他的奴隶。① 据称,他们与该公民之间并不存在法律关系,因为他们没有法律地位,除非是维系家父的人格。如果他们获得了财产,也就是家父获得了财产;如果任何人应当为他们的侵权行为负责,也就是家父应当为他们的侵权行为负责。如果不认识到这一点,我们将无法令人满意地解释我们的一些现代规则,例如对于其雇员侵权行为的雇主责任。如果某一面包坊老板派他的雇员驾驶其货车送货,并相信这个雇员是小心谨慎之人,而该雇员在过失驾驶其雇主的货车时撞倒了一位路人,那么,相应的分析就是,该雇主将不得不为之承担责任。一些研究罗马法的作者认为,雇主对于让谁成为其"家庭成员"应当尽更多的注意,而奥斯丁则或许从那些作者处得出了自己的解释。但是,即使雇主已经尽到最大注意义务,当他对于其无权去做之事无所作为,并且甚至根本不存在疏忽大意时,有时他也要承担责任。对于此一法律,如果我们记

---

① 在其关于谋杀自由人的法律的著作中,宾克尔舒科(Bynkershoek)是第一个主张家父权只不过是罗马市民法中的所有权的人。

得的话,很容易予以解释,即此一法律源于雇员仍为奴隶之时,雇主不得不令雇员遵守秩序,而将其作为他的家畜——显然,这就是当雇主雇用某一独立的缔约人时则应属另外一回事的原因;因为后者在古罗马相当于一个自由人,并享有独立的法律存在方式,可以亲自承担责任。

下述观点或许涉及同一渊源,即婚姻不是一项契约,而是源自契约的一种身份;丈夫享有对于妻子的对物配偶权利,雇主享有对于雇员服劳役的权利——以及前面所提及的丈夫对于妻子权利的概括继承。

然而,迄今为止,由于义务是基于所讨论的那些特定关系而强制实施的,所以它们与其他义务均属于我们第一个列表中法律的基本标题。我们目前所关注的是源自同一渊源的某一个人代表他人的权力。

法律将某一个人视为交易的一方当事人,而实际上他并没有参与,在这种情况下,对于一种创造性活动而言,这种拟制过于草率了,需要有一个历史的解释。在早期罗马法中,并不存在此类原则,也不允许由代理人代为实施正式的要约和诉讼。但是,一名奴隶是其主人人格的组成部分;如果有人对其作出承诺,就必定会使另一方当事人对某人负有义务,并且由于奴隶自己无法获得权利,使得利益自然归于主人。这并不需要拟制,但却是必然结果。此外,人们将会发现,由于主人对于其仆所得利益的权利是普遍的,并且在强制实施某项责任的情况下,主人应当为奴仆的侵权行为承担责任,因此,可以说,奴隶应当为了无论在数量上还是在种类上均不确定的目的而维系其主人的人格。

某个人可以通过他人维系作为家庭组成部分的他的人格——作为家庭权利与义务之集合的家父的人格——而获得权利或者承担责

任,当这种观念为人所熟知时,它并不需要太大的扩展以延及代表自由人的权力。但是,在这种情况下,由于此项权力并非源自当事人的**身份**,而是源自当事人的合意。因此,此项权力必然局限于所授予的权力范围,而不是普遍的,并且目前雇员与代理人之间的模糊区别似乎仍然依赖于这一情况。① 值得注意的是,相对于我们现在而言,罗马法对于自由代理人代表本人的权力的限制似乎略多一些;但是当代理人代表本人时,他依据拟制而被视为相当于本人的人,正如实际上奴隶的所作所为。在我们所阅读的埃尔塞维尔版《罗马法大全》(D.44, 2, 4, note 17)中,本人和代理人的人格是一样的。因为只要可以依据某种理由来批评代理人或者类似者,也就可以依据同样的理由来批评本人,这样一来,本人和代理人具有同一人格的观念就不是事实而是假定——因为当代理人采取行动时,从表面上看就是本人的行动。但是,与雇员不同,除了其代理的目的之外,代理人保留了其前任的全部法律人格。

　　如果可以记住这些区别,而且在我们的法律中,雇员与雇主的同一性是一种拟制,这种拟制并未在这种关系的目的之外终止雇员的独立人格,那么这些区别即可得以澄清,并可根据一些现代规则予以阐明。在卖方用归买方所有的船舶来运送货物的情况下,如果买方出示提单,卖方就应当将货物交付给买方,且不享有中止运输的权利,因为该货船的主人是买方的雇员,而雇员所为的占有即是雇主的占有。但另一方面,如果这些货物是通过雇用第三人来以船运送的,那么中止的权利将会得以[为卖方]保留,尽管该货船是为了买方利益而选择的。在这种情况下,该货船的所有者似乎成为买方的代理人;但是,他们是以运送者的身份,即以

---

① Austin, 3d ed. pp.976, 977; table 2, note 3, C. b.

独立缔约人的身份——以他们自己的名义而不是通过维持买方的人格——来持有那些货物的。尽管如果买方为了占有的目的而让他们作为代理人,且卖方并不会因此而受到欺骗,情况或许会有所不同。

或许,可以在买卖法中找到另外一个例子,在这个例子中,正如在英格兰一样,对于货物所有权的转移而言,交付并非必要条件。假设签订了一份书面买卖合同(例如,合同标的是一百蒲式耳①小麦),但尚未加以确认,且卖方此后依据买方的权力而占用了这份合同中的货物。在这种情况下,当发生占用时,所有权即转移。但可以理解的是,占用是依据合同的约束力而发生的,现在则是作为转让而加以运作,且交易并不等于交付,尽管法官们通常都这么说。卖方是买方占用的代理人而非占有的代理人。他以自己的名义持有,并仍然可以用卖方的身份主张其留置权。但是,如果此项合意已经直接或间接地预期,作为买方的代理人,卖方以一种新的身份持有那批货物,那么,卖方将因此取得买方的大部分人格,在未发生任何物理变化的情况下,此项占有将会发生变更,且卖方的留置权将会消灭。如果此项买卖是雇员对其雇主而实施的,例如车夫依据口头协议应当卖给其雇主一只狗,而且像以前一样继续照看这只狗,将之豢养于其雇主的畜厩中,那么可以推测,雇员在更为宽泛且更不确定的程度上维持了其雇主的人格,或许可以从这种程度上认为会发生占有的变更。

由于并不是任何人都可以实际占有某物并成为符合法律意图的占有人,于是就出现了关于衡量其是否为占有人的标准问题。上述考虑因素提出了这一标准,并且认为几乎完全是由英格兰法加以维系

---

① 蒲式耳(Bushel)是一个计量单位,在英美稍有差异。在英国,1 蒲式耳 = 36.3477 升;在美国,1 蒲式耳 = 35.238 升。——译者注

的,而无论可能在何种程度上与罗马的技术体系相关——正如一些作者所认为的,这一标准并不取决于暂时排斥普通所有者的意图,而是取决于是否以持有人自己的名义持有该物。某一雇员以其雇主的名义持有其雇主的货物;某位代理人为了一定目的而代表本人占有货物;但是,某一受托人,甚至仅仅是借用人,也是为了其自身利益而占有货物,尽管一旦需要,他便会放弃对该货物的占有。在我们看来,正是由于没有注意到我们所概括的那些相似的历史事实,才会混淆雇员与借用人的情况。

我们附加了一项列表(参见下列附表)。该列表并非是穷尽无遗的,但却概括了整个讨论,并且再次重申了这些主题为什么没有被归入截止目前所提出的那一基本类别的理由。某人仅仅通过与他人依次处于某一事实状态,就有权延续此前由那人享受的权利,因为那些权利是作为附带事项而附加于该事实状态的——正如,占有人通过获得对于某物的实际占有而享有的权利——对于与享受权利或者承担义务相关的那一状态的界定,指明了任何个人开始或者终止权利(或义务)的时间点。但是,在其他情况下,这是这样一种状态,即它只能由第一占有人予以满足,或者,在可以变更的情况下,它实际上并未发生变更,或者由享有权利或承担附加于此之义务的人予以满足。当然,在这种情况下,对于该状态的界定,并没有指明将利益与债务自然赋予并未满足该状态者时间点。这一界定标明了所讨论的人格的开始与终止,但并未标明确定由谁在既定时刻维持这一身份的模式。

	继承	可以补入关于人格的次级部门的部分			
		共同管理	联权共有、共同继承、分权共有	特定不动产和剩余地产	等等
A	概括继承或者对于他人全部人格的继承,伴随或多或少的例外	1	依据遗嘱或者死亡(遗嘱执行人和遗产管理人)		
		2	依据[当事人]生前行为	a	依据破产转让(受让人)?
				b	依据婚姻(丈夫对妻子)?
B	部分继承或者对于特定人格或权利与义务集合的继承,可与首先维系该人格的当事人的其他权利与义务相分离	1	依据无遗嘱继承(土地)		
		2	依据遗嘱(土地、动产)		
		3	依据[当事人]生前行为	a	依据占有的自愿变更(赠予不动产、交付来自公开市场的动产,或者有也或者没有约因)
				b	依据契据(土地或者动产)
				c	依据其他不涉及约因的正式程序,例如,公司账目上的股票转让
				d	依据转让,或者是口头转让,或者是未加封印的书面转让,基于一项约因,但并不改变占有(动产)
				e	依据没有约因或改变占有的简单合意或者相互同意(衡平法中的特定赠予)
	代理	或者关于在由他人维系之人格下的个人的讨论			
		1	为了在数量和种类上均不确定的目的	奴隶、雇员、妻子、普通代理人	
		2	为了明确的目的	代理人	

第 07 篇

书评与评论(二):评《法律杂志与评论》*

在令人感兴趣的本期《法律杂志与评论》的第三篇文章中,弗雷德里克·波洛克(Frederick Pollock)先生讨论了奥斯丁的法律定义。由于他的结论基本上与法理学演讲课程开篇即详细表达出来的观点相符合,而他在哈佛学院发表前述演讲时,他的文章正在经受杂志社的审查,因此,当我们希望在未来某时更加详细地介绍这些观点时,简要述及这位演讲者逐渐形成的观点,或许是令人感兴趣的。

从一个哲学的观点来看,奥斯丁的定义是无法令人满意的,这种一般观点已经表达在我们的书页中了。据奥斯丁所言,法律(若恰当地说)被界定为某个确定的政治优势者或者主权者(强迫政治劣势者或者臣民集体行动或克制,并且在不服从的情况下强制施行刑罚)的命令;同时,所有声称旨在那样做的主权者的命令就是法律。现在,每个人都承认,"谁是主权者"是一个事实问题,相当于谁手中握有一个国家的全部政治权力的问

---

* Oliver Wendell Holmes, Book Notice of *The Law Magazine and Review* (London: Butterworths, No.3, April 1, 1872), 6 American Law Review 723~725(1872).

题。也就是说，主权是一种权力形式，而主权者的意志就是法律，因为他拥有强制服从或者惩罚不服从的权力，而不需要任何其他理由。那么，主权者的意志成为法律的限度，就是他拥有或者被认为拥有强制或惩罚的权力的限度。许多例证表明，这种主权者的权力不仅在外部受到战争责任（据称，这或许是一种真实的制裁）的限制，而且在内部也受到相互冲突的主权原则（属地原则与属人原则）、由不享有主权者权力之人构成的组织以及没有任何组织的公众意见的限制。据称，或许存在无需主权的法律，并且，或可恰当地声称，在有主权者的地方，其他非主权者的团体甚至意见或许会在哲学意义上创设不利于主权者意志的法律。因为人们应当记住，在大部分国家中还有多数国家，在大部分人中还有多数人，并不享有此项政治权力；与此同时，他们的实际权力，因而包括他们的要求，都不应当被忽视，并且，在某些情况下，也不应当被拒绝。

在所提及的这些演讲中，从法律人赋予这一词语颇为有限的意义上看，除了依据法院程序强制实施的、因而实际上对于法律人相当重要的属性之外，法律是否还具有任何其他的普通属性，是值得怀疑的。可以看出，由于其在支配行为时的效力，按照这种方式强制实施的那些规则并不总是依赖于法院。如果说，或者从哲学上讲，或者从法律上讲，**与法律一样**，那些规则必然源于主权者的意志，这仅仅是一个虚构而已。

在海涅希乌斯（Heineccius）（Recitationes，§72）之后，奥斯丁曾经主张，只有通过经由法院采纳所证实的主权者的默许，习惯才能成为法律；在习惯被采纳之前，与政治经济学理论、法官的政治抱负和嗜好以及帝王的妃子所可能有的谄媚一样，它仅仅是作出裁决的某种动机。但是，显而易见，不论禁止性法令如何规定，在许多情况下，习惯和商业惯例具有同法律一样的强制力；如果在其被采纳之前仅仅是做出裁决的动机,那么,为了将来某一裁决而采纳它们的裁决又是什么呢?实际上,一项法令又是什么呢?我们相信,我们认为法律提供给法官的动机将会产生影响,并会促使他们以某种特定方式裁决特定案件,而且,我们将会基于那种预期来调整自己的行为,除此之外,还有其他意义上的法律吗?一项先例可以不被遵循;一项法令可以因解释而使其内容落空,或者,在我们按其行事时,也可以因缺少保留条款而予以废除;但是,我们希望与之相反,并且,如果我们的期待成为事实,我们就可以说,我们应当在日常生活中遵守法律。必须记得,正如从关于英格兰法律和宪法的司法解释的大量实例中所清晰看到的,在一个文明国家中,司法解释并不是创制法律的主权者的意志,即使在主权者意志成为司法解释的来源的情况下,那也是,一个主体即实施司法解释的法官群体所说的话,才是主权者的意志。除了主权者的命令以及法官自己的专断意志之外,法官还具有做出裁决的其他动机。如果此类其他动机完全有可能成功地提供一项预测根据,那么它们是否同样具有强制性,则是无关紧要的。对于律师而言,唯一的问题就是法官将会如何做出裁决?在一篇法理学的论文中,法官进行裁决的任何动机,或许是宪法、法律、习惯或者先例,只要是在当时的大多数案件中可能被依赖的,均应当被视为法律的渊源之一。那些单一的动机,如帝王妃子的谄媚,并不能成为预测的根据,因而也不会予以考虑。

为了确定主权者的哪些命令才可以被称为法律,我们现在转向奥斯丁的定义的自洽性。在所提及的那些演讲中,奥斯丁认为,不能始终依赖于他似乎将之默认为终极标准的特定惩罚或制裁。

除对于特定行为的纳税之外,这种义务观念还包括许多的内容。对于钢铁的保护性关税并不会导致一项不得将其输入国内的义务。就强制推行义务以实施某一特定行为并阻止相反行为的权力而言,义务这个词含有存在某种绝对请求的意思。如果法律意味着允许打算遵守法律的人以特定代价而享有某项选择权,那么就不能说存在一项法律义务。法律义务的标准就是命令的绝对性。如果法律规定,在涉及其特定的职责行为的情况下,某人应当面临一项刑事诉讼,但是,在可以使该行为接受法庭审判的所有其他关系中,这一行为是应受保护的,且被视为合法,实际上,也就是允许存在某种选择权。一个颇受世人瞩目的例证可以在众所周知的"克利奥尔案"(Creole)(2 Wall. Jr. 485)中得以体现。在该案中,有一项法律规定,特定船舶应当"不得不"雇用引航员或者"被没收并且支付"一项被称为"罚款"的款额,该项法律使得此一雇用成为可选择的,并承担一项税务——无论是正当的,还是无关紧要的。因而,惩罚的强制执行仅仅是试图证明某项绝对命令是可预期的证据(一项解释规则)。但是,除非对于该命令的违反不受法律的保护,否则,一项绝对命令是根本不存在的。

更加无庸置疑,在那些根本不存在直接适用于某一特定行为的惩罚的情况下,不作为或者作为的法律义务存在与否,应当取决于这些间接后果。为某种享受而支付公平的价格或价值,或者不得不返还或者放弃属于他人的财产的责任,并不属于惩罚;在一定程度上,这仅仅是普通法上一项普通的民事诉讼责任。在此类情况下,如果不存在附随的间接后果(或许是与某些合同相关的事实,例如,支付金钱),那就很难说存在某种严格的义务。而正是基于上述经验性理由,此项规则被纳入到法律教科书中,由法院加以运用,从而应当为专业人士所知悉。

由于民事诉讼责任本身并不是一项创设义务的惩罚或制裁,所以,它并不必然包含应受处罚性,或者违反义务。正如奥斯丁所认为的,谁会像刑事辩护律师那样如此过分地看待法律呢。法律的目的在于达到某一外部结果。如果法律通过影响人们的意志而极有可能达到那一结果,或者可以在不存在故意与过失时确定法律的欲求,那么法律就可以非常恰当地将故意或过失作为诉讼理由——责任的必要构成因素之一。但是,在其他情况下,有人或许认为,这是一种过于狭窄的限制;也有人或许认为,应当保护权利免受即使是无害的侵占;无论如何,人们都应当得到保护而免受来自外部危险源的损害,在这种情况下,过失并不是一项构成因素。公共政策必须确定界限应当划在何处。在某些西方国家,此项要求家畜所有者自己负责控制其家畜的普通法规则已经被完全抛弃了,因为在那些国家中,长期以来,将广阔的大草原圈占起来根本是不可能的。

第08篇

书评与评论(三)*

1.《爱荷华州法律汇编》,由法律汇编修订委员会提交至州立法机关,第一部分。

2.《修订法律委员会报告》,提交至州长,建议修订爱荷华州制定法,1871年。

3.《印度与英格兰的法典编纂》,一篇由英国皇家大律师菲茨詹姆斯·斯蒂芬(Fitzjames Stephen)先生发表的演讲。

我们已经收到了爱荷华州制定法律汇编的一些样稿,以及受命讨论修订法律的委员会的报告。如果不是打算对此项尚未完成的工作发表意见的话,我们可能会对许多有才能之人承担此项工作而表示满意。呈现在我们面前的这部分法律汇编是威廉·哈蒙德(William E. Hammond)先生的成果,他现在是爱荷华城市法学院的一名教授,担任过《西方法学家》的编辑——他曾经向该杂志投了一些精彩异常的评论文章。如果我们对于这份报告的作者们怀有较少的敬意,那么我们将不会对

---

* Oliver W. Holmes, *Book Notices*, 7 American Law Review 318-320(1873).

他们公开宣称的经验主义及其关于哲学的编排方法的不信任而感到遗憾。在诸如编辑法律之类的琐碎工作中,有充分理由可以"取决于那些使用这一汇编的人的实际便利,而非任何所谓的科学规则"。但是,对于那些在我们看来属于对"由近来的分类法作者'根据其自身洞察力的深度'而设计出来的,或者从外国法理学中借鉴来的那些精致理论"缺乏思考的嘲讽,我们表示遗憾。我们相信,最富学识的美国法律人正是那些极少采取这种态度的人。我们必须重申我们坚定的信念,即那些通常所谓的实用的方法实际上正是最不切实际、对于健全的法律思想极具破坏性的方法。一位研究诸如铁路、电讯或者(更进一步)商法、海运或医药法学等此类主题的作者认为,他正在从事一项非常实用的工作。他实际上的所作所为就是,根据某一引人关注的事实而非某一具有法律意义的事实来划分法律。所有的法律规则均预设了它们可以适用的某种特定事实状态;因为一项法律规则都被假定为一个行为动机,而在出现该行为可能会受到影响的那些事实时,则只能有一个动机起作用。因而,法律规则必须根据某一组或另一组事实来进行划分。一位文本作者或法典编撰者应当努力把握这样的内容,即它们的存在可以促使某一明确的法律规则得以实施。合同是一个适当的主题,因为,已经达成某项特定协议,这一事实将一系列法律后果加于合同之上,而如果没有合同,这些法律后果将根本不会存在。海上保险是合同的一个适当分支,因为该协议已成为那种类型的这一事实将更进一步且更明确的后果加于此类合同之上,而那些后果(例如适航的内在保证)则无法根据任何更为一般的主题而予以简化。所以,实际上,在一个人委任另一个人作为其代理人的情况下,该代理人在处理事务中的行为和收益应当归于本人,这一法律后果即源于上述那一事实;并且,这些事实被适当地划分在一起,而根据这些事实,此类特定的法律拟制(即代理原则)得以适用。

电讯则是一个不适当的主题,根据该主题所收集的内容通常已经包括在其他地方,因为所提及的大多数案件仅仅是有关本人与代理人或者有关合同的法律的例证,如果这些判断是正确的话。只考虑一家电讯公司的情况纯粹是戏剧性的,并且不具有任何法律意义。以此种方式把握这一突出事实的实用智慧将以修补阿博特(Abbot)的《法律汇编》作为结局——按照他们的方式是极好的事情,但是,在我们看来,这些成果却说明了根本无法解决诸如美国法律法典化之类的问题。

带着可以体现其全部所作所为之特征的力量与才能,斯蒂芬先生极富吸引力的演讲倡导制定一部英国式法典。与此同时,如同在读完边沁和奥斯丁的著作后一样,它却无法令我们感到信服。

在当今美国,制定法的定期编纂已成为理所当然之事,但是在我们看来,编纂被司法裁决排除在外的法律则远不是同样可欲的。我们竟然说,确定性和准确性特征被誉为此类法典的优点,正是在那些特征中,将证明此类法典还不如编纂中使用的那些材料。依然健在的最优秀的起草者或许能够更准确地意识到一项决定的理由,而不是表述该项理由。假定他在表述可以适用于过去所有案例的正确裁决的一项规则时获得了成功,将来某一案件会要求为这一汇编之规定所不容的某种更精确的差别待遇,这是极为可能的。此外,如果该汇编是法律,那么必将做出错误的裁决;目前,法官们可以考虑组成该汇编规则的那些裁决,并可以用任何与之相符的方式来解释该规则,或者与之相反,根据条文的字面意义,无论其可能被称为什么,该汇编均不再是法律。在英国,可以将关于合伙人的问题理解为关于第三人的问题。最近的案件证明大多数或所有的早期案件均得到了公正的裁决;然而,如果早先用清晰条文十分确定地公布的标准被制定为法律,最近的案件将会得到错误裁决。对于这一标准应当为何,今天的英格兰

边 沁

法官们意见并不一致(L. R. 7 Ex. 218);此外,相对于在以前任何时间里应当如何裁决任一指定案件而言,现在可能具有较少的不确定性。由于没有哪只手具有足够的技巧以划出一道界限,所以只能凭感觉来站在界限的一侧或另一侧。那些文本作者们可以从不同的观点、以不同的语言来表述那些不成文规则,并且可以通过从中抽出规则的那些案件来表明那些规则的范围。一项制定法的成文规则只能以一种形式加以表述,并且只能从其自己的十字路口处加以解释。因为,我们重申,如果超出了许可的范围,这一汇编将只能是一本教科书。

实际上,斯蒂芬先生与其先辈们在印度不得不处理的问题,不同于其在英国希望从事的任务。他们不得不创设一套体系,而不是仅仅赋予已被普遍理解的既有体系一个新的形式。

第 09 篇

伟大的不列颠人:汽炉工人的罢工 *

12月底的这次著名的汽炉工人罢工,使得整个伦敦几个晚上都陷入一片漆黑之中,最后,他们走进了法庭。公司指控五名工人犯有同谋罪。审判仅仅持续了一天;事实非常简单并且毫无争议,实际上就是:那些汽炉工人根据一些特别合同受雇于这家公司,那些合同要求在准备辞职时应提交一份特定的通知;通知的时间在不同阶层工人的合同中有所不同,从一周到三十天不等。大多数汽炉工人联合起来组成了一个商会组织。有一名汽炉工人,也是该组织的成员,因某种根本不存在的理由,而被该公司解雇。他在该组织的会友们要求让他恢复原职,但徒劳而返。在12月2日,他们一起拒绝工作,除非他们的要求得到满足。并未发生任何针对该公司职员的暴力行为,但是,伴随着许多威胁,却发生了一些针对该组织成员的暴力行

---

* Oliver W. Holmes, *Great Britain: The Gas‑Stokers's Strike*,7 American Law Review 582–584(1873)。这些评论是基于1872年对伦敦汽炉工人罢工领袖同谋的指控的关注这一背景而提出的。随后的严厉判决以及执行判决时大法官布雷特(Brett)先生的言论,极大地激起了英国的舆论,进而引发了对于整合英格兰法的重新思考。参见 Gardiner, *The Life of Sir William Harcourt*, 1923, Vol. I, p.255;Webb, *History of Trade Unionism*, 1920, p.284。——原编者注

为——那些成员并未被告知同谋者的意图,并且起初不愿同意此项计划。法官向陪审团指出,那些被告享有组织商会的完全权利,而且,不得在本诉讼中考虑下述事实,即他们的行为受到商业的限制,并有可能使其行为违反普通法;但是,该公司主张,那些被告

> 要么曾赞同实施违法行为,要么曾赞同通过违法方式实施合法行为;并且,法官还向陪审团追问,那些被告是否曾联合起来,通过采用同时违反他们与该公司签订的劳务合同的方式,要么妨碍要么阻止该公司从事其商业活动。这是违法行为,甚至是犯罪行为。如果他们同意通过同时违反此类合同来干预其雇主的商业活动,那么他们也就同意实施将他们置于同谋范畴内的行为。

陪审团只出去了二十分钟,然后就做出了有罪的裁决,但建议予以减轻处罚。然而,法院置之不理并判决被告监禁一年。在宣布这一判决时,那位主审法官说,他曾经告知陪审团:

> 有关他们是否应当查明被告有罪的问题,他们不应受如下暗示的影响,即他们试图所做之事将会给公众造成危险。但是,在这位法官看来,当不得不考虑他们犯了何种同谋罪时,他不能将下述问题搁置一旁,即他们所参加的同谋犯罪的一个明显结果是什么,以及他们的思想状态如何。他认为这一明显结果可能会给这座大城市的公众造成巨大的危险;这种危险已经体现在他们的思想中了;他们认为这将会对其雇主的思想产生影响……他们参加了此项同谋活动,意图迫使其雇主听从他们的意志……

> 这些囚犯均为主犯——首要行为人。其中两个是由那些工人选出的代表,因而,显然也是他们所尊敬之人。尽管他们具有善良的性格,但他们不幸将自己置于会被适当判决为某种危险且恶意的

同谋罪犯的位置之上。时机就在于,必定会处以某项严厉的惩罚,而非名义上或者较轻的惩罚之时——此项惩罚将会教育身处该位置之上的那些人,尽管不存在侵犯行为,他们或许是某一商会的成员,或者同意从事某项职业,或者,如果不实施任何侵犯行为,将继续从事该职业。然而,当他们一起同意时,他们必须注意,他们不需要同意通过非法手段那样做。如果他们那样做了,他们就犯有同谋罪;如果他们误导了其他人,他们就犯有恶意同谋罪。

那些对于当前有关该案的社会观点感兴趣并且希望听到诉诸法院的另一方观点的人,作为雇主与工人之间这场对弈中的一步棋,将会觉得最后应当在2月份的《双周评论》上看到一篇关于阶级立法的精彩文章,将许多公众意识与一些错误的法律观念结合起来。关于我们将会注意到的、已收集起来的各种有关阶级立法的实例的观点,与像赫伯特·斯宾塞[①]先生时常发表的有关立法理论的此类文章有关。在我们通常看来,认为相信进化论以及制度通过不断适应环境而获得自然发展的信仰者,可以通过一种源于公理的逻辑推理,制定一种政府理论,从而一劳永逸地确立对于政府的限制,这只是一种反常规则。但是,此时此刻,我们想要表达的反对理由是,这一观点预先假定了在一个事实上不存在的共同体之不同组成部分间存在一种利益的一致性。然而,保持其一贯的立场,斯宾塞先生始终会举出事例来说明立法的负面作用与正面作用是均衡的。通过改变法律,他主张,你不会去除任何负担,而只是改变了承受负担的方式;如果这种改变无法令

[①] 赫伯特·斯宾塞(Herbert Spencer, 1820—1903),英国哲学家,主张将"适者生存"的"进化论"应用于社会学研究领域,被誉为"社会达尔文主义之父",代表作品包括《社会静力学》(1850)、《心理学原理》(1855)、《第一原理》(1862)、《社会学研究》(1873)、《人与国家》(1884)等。在"洛克纳诉纽约州案"中,霍姆斯大法官提出反对意见,认为"宪法第十四修正案并未通过立法的形式确定赫伯特·斯宾塞先生《社会静力学》"中的理论,并且指出"宪法不是为了体现某种特殊的经济学理论而设计的"。参见 Lochner v. New York, 198 U.S. 45, 74(1905)(Justice Holmes, dissenting)。——译者注

法律更容易承受社会负担,出于整体考虑,立法就是不合时宜的。这种对于社会利益一致性的默认假定是非常普遍的,但对于我们而言,却是错误的。为生存而斗争,无疑,正不断地使人的利益区别于低级动物的利益。这种斗争在超越猴子的过程中不会停止,但却同样是人类生存的法则。在立法之外,这是不可否认的。这种斗争可以通过同情、审慎和所有社会的和道德的品质予以缓和。但是,作为最后的手段,一个人可以正当地优先选择他自己的利益而不是邻人的利益。而无论在立法活动中,还是其他任何形式的共同决议中,这都是真实的。可以从现代进步中期待的一切就是,立法应当可以根据社会中实际上最高的权力意志很容易且很快地(尽管不能过快)修改自身,并且对于一种有修养的同情心的传播应当可以将少数者的牺牲降至最低点。但是,无论哪一个群体暂时占有了这一最高权力,肯定会有与在竞争中失败的其他人不相一致的利益。

较具影响力的利益一定或多或少地体现于立法当中;从长远意义上看,与人或动物的其他每一个策略一样,这一定倾向于支持适者生存。对于阶级立法的反对并不是它支持某一阶级,而是它无法令立法者受益,或者它威胁到他们,因为一个竞争中的阶级总在不断增长权力,或者它超出了由同情心推动的自我偏好的限制。高利贷法律和类似法律对于契约的介入易遭到第一个反对,即它只会更加重借贷者的负担。用以施于那些汽炉工人的法律或许会遭到第二个反对,即它要求得到一个毫无疑问的权力的支持,而非现在由占优势阶级所占有的权力;而一些英格兰法令则非常有可能遭到第三个反对。但这是对于立法的不充分指责,即它以另一个阶级为代价来支持一个阶级,因为许多甚至可以说全部立法都是这样的;并且,当真正的目的是为了最大多数人的最大利益时,依然如此。为什么应当优先选择最大多数呢?为什么不是极为明智和高度发展的人的最大利益呢?从长远意

斯宾塞

义上看，我们这代人中少数人的最大利益或许将成为最大多数人的最大利益。但是，如果考虑到全部后代人的福利，那么可能也会放弃目前的立法。如果现实多数人的福利是至高无上的，那么它只能基于这一理由，即这一多数人手中掌握着权力。事实就是，这个国家的立法，跟其他任何地方一样，是经验主义的。立法不可避免地被作为一个群体通过其占有权力并将他们讨厌的负担置于其他群体肩上的一种工具。与其他制度一样，共产主义也无法清除这一困难，除非它限制或者阻止人类的繁衍。

第 10 篇

侵权法理论*

我们在前一期《美国法律评论》①已经试图说明,法律义务的概念并不仅仅涉及针对某一特定行为方式的税赋问题,尽管很可能恰好依赖于法院征税。显而易见,依据强制处罚的制定法而规定为刑罚的纯粹责任,不可能创设义务。据此,我们有理由认为,义务并非民事诉讼责任的直接结果。或许,我将不得不向我的邻人偿付其财产的合理价值或者市场价值,除了间接结果之外,人们不可能认为,这种[偿付的]可能性就相当于对侵占他人财产行为的处罚,也就更谈不上将不得侵占他人财产设定为我的义务了。我并不对肉贩子负有不得向他买肉的义务,因为我若买肉,就必须付钱。造成原告全部损害的民事诉讼的责任完全不同于与被告罪行相当的刑罚,因而,相对应地,正如边沁的某些追随者所持有的看法,此类诉讼的责任并不必然意味着应受惩罚性。雇主对雇员的责任,不仅是阐明这个命题的例证

---

* Oliver W. Holmes, *The Theory of Torts*, in 7 American Law Review 652-663(1873)。原文发表时作者并未署名。

① 6 American Law Review 723, 724.

之一,也是奥斯丁试图依据间接疏忽观念加以说明的,迄今为止已经得到了解释。① 确实可以说,所有这些颇为古老的例证都可以追溯至更为原始的概念,而现在则源于或多或少明确经过深思熟虑而形成的公共政策观念。古老的侵害令状并未宣称(也没有必要表明)任何具有应受惩罚性的意涵。充分条件是某一特定事件的发生,而故意(尽管无害地)实施该行为则并非必要条件。意外殴击与故意殴击同样有理由成为一项诉因。另一方面,正如在"赖兰兹诉弗莱彻案"(*Rylands v. Fletcher*)②中一样,现代法院判决某人对因他在自己土地上修建蓄水池而导致水的流失,或者对家畜走失承担责任,尽管据称他并没有过失。他们提起诉讼并不是基于下述理由,即在修建蓄水池或者看管家畜时,存在某种应受惩罚的因素,只要发生损害,便足以指控被告,而是依据下述原则,即让那些从事特别危险工作的人自担风险。在许多以草原为主的州,此项关于某人在看管家畜时自担风险的普通法规则并未普及。在通常情况下,要求铁路公司在铁路两侧架设栅栏的制定法,应是有效的。

接下来,在侵权法文章中所探讨的诸般责任的一端,我们会发现一组案例,既有古代的,也有现代的,其中,诉因仅仅取决于某些公开的特定行为或者事件,而不论其是否具有应受惩罚性。此类诉因,至少在以前,就是通常意义上的侵害行为,而在今天,则是那些来自于某些被视为特殊危险源的侵害行为。此外,还有其他一些涉及故意(但

---

① 7 American Law Review 61, 62。我们推测认为,其中他所暗示的另外一种责任,即对凶猛野兽的特殊责任,源于罗马法。在罗马法体系中,从表面看来,这种责任似乎建立在责任以某种方式依附于致害物的原始观念之上。乌尔比安告诉我们,责任与动物有关,并且,如果易手,行为必须指向当前的所有者。D. 9. 1. pr。我们从《法学总论》中看到,在野生动物逃脱后,一个人并不对这些动物造成的损害承担责任,因为它们不再属其所有。Inst. 4, 9, pr.; 比较 XII. TAB. 8, 6。因而,显而易见,本案[所有者]在看管动物时与在涉及狗或牛的案件中具有同样重大的间接应受惩罚性。现在则是基于文本中解释的理由来设定责任。

② L.R. 3 H.L., 330, s.c. L.R. 1 Ex. 265; 3 H. & C. 774.

却无害地)施予行为的案例,对此,推定认为受害者可以要求赔偿;同样地,若一个人的土地或者附属建筑,因某种无害的边界错误而受到妨碍,也是如此。

在上述诸般侵权责任的另外一端,我们会发现那些通常将应受惩罚性作为实质性因素的责任类型。它们是欺诈、恶意或者故意的伤害;或许,还有(严格意义上的)过失行为,此处的过失意指被告真实的心理状态。

因为边沁的观念流行起来,以及古老诉讼形式的废除使得辩护人可依据他们各自对实质性因素的观点陈述案件,过失逐渐成为一项实质性诉求,而介于简要提及的前述两组案例之间的正是将过失作为实质性诉求的大量案例。这种现代意义上的过失意味着什么呢?奥斯丁认为责任就意味着应受惩罚性,遵循着这一一般观念,他经过分析后将过失视为当事人的心理状态。对我们而言,这种解释似乎并不令人满意;为了阐明原因,我们必须在与这一主题保持一段距离之处开始。

法律的成长极有可能以下述方式展开:两组截然不同的案例表明一个概括的区别——从宽泛意义上讲,也是一个明显的区别。但是,当新的案件聚集在截然相对的两端,并且开始互相接近时,就越来越难廓清这种区别了;无论以何种方式做出的判定,都是基于略占上风的感情优势,而不是清晰的理智。最终,因相反决定的关联而得出一条数线,但又如此武断,以至于或许可以基于同样的理由而将线划得靠近一方或者另一方。然而,群属之间的区别具有哲学意味,较好的选择是在明暗之间的半影区划出界线,而不是令其始终处在不确定的状态中。例如,违反质量担保顶多只会导致买卖无效;但如果物在种类上都不同于协议的主旨内容,那么就根本不存在买卖行为。此处存在明显的一般区别。但是,当我们关注精细的案件时,质量上的区别达到何种程度方可视为种类上的区别呢？这是一个应由达尔文（Darwin）先生回答的问题。在某些情况下，名称上的区别并不是不可能足以改变标准。对我们当前这个主题而言，可以举另外一个更接近的例子。存在一些特定的权利，据称，若是在没有导致实质损害的情况下，对这些权利的侵犯是不可诉的。为了使之更具哲学意味，相邻业主的义务是，不得妨碍邻人先已存在的窗户的采光，或者避免挖掘以致因邻人地陷而造成可估量的损害。五十年前，在普通法案件中，赋予陪审团的职责是判断采光是否实际存在。这意味着什么呢？如果被告完全挡住了原告的窗户，我们便可推测法院不会要求陪审团帮助裁定由原告承担责任。如果原告所诉求的遮挡仅有一英尺高，并且还有一百码的间隔，那么，陪审团也不会做出有利于原告的裁决。但是，在这些明显相反的案件之间，还存在着大量其他案件，对这些案件的裁决基于同样的理由即可支持原告，也可支持被告，那么被告义务的准确限度就取决于陪审团的意见。但是，这些案件的所有构成因素都是永久不变的，并且也没有理由今天这样判，明天那样判。为了把这个问题始终留给陪审团，就只能让法律不确定。据此，我们在最近一起衡平法案件①中可以看到，五十年前主要交由陪审团裁量的事项现在已经成为一项精确的规则。无法对一栋建筑提出诉求，除非它的高度超过了其地基与先前存在的窗户的地基之间的距离。这个例子解释了通常在过失［侵权］案件中交由陪审团裁定的问题的意义。在这些案件中，不会被问及被告的意识状态如何。如果陪审团认为被告的行为不是一个审慎人的行为，下述事实——被告自行辩护，并且自认行事审慎——会免除他的罪责吗？说被告必须自担风险查明真相的意思，仅仅是他所相信的实际上是虚幻的另一种表达。实际情况

---

① *Beadel v. Perry*, L.R. 3 Eq. 465, 467.

是，那些被告行为的性质由陪审团裁定的案件，介于法院在没有陪审团帮助的情况下可能做出裁决的两个极端之间。假定案件的所有证据显示，一个可以充分支配其意识与理智的当事人站在铁轨上，看着一辆正在驶近的蒸汽机车，直至将他撞倒，在这种情况下，法官难道竟然会问陪审团这是不是审慎的？假定所有证据显示，当事人试图跨过一条可视范围在半英里的铁轨，并且视线范围内没有任何机车，在这种情况下，[法官]还会让陪审团去查明这属于疏忽大意吗？实际上审理的大量案件都是那些极为接近分界线的案件，以至于行为的标准不甚清晰，因而，在第一个例子中，交由陪审团裁定，就当是代表共同体的一般意见。让我们进行稍微深入的分析。

作为规律的法律是一种原因力，依据动机影响行为，并作用于结果。然而，在法律可能作用于公民或者法官个人之前，正如在文明共同体中一样，当主权者并没有直接将法律施于个人时，不得不对案件事实进行预先调查。例如，法院不得不让自己对下述情况感到满意，即一项未能在案卷中发现的古老的制定法，在法院强制施行之前，实际上已获公布。法院不得不确信与昨天的行为一样的事实。法院不得不认定该行为的意义以及先例的[适用]范围。对这些要点的清晰认定如此一致地确定了司法行为，以至于我们很容易在逻辑结论中忽视先例，并完全将其视为一个法律问题。对于一个涉及外国法的问题，当同样的法官以同样方式参引制定法和判例集，进行恰好类似的调查时，尽管由于对行为的后果影响异乎寻常，但我们在用恰当的称谓对事物命名时，没发现任何困难。

因为此类事实的功能仅限于要求一项法律规则，所以法院会以可能最为便利的方式调查此类事实。法律的基本拟制是，假定所有人都知道法律，因而，作为此类明知的必要前提无论是什么样的事实，不仅可以由宣布法律的法院在司法上做出宣告，而且必须由那些被要求服从法律之人自担风险地予以查明。无论事实的性质或许是什么,都很难辨明任何差别;而且,尽管并不是每一个在司法上宣告的事实都是法律的渊源,但此类事实并不仅限于先前提及的例证。人们并不总是能在主权体任何机构的先前行为中发现这些事实。正如此前已经论及的①,此类事实或许甚至无法将它们的强制力归因于法院的认可,尽管它们并没有在律师使用该短语的经验意义上创设法律规则,除非这些事实促使法官以其所暗示的方式做出裁决。柯克勋爵宣称,"在英格兰王国领域内,无法普遍地引用习惯;因为那就是普通法"。同样地,习惯就是事实。当有人认为普遍的习惯就是法律时,那仅仅是意味着法院会强制执行一项由习惯蕴涵的行为规则。这在柯克勋爵本人记录的一些案例中得到了令状形式的认可,在这些案例中,尽管有他的评注,王国的习惯仍然得到详细阐释。② 相对于保留先例记录的诉讼而言,在证据规则中更早地承认了对法律的修订。[在某个时期,]引用习惯不再常见,在此之前很久,便已无需证明此类习惯了。晚至上个世纪末,哈格雷夫(Hargrave)先生审慎地宣称,历数习惯"看起来不仅是不必要的,还是不合时宜的"。③ 最后,奇蒂(Chitty)先生在撰著时大胆地用"是"代替了"看起来是"。④ 至此,原初的事实问题已经消失,并且代替对习惯存在方式的研究,法院仅仅是从先例中使自己相信他们的先辈已经制定了法律规则。⑤ 在道路规则中,可以发现更具现代意义的例证。其中,在足够多次的争斗之后,形成了一种惯例,从而导致了相应的预期。接着,这种惯例在司法上得到了法院

---

① 6 American Law Review 723, 724.
② Calye's case, 8 Co. Rep. 32;亦可参见莫尔(Maule)法官的评论,载 Crouch v. London & N. W. R. Co., 14 C.B. 255, 283。
③ Co. Lit. 89 a, note 77.
④ Ch. Pl. 1st ed. 219.
⑤ 关于特殊的习惯,参见 Doct. & Stud. I. ch. 10。所谓的王国习惯是否为真正的习惯,是无关紧要的。习惯得到同样的对待,足以达到例证的目的。

的宣告，并且被制定为一项法律规则，即在依据普遍同意预期应当作为的情况下，人们都有义务如此作为。[我要]再次提及商人的习惯。这是一个真正的法律渊源，即使它的作用仅限于契约；因为它不仅仅是解释后果——它还强制施予后果，而不考虑真实意图为何。此外，无论做何解释，此类习惯的运作不可能总是依据契约原则而获得正当性，正如在涉及承兑人的案例中，无论如何，票据持有人的责任都不会转移到承兑人身上。① 实际上，或许令人感到遗憾的是，未能给予此类习惯更加深信不疑的尊重。因而，或许真实的是，在未予极度凝练的情况下，无法在银行与陌生人之间达成令人满意的契约，后者可依据该契约从银行的某位存款人处获得一张支票。但是，众所周知的交易惯例可以导致某种预期，一家随意忽视交易惯例的银行则会受到冷遇。如果一项法律规则比许多用于实践的制定法更具有强制性，为什么不应被视为具有法律上的约束力呢？然而，这并不是当前讨论的关键问题。在有些案件中，据称，商业习惯就是法律的渊源，在这些案件中，查明事实的方法随着法院的便利程度而改变。如果习惯已为公众知晓和理解，以至于法院的公正良知允许其依自身所知而运作，那么习惯就会发挥作用。② 如果习惯可以通过事先调查得以证明，正如在"皮克林诉巴克利案"（*Pickering v. Barkley*）中一样，它就可以基于对租船缔约方诉词的反对③——争点在于遭遇海盗是否构成海难，而自由地发挥作用，"法院希望下周五能将港务局长格兰利（Glanly）和其他适格商人带至法院，口头向法院作证"。在不到一百年前的英格兰，较为常见的是，在一个特别陪审团面前审理商事案件，陪审团成员

---

① 关于承兑人责任早期形式的概念，参见 Hardres, 485, 487。
② 在"吉布森诉史蒂文斯案"（*Gibson v. Stevens*, 8 How. 384, 398, 399）中，首席大法官坦尼（Taney）宣布，法院会在司法上认可密西西比河流域的贸易惯例，据此，一份仓粮存单的转让与一份船货提单的转让具有类似的效果。
③ Style, 132.

基于他们自己的理解证明商人的习惯。在我们今天,如果法院表示怀疑,就会和任何其他案件一样,在一个普通陪审团面前依据证人证词审查事实。但是,无论查明事实的方式如何,证据的目的都是一样的。目的始终在于向法院提出一项法律规则,实际上无异于对制定法的阅读。假定法院预先对所有法律了然于胸,如果依照这种虚构行事是可行的,那么提供此类证据就与颁布下述法令一样是反常的,该法令规定梅瑟兹·利特尔和布朗[出版公司]版的《美国联邦法令大全》应当成为众所周知的国会法令的适当证据。①

　　至此所言已经直接涉及过失案件中事实与法律的关系问题。在有些案件中,事实——对该事实的信仰控制着法官的行为——就是立法机构的法令;在有些案件中,正如法官所理解的,事实就是公共政策;在有些案件中,事实就是那些最高利益阶层的交易习惯或惯例;而在其他一些案件中,既没有成文法令,也没有清晰的政策理由,也不存在特殊利益阶层的习惯,在这种情况下,事实就是该共同体普通成员的习惯——一个审慎人在这种情况下的所作所为——而法官认为陪审员即代表着这样的审慎人。但是,陪审员的功能仍然仅仅限于通过提出标准激励法院的良知,正如在依据习惯做出裁决之时。当然,已经预先制定了下述法律规则,即如果陪审团发现原告给予了正当的注意,而被告则没有,那么陪审团将会裁决支持原告。但这仅仅是一个便利程度的问题,并且只是相当于预先采用了他们的观念所要求的行为标准。在一个清晰的案件中,如前所述,不会追问陪审团的观念;但清晰的案件很少会被诉至法院,而且已经形成的[看法]是,许多人将过失视为始终——并且依据事物的性质——理应由陪审团决定的问题,他们的观念值得尊重。如果过失意味着一种应受惩罚的心理状

---

① 1846年8月8日的国会法令(Act of Congress),9 St. at L.75。

态,并且证明这一点也是原告诉讼理由的组成部分,那么这种观念就是正确的;但我们却试图说明这是一种误解。如果这仅仅意味着,在特定案件中,无法准确判定哪些公开行为使人承担责任,那么陪审团的功能在理论上就始终无法发挥。因为,正当习惯已经发挥作用时,它却消失并让位给了法律规则;正当人们不再对(所谓)该领域的一般习惯进行辩解,以及在肯特和斯托里的著述中呈现出曼斯菲尔德勋爵的专门陪审团的裁决结果时——正当法院的意见对特定情况下的行为规则完全感到满意时,如果同样的规则并不适用于此后的类似案件,那就相当于违法。但此处遭到反对的是,根本不存在两个极为相似的案件,每一个案件必定取决于自身诸多事实的细微差异。同样的观念也曾经盛行于衡平法之中,而基于该理由,认为遵循先例是不可能的。但是,有许多案件交由陪审团裁决,其中,呈现在陪审团成员面前的,是所有事实都可以用简短的公告予以概括。此类无关紧要的案件或许数量巨大;因为我们既不打算探讨,使许多案件因巡回法院对其做出裁判而消失,是否在实践中更优,也不打算探讨,在某些情况下不遵守严格行为规则,是否不可欲求。所有的尝试都旨在阐明陪审团据以参与裁决的理论,即,从根本上是否应对陪审团的裁决提起上诉,以及陪审团明显是为了满足法院而做出裁决,故若再次出现同样的问题,是否仍应采纳陪审团的表决结果。此类问题均依赖于法院的自由裁量。

如果此一分析是正确的,人们将会看到,据侵权法文本界定的法律责任,可以划分为以应受惩罚性为构成要素的责任和不以应受惩罚性为构成要素的责任;但是,后一种类型或许又可再分为能够明确查明认定责任事实的案件,以及界限有待查明或者无法与政策动机明确区分的案件。

现在,我们仍需考察更具根本性的编制原则。或许,侵权法章节最令人不满的反对理由是,它本末倒置,依据因其被违反而得到普通法认可的行为方式编制法律责任——实体法在程序法之下。但是,对胜诉行为和败诉行为的列举界定了法律强制赋予的初级义务①的范围,因而,也就无法找到侵权法教科书内容上的不足。侵权行为应被视为对对世权的侵犯。这或许会被证明是一个范围过于狭窄的定义,尽管该标题之下涵盖了所有此类权利。它首先包括了一切人对一切人的义务;也就是,一般意义上主体对主体的义务,而不论其中任何一方是否具有比可能导致法律责任的事实更为特殊的情况。例如,不得威吓与殴击他人的义务,强制适用于一切人,并不排除有利于可能遭受殴击的一切人的一般规则。可能发生的事实仅仅是一种先决条件,而不是适用某项特殊法律规则的特定事实状态。第二类义务,对于那些被迫承担此类义务之人而言,同样是普遍适用的,但并不适用于每一位共同体成员,而只是由处于特定事实状态下的人承担;也就是,由依据某些确定标准区别于其他共同体成员的人承担。例如,一切人对某位[财物]占有人、专利持有人或者雇主的义务。当然,与这两类列举的[义务]类型相对应的权利就是对世权,但仍有其他一些案件较难归类。无疑,存在一些案件实例,在这些实例中,义务似乎源于当事人之间的某种特殊关系。例如,有一起涉及一件物品的卖主的案件,众所周知,若按照预期使用的话,该物品存在一种可能造成损害的隐秘趋势。乍一看,此处的义务似乎是法律附加在卖主与买主之间特殊关系上的一种逻辑后果。但同样的义务也会源于[财物]寄托人与受托人之间的关系,而我们认为,思考将会表明,尽管当事人之间的关系提供了机遇,但正在讨论的义务却有可能被概括为一种形式,而不考虑特定的关系。实际上,人们相信,我们失去了诸如一个哲

---

① "义务"这个词通常惯于避免循环表述,并且很容易受到本文前述内容以及先前相关探讨中所暗含的考虑的影响。

学体系自然蕴含的普遍性的好处，只得依据戏剧性地生成案件、但在法律上又无法约束案件的特定关系来探讨案件，而这是无法全面编制法律的恶果之一。某人受雇在酒馆安装吊灯，而在事物通常发展的过程中，其安装吊灯的方式有可能会使吊灯坠落，并造成损害。原本预期的损害实际发生，但法院却找不到判决被告承担责任的理由。本案中的义务直接源于订约人和签约人的关系，并且，在某种程度上，至少应依据契约来讨论主体问题。但是，义务(如果存在的话)在逻辑上应是契约的前提条件——也就是，强制施予一切人，有利于一切人的义务——而从表面上看，契约似乎仅仅是一种为违约提供的机会。① 这里再次提及订立契约中的欺诈问题。违约只能在订立契约后完成，但是，不得欺诈的义务在逻辑上却先于契约，并且从表面看来，依据赋予受欺诈方可以进行侵权欺诈之诉的选择权，该义务即被视为如此。因为当前的目的仅仅在于阐明此一概括性命题，故而并没有考虑，除依据协议强制施予的任何特定义务之外，在涉及受托人的疏忽时，同一命题在多大程度上也是成立的。

然而，有一些真正的特定责任，源于特定的事实关系而不是契约，当这些责任并未依据契约诉讼而强制适用时，它们也被涵括在侵权法书本中，例如承租人终生负有对遗产继承人的义务。尽管无法将此类义务分解为契约，但是，人们认为，可以对此类义务与契约一起做一个明确的概括：即身处特定事实状态下的人对身处特定事实状态下的人的义务；或许，可

---

① Collis v. Selden, L.R. 3 C.P. 495。该案还有另外一层意义，即它承认了至今已经得到发展的关于过失的意见。据称，被告在安装吊灯时存在过失，但威尔斯(Willes)法官认为，"如果我们要判决一个曾经疏忽大意地做过一项工作的人以这种方式承担责任，而不论目的是否具有正当性，那么，诉讼就永远不会终止"。也就是，法院主动提出，在没有陪审团帮助的情况下，被告义务的标准应当是什么，因为法院在这个问题上明确主张，将责任扩展至必要的程度范围，是不可欲的。或许，还可以提出大量关于同一原则的其他事例，但参考下述案件就足够了：Ryder v. Wombwell, L.R. 4 Ex. 32,39；L.R. 3 Ex. 90；Manby v. Scott, 1 Mod. 124, 138，引用了布莱克本(Blackburn)法官的赞同意见，载 Bazeley v. Forder, L.R. 3 Q.B. 559, 564；Shipley v. Fifty Associates, 106 Mass. 194, 199。亦可参见 Giblin v. McMullen, L.R. 2 P.C. 317, 336, 337；McCully v. Clarke, 40 Penn. St. 399。

以更简明地说,特定事实关系的当事人之间相互的义务。

仍然有待考虑的是,是否存在类似于一切人的义务的责任,严格来说也属于正在讨论中的这一主题。那些义务仅由身处特定事实状态下的人负担,而正在讨论的责任则是附于其上的一种特定后果。我们认为,必须承认存在由某些有限阶层之人对一切人所负的义务。我们将会看到,这些义务正在以不易察觉的方式逐渐区别于一切人的义务。因而,不得用手威吓[他人]是一切人的义务——无论是否具有任何比可能存在的先决条件更特殊的情况。手持木棍之人明显区别于通常依凭专属于有限阶层的事实的主体。然而,明显反常的是,对不得用鞭子威吓他人的义务的描述,区别于不得威吓他人的一般义务。当我们进一步讨论用致力武器威吓他人的案件时,就更容易区别了。当我们论及危险动物的责任时,很难设定出一个一般性定义,而不考虑恰当合理的特殊情况。然而,人们认为,最后这种责任与前述事例存在紧密的联系。不论当事人之间[是否具有]特殊关系,在所有强制施予的义务中,都存在一个共同的因素。这些义务无法令人满意地化解为一切人对一切人的义务,但可以察觉出它们具有共同的趋向。将尊重占有的义务概括为维持社会秩序的义务的一个特殊适用,不会是有益的,但这两种义务相互具有同源关系。凶猛动物的责任无法涵盖在一个概括性陈述之中,即每个人都对极端危险作业的后果承担责任,因为在特定时间的特定司法权限范围内,根本不存在被视为极端危险的确定之事,而那些已被确认危险的特定事物,也不得不予以个别考查。不过,那些特定事例均指向了作为依法设定的判决理由的此类一般性原则。

如果现在有读者参阅本卷第48页上的图表,那么他将会发现此处标明的六个法律部门归属于三个概括组群,每个组群的成员都具有哲学意义上的联系。第一组,一切人或一个特定阶层之人对主权者的义务;第二组,也是我们一直在讨论的,一切人对一切人或一个特定阶层之人的义务,以及一个特定阶层之人对一切人的义务;第三组,一个特定关系的当事人相互之间的义务。对第二组的分析或许可以简化为图表形式,如下:

	作为构成要素的承担责任的当事人心理状态	依据准确界定的行为或者事件认定	依据未准确界定的行为或者事件认定
一切人对一切人的义务	欺诈		
	故意或者恶意的伤害	前述的威吓与殴击	
	严格意义上的过失	极端案件,逐渐演变为宽泛意义上的过失,不由陪审团审理	宽泛意义上的过失
身处特定情况下的人对一切人的义务		雇主对雇员的责任	
		凶猛动物	
		家畜	
		其他具有主动致害倾向的事物,如水库	
一切人对身处特定情况下的人的义务	恶意导致违约	特许经销或者垄断	
	家庭关系	占有	
		所有权	
		依据契据或者法庭确立的法律规则准确界定的地役权	未准确界定的约定俗成的地役权

第 11 篇
哈佛大学毕业典礼晚宴上的发言*

1880 年 6 月 22 日

校长先生①：

一个人在近二十年后回顾自己的毕业日时，会惊奇地发现，相对于诸多后来发生的事件而言，那一天恍若昨日。记忆在人生经历的峰峦之间铺设了一层光镜，透过光镜，我们的视线可以随意游移，不受干扰。在那些峰峦之间，既有晦暗连绵的幽谷，也有睡意昏沉的士兵。但我们却熟视无睹。其中有些人后来在这座大厅的石碑上写下了他们的名字，在我的记忆中，我在大学时代里见过他们，我们的兄弟情谊在马萨诸塞第二十兵团愈益深固，此刻却显得格外生动。亨利·阿伯特（Henry Abbott），最年轻的毕业生，来到我面前，既不像那个上尉，迈着漫不经心的步子，挂在手腕上的剑像一柄手杖，看起来必死无疑；又不像那个最杰出的兵团指挥官，

---

* 选自 Mark DeWolfe Howe, ed., *The Occasional Speeches of Justice Oliver Wendell Holmes*, Cambridge, Massachusetts: The Belknap Press, 1962, pp.1-3（资料来源：Harvard Register, 1880, p.152）。

① 查尔斯·威廉·艾略特（Charles William Eliot, 1834—1926），美国教育家。1834 年出生于波士顿的一个富裕家庭，1853 年从哈佛大学毕业，先后任教于哈佛大学、麻省理工学院，自 1869 年任哈佛大学校长，直至 1909 年退休。——译者注

艾略特

在荒野中倒在了兵团的最前头——在二十二岁时,便结束了他荣耀的一生。亨利·罗普斯(Henry Ropes)此刻不再是那个倒在葛底斯堡的率直而聪慧的基督徒上尉,而是克鲁社团的成员和速溶布丁俱乐部的主席。弗兰克·巴特莱特(Frank Bartlett)此刻又成了那个高大的二年级学生,引人注目;不再是我们兵团的又一位上尉,在和我们一起为祖国承受苦难后,他一次又一次地冲进战场,经受苦难,赢得荣耀——那位英勇而温和的士兵,他的声音回荡于此,我们都清晰地记得。

  从那时起,这一代人中,已有三分之二的生命逝去了;如果我将过往与当下并置在一起,一些对照便开始显现出来。即便在我那个时代,这所大学也是一座大都会。现在,它已成为一座世界性大都会。这不仅仅是外部原因导致的。在每一个知识领域中,都有一些奇妙的事情吸引着新的探究者的兴趣,激发着他们的希望!当你们理解某一件事物,当你们看到它与其他事物——以及,最终,与所有其他事物——的关联时,每一件事物都会是兴味盎然的。为了实现它,有很多事情都是在最近二十年完成的!仅就我自己的专业——法律——而言,对于那些对宽泛的法律领域中的诸多方面感兴趣的人来说,只要说到亨利·梅因爵士的第一部著作是在我毕业那年出版的,就足够了。从那时起,人们已经做出了许多伟大的贡献;我想我们可以很自豪地断言,其中最重大的贡献来自主持我们自己法学院的伟大法律人——兰德尔(Langdell)教授。

  可以大胆地说,随着这些优势不断增加,人们的热情也在相应高涨。从才智上讲,坎布里奇的毕业生总是多少有点令人厌烦。或许,稍显时尚的是,怀疑人生是否值得度过,相信"无事为新,无事为真,无所谓是"。然而,当涉及现实生活中的紧急状况时,在我看来,后来的毕业生也已经显示出与他们的父兄是一样的。如果不是的话,对他们的父兄来说,那就实在太糟糕了,我觉得,当我想到那些年轻的法律人时,至少,他们正在前行。但是,在那些并不亚于现实的精神层面的紧急状况下,我希望年轻的法律人要记住,学者的荣誉几乎就是我们对于财富奖掖的唯一平衡。如果不是对人有信心,骑士的信仰怎会凌越于商业的嘲讽之上?如果他雄心万丈,如果他能铭记并相信哈佛校长的隽语——在这个国家中,学者的责任就是让贫穷变得可敬,那么,人生值得度过,终将不证自明。

第二部分

马萨诸塞州最高法院时期

第 12 篇

阵亡将士纪念日 *

1884 年 5 月 30 日

不久前,我听到有一个年轻人在问,为什么至今还要保留这个纪念日,引发了我对答案的思考。不是你我之间相互给出的答案——不是我们感情的表达,即只要你我还活着,那些感情就会将这一天变成我们追忆爱、悲伤与英勇青春的神圣日子——而是这样一个答案,它应该得到那些未能与我们分享记忆之人的同意,并且得到我们北方佬和南方兄弟们完全一致的赞成。

就最后一点而言,可以肯定,不会有任何困扰。比起一些没有因为彼此的相互行动而遭受威胁的人来说,我非常肯定,那些曾经竭力相互厮杀的士兵们所能感受到的,是更少的个人的敌意。我不止一次听到南方邦联英勇而杰出的军官说过,他们也没有感受到那样的敌意。我知道,我和我最熟悉的人都没有那样的感受。

---

* 选自 Mark DeWolfe Howe, ed., *The Occasional Speeches of Justice Oliver Wendell Holmes*, Cambridge, Massachusetts: The Belknap Press, 1962, pp.4-16。这是一篇霍姆斯在基恩市(美国新罕布什尔州)对共和国大军团发表的演讲。"共和国大军团"是一个由参加过美国南北战争的老兵组成的民间组织。——译者注

我们认为,最值得期待的是北方获胜;我们坚信联邦是不可分割的;我们——或者至少是我们中的许多人——也认为,冲突是不可避免的,奴隶制已经存续得太久了。但是,我们同样还是会相信,那些与我们兵戎相对之人也同样坚守着尽管与我们相反的神圣信念,而我们尊重他们,因为每一个有良知的人都必定会尊重那些为自己的信仰付出一切的人。战争的经验很快就会给他们一个教训,即便是那些迫切投身战场的人。你们不可能日复一日地站在那些优柔寡断的争斗之中,在那里,赢得压倒性的胜利是不可能的,因为如果最终没能从对手那里得到像磁石的北极与南极一样的兄弟情谊,那么,任何一方在被击败时都不会像他们本该撤退一样逃跑——每个人或许都在与他人相反的意义上奋斗着,但每个人都不可能在没有他人的情况下独自存活。彼时若此,此刻依然。战争中的士兵不需要解释;他们可以怀着毫无差别的情感来悼念一个士兵的阵亡,无论逝者是倒向他们的对手,还是死在身旁的战友。

然而,对于那些与我们没有共同记忆的人来说,纪念日可能并且也应该具有某一种意义。当人们本能地赞同庆祝某一个纪念日的时候,就会发现在其背后隐藏着某种无法仅凭联想即可承载的伟大的思想或者情感。例如,七月四日,尽管我们不应该再像孩子一样认为我们已经长大并且因摆脱了控制而欢欣鼓舞;尽管我们已经实现了民族和道德的独立,并且刻骨铭心,不该轻易将其挂在嘴边;尽管一个英国人也可以无所顾忌地参与庆祝活动,但它依然有其严肃的一面。原因在于,剥去了造成此一境况的短暂联想,现在正是我们一致同意暂停下来,意识到我们的民族生活并为之欢欣鼓舞的时刻,是回顾我们的国家为我们每一个人付出所为的时刻,以及反问我们自己能为我们的国家付出怎样回报的时刻。

因此,对于质疑为什么还要保留纪念日的追问者,我们可以回答说,这个日子年复一年地庆祝和庄严地重申一个事关热情与信仰的民族行为。这个日子以令人印象至为深刻的形式体现了我们的信念,那就是,拥有热情与信仰,方为伟大之行为。为了赢得一场战争,你必须有所信仰,有所欲求,全力以赴。因此,你必须要做的,就是付出一切代价去实现一个值得抵达的目标。不仅如此,你必须志愿投身到一个历程之中,也许是一个漫长而艰辛的历程,却无法准确地预知自己将从何处走出来。你所需要做的,就是你应该尽一己之所能去往某处。余者皆归命运。一个人可能会倒下——无论是在冲锋伊始,还是在堡垒之巅;但舍此之外,不可能再有其他方式赢得胜利的报赏。

如果双方都如此深刻地感受到——除非真有某种良心上的不安或者强烈的现实理由使之无法参战——一个人应该参加战争,这样的感受难道仅仅是地方上的多数人要求邻人同意他们的观点吗?我不这么认为;我认为,这样的感受是恰当的——南北皆同。我认为,既然生命就是行动和激情,那么,便可以要求一个人应该分享所处时代的激情与行动,否则就会被判定为未曾在那个时代活过。

若真如此,这个日子的用途就显而易见了。诚然,我无法说服某人有所欲求。如果他对我说,为什么我要去了解哲学的奥秘?为什么要去破译刻在石板上的造物法则,或者要去解开编织在我们法学体系之中的文明史,或者,要去从事任何——无论是关涉沉思的还是实践事务的——伟大事业?我无法回答他;或者,至少我们回答,就像他问我为什么要吃这个或者喝那个一样,几乎不会对他的意愿产生什么影响。你必须从需求开始。然而,虽然无法凭借争辩,但可以经由感染来传递欲求。情感孕育情感,伟大的情感孕育伟大的情感。如果不能在一定程度上将这样的情感传递给我们的后代,那么,我们就很难分享将这一天变成我们一年中至为神圣之日的情感,并且将这样的情感体现在盛大的仪式之中。我发自内心地深信，纪念堂、雕像和石碑，汇集在州议会会场的破旧的兵团旗帜，以及伴随着挽歌与扫墓的这个日子，对我们的年轻人来说，比另一个百年和平生活的纪念碑更值得惩戒与激励。然而，即使我错了，即使我们的后代会忘记我们所珍视的一切，并且将来还要以尚未知晓的方式来教化孩童，对我们来说，这个日子也是珍贵而神圣的。这就够了。

意料之外的事情可能会唤起对战争事件的回忆。你看到了一队炮兵奔跑而过，一瞬间你又回到白橡树沼泽、安提坦或者朝圣之路上。你听到了远处传来几声枪响，一瞬间心脏停止跳动。你对自己说，散兵游勇也在此地，聆听着来自主战场上连绵不绝的枪炮声。你见到了多年不见的老友；他回忆起你们几乎被敌人包围的那一刻，甚至让你再一次敏锐而狡黠地想起那些曾经将生命或自由悬于一线之间的情境——如果我尝试用手枪或者军刀袭击那个想要阻止我的人，我能把握住最好的战机吗？他会在我击中他之前拿起他的卡宾枪，还是我能先杀死他呢？我觉得，这些事以及我们所知晓的其他诸多事件，都是被意外唤起的——若无意外，它们终将被遗忘。

然而，就像这个日子必然会到来一样，我们肯定也会来到逝者的面前。每年至少有两次，有那么一个小时的时间——在兵团的晚宴上，坐在桌旁的鬼魂比活人还多，也正是在这个日子，我们扫墓祭奠他们——逝者归来，与我们重聚。

我现在可以看到他们，而不仅仅是计数，就像我曾经在这尘世看到他们一样。他们是那么一群开朗鲜活的人，或者说是他们的映像，来到你们眼前；我所谈论的那些人是我的兄弟，而同样的话也可以用来描述你们的兄弟。

我看到了一位满头金发的老友、一名中尉，还有一名上尉——关于他们的生活已经开始难以说清了——但他们仍然年轻，在兵团离开

军人公墓,弗吉尼亚州

马萨诸塞州之前,他们坐在营地长长的餐桌旁。我想知道在那些聚集在我们帐篷里的人中,究竟有多少人希望能看到彼时开始的战争的结局。因为他们两个人都未能享有那样的命运。我记得,在鲍尔斯悬崖战役之后,当我从第一次在医院长期昏迷中醒来时,我听到医生说"他是个漂亮的孩子",我就知道那两个对话者中的一个人已经不在了。另外一个人,在经历了此前所有的战役后没有受伤,却带着奇怪的末日预感,走进了弗雷德里克斯堡,然后遭遇了他的命运。

我看到了另外一位年轻的中尉,就像我在七日战役中检阅格伦代尔(Glendale)的行进队伍时看到他一样。军官们都在各自队伍的排头。行进开始了。我们相互对视一眼,敬了个礼。当我再回头看时,他已消失无踪。

我还看到了最后的那个兄弟——他的脸上洋溢着天才和勇敢的火焰——他在我们面前骑马进入安提坦森林,从那里出来的只有死人和致命的伤者。就这样,过了一会儿,他就骑着马死在了进入峡谷的骑兵队最前列。

在一些牺牲于英格兰内战中的人的画像中,范戴克(Vandyke)将那些印在我记忆中的人物类型定格在画布上。那些年轻而文雅的人,或许有些冷漠和傲慢,但却带着一种忧郁而甜蜜的善良。在他们的脸上,既有趋向命运的阴影,也有慷慨赴义的荣光。我可以这样说,就像我曾经听到有人说过两个法国人——古代政制的遗存——"他们是文雅之士。他们毫不顾惜自己的生命"。高尚的教养,浪漫的骑士精神——我们见过这样的人,绝不会相信金钱的力量或者快乐的消减可以阻止他们。我们知道,生命依然可以凝华成诗,被精神的魅力点亮。

但是,那些不是更少而是更多地具有新英格兰个性特征的人,正是我们那个时代的清教徒。因为清教徒依然生活在新英格兰,感谢上

葛底斯堡战役

帝！只要新英格兰没有毁灭,他们就会生活在那里。新英格兰依然是一个由征服者构成的种族——他们是严肃的一群人,几乎很少表达他们的情感,有时也不顾及风度,但却富于想象,坚韧不拔,恪守职责——的母亲。和我一样,你们每个人都会想到许多他所经历的事情。我认识这样一个人——他是独立战争时期一位坚毅骑兵的孙子,也是那个历史上有名的姓氏的传承者——他和我们一起在费尔奥克斯,后来在与敌人对峙的五天五夜里,他唯一能做的休息就是身著军装笔直地端坐着,抽空背靠一会儿营房。他倒在了葛底斯堡。

他的兄弟是一名外科医生,就像我们的外科医生经常做的那样,无论部队去哪里,他们都骑马跟随。我曾经在安提坦驻扎的我们军队后方看到他跪着为一名伤员治疗,马的缰绳就绕在他的胳膊上,一会儿,便完成了治疗。他的资深助理在经历战争的所有伤痛和危险后幸存下来,但是,在还没有履行完他所理解的职责时,在一个西部城市救助那些濒死于霍乱的无助的穷人时倒下了。

我还认识另外一个并不引人注目的人,善良生活,默默无闻,在我们军队的左翼在彼得斯堡被狙击之前,几乎没有人听说过他的故事。当看到我们的战友被驱逐时,他正在指挥兵团作战。他命令收缩左翼,而那股行进中的失败潮流在他的铜墙铁壁上撞得粉碎。正当他从灾难中拯救出一个兵团时,一发流弹结束了他的生命。

在这个日子里,有一个人始终萦绕在我的脑海中。他十九岁入伍,是一名少尉。在那片荒原时,已身为团长的他,倒下了,在其所剩无多的时刻里,将其仅有的财物送给了他的士兵。我看着他在营地里,在行列间,在行动中。当我们一起重返军队时,我和他一起穿过了有争议的土地。我观察着肩负每一项职责时的他,在我认识他的全部时间里,从来没有看到过他拒绝选择那些令他极度为难的行为。他是一名地道的清教徒,拥有一切美德,但没有清教徒的苦行;因为,当职责履行完毕时,身为长官和领导者的他,却变成了每一个人在应该真诚享受的每一段快乐时光中都会选择的陪伴者。在行动上,他是崇高的。他仅有的几个幸存下来的同伴,绝不会忘记他独自带着他的队伍在弗雷德里克斯堡的街道上前进时的可怕场景。在不到六十秒的时间里,他就变成了隐蔽在半圆形房屋后面的毁灭性火力的焦点。一排士兵瞬间就消失在火力之下,十个人倒在了他的身边。他轻轻地转过头来,向着他的另一半队伍待命的地方,下达命令——"二排,上!"——服从上级指挥,向着注定且无益的死亡再次行进。此时,他一直在遵守的命令被撤销了。终点很遥远,却只有几秒钟;但是,如果你看过他冷漠的姿态,以及像藤鞭一样从指尖挥出的剑,那么,对于他只是在营地操场上训练队伍,你就绝不会再有怀疑了。他也只不过是一个孩子,但那些头发灰白的兵团指挥官都认识他,敬佩他;而对于我们这些敬佩、热爱他的人来说,他的死似乎也终结了我们的一部分生命。

这里有一个庄重而威严的灵魂,你们都会认识到,因为他的生命已经成为我们共同经历的一部分。谁会不记得彼得斯堡矿区那场进攻的指挥者?哈得逊港前那个孤独的骑兵——一个值得他尊敬的敌人因为热爱和敬佩如此英勇无畏的行为,命令自己的士兵放过他。战争结束后,谁还会听不到那些雄辩的嘴唇发出的、教导和解与和平的回响?或许,我只是想说一说他的死,是生命的恰当结局。整个世界都有权知道的事情,已经被一位我们深爱的朋友用一本书讲述了出来。在那本书里,根本不需要夸张,事实说明了一切。我认识他,甚至可以说我很了解他;然而,直到这本书出版之前,我都不知道他灵魂的主宰动机究竟是什么。我曾经崇拜他是一个英雄。当我读到这本书时,我才学会将他当成一位圣人来敬重。他的力量不仅仅在于荣耀,而是在于宗教。那些并不认可其信条的人必须认识到,正是凭藉宗教信仰的双翼,他才凌越于英勇无畏的行为之上,步入理想生活的天堂。

  我之所以谈到了在其他那些非常熟悉的人中与我很亲近的一些人,并不是因为他们的生命已经成为过往,而是因为他们的生命恰恰是每一名士兵都能从自己的队伍中所了解和观察到的典范。在强调自我牺牲的伟大民主中,个体的与普遍的并肩而立。那些死者的军队在自己行动的引领下,从我们面前一晃而过,"伤痕累累"。并不是因为我提到的那些人是我的朋友,我才谈论他们,而是,我再一次重申,因为他们是典范。我所谈论的那些人都是我亲眼所见的。但是,你们都应该认识这样的人;你们,也要铭记!

  在这个日子里,我们想到的不仅仅是逝者。有些人还活着,她们的性别阻止了她们献出生命,但她们牺牲了她们的幸福。她们都是那些美丽的、孤独的女人,那些被悲伤的魔杖划出的护圈层层围绕的女人——即使有她们周围有一群愿意给她们的生活带来快乐的、向她们表达爱意的朋友,她们也依然被隔离着。在我们当中,哪一个人没有因为看到这样的女人,而放下自己傲慢的架子呢?我想到了一个人,大城市中的穷人都将其视为自己的恩人和朋友。我想到了一个人,她在她的孩子们的生活中过得很好,她给予孩子们的教导,可能是从其他地方普通人的嘴里听不到的。关于这些人以及她们的姐妹的故事,我们必须在虔诚的沉静中讲述。所有可以讲述的故事,应该都是她们当中的某一个人讲过的:

> 但是,那些怀着金色梦想的日子已然消亡,
> 甚至连绝望都无力摧毁的时候,
> 我才知道,若没有快乐来帮忙,
> 该如何让现在的生活得到珍惜、呵护和滋养。
>
> 然后,我止住徒劳的热情的泪水,

> 从对你的爱恋中解脱我年轻的魂灵，
> 决然拒绝那炽热的渴望
> 匆匆沉入早已不属于我的坟茔。

战友们，关于这个日子的一些联想，不仅是凯旋的，也是愉悦的。不是所有我们曾经一起并肩作战的人——不是所有我们曾经热爱和敬佩的人——都已逝去。在这个日子里，我们依然会遇见那些曾经一起驻扎在寒冷的冬天营地，以及一起经历过酷热的夏季行军的我们的战友。就是在那些地方，灵魂的每一种官能似乎都渐次剥离，只剩下一种无法言说的动物性的力量，咬紧牙关支撑着——或许是一种盲目的信念，总觉得终究会有那么一个地方，可以休息，可以喝水。在这个日子里，至少，我们仍然可以在人与人之间可能维系的最紧密的纽带中欢欣相聚——无论好坏，苦难都使这一纽带变得无法拆解。

当我们以这样的方式相聚时，当我们以有时必须拥抱活着的人的方式向逝者致敬时，我们不会自欺欺人。我们并没有因为当所有人都在履行职责时某一个人的恪尽职守而赋予其特别的功勋。我们知道，如果我们的队伍在战争中做出了任何值得纪念的事情，那么，功绩不该主要属于做那件事的个人，而应当归于一般的人性。我们也非常清楚地知道，我们不能只活在与过往的联系中。我们也承认，如果我们想要配得上过往的功绩，我们就必须去寻找用以行动或者思考的新的领域，为我们自己开创新的事业。

然而，尽管如此，经过战火洗礼的那一代人却因其经历而显得与众不同。我们太幸运了，年轻的时候，我们的心被战火点燃。一开始就给了我们学习的机会，让我们了解到生命是一件奥意深远而又充满激情的事情。尽管我们可以蔑视冷漠，也不假装低估壮志雄心在尘世的回报，但我们还是越过金矿，亲眼看到了荣誉的雪峰。向后来者转述，是我们的责任。最重要的是，我们已经了解到，无论一个人从命运女神那里接过铲子,继续向下挖掘,还是从希望女神那里接过绳斧,继续攀登冰山,他唯一可以赢得的成功,就是将一颗坚强的心投入他的使命。

　　坚强的心——哦,我,有多少啊——在二十年前就已经停止跳动了;而留给我们这些幸存者的,就是在这个日子里的诸种怀念。每一年——在春潮涌动的时刻,在鲜花、爱情和生命的交响乐的高潮——都会有这么一段停顿,透过寂静,我们聆听关于死亡的孤寂的管乐。年复一年,徘徊在苹果树下的恋人,穿过三叶草和深密的草丛,当看到带着黑色面纱的身影穿过晨曦,默然来到一个士兵的墓前时,他们会感到惊讶,泪水顿时夺眶而出。年复一年,那些逝者的战友们,伴随着公众的敬誉、游行和纪念的旗帜,还有挽歌——近乎孤独矗立的我们,看着我们这一代人中那些最优秀的、最崇高的人逝去,满怀敬意与悲伤。

　　但是,悲伤并不是一切的终点。我隐约听到挽歌变成了颂歌。我在密林之外看到了隐蔽队伍移动的旗帜。我们死去的兄弟们为我们而活着,叮嘱我们去思考生命,而不是死亡——去思考他们年轻时曾经为之赋予春天的激情和荣耀的生命。当我聆听时,生命与欢愉交织的大合唱再一次响起,在那可怕的由看得见和看不见的力量、善与恶的命运组成的管弦乐团中,我们的号角再一次吹响了勇敢、希冀与意志的音符。

第 13 篇

战争中的哈佛大学[*]

哈佛大学毕业典礼上对主持人的回应，
1884 年 6 月 25 日

主席先生、各位毕业生先生们：

除了今天，另外一天被视为对战争的神圣纪念。在那一天，我们并没有想起大学或者城市里的孩子们，甚至没有想起这个国家曾经失去的那些孩子们，只是想起一种强烈的手足情谊，而他们的父母就是我们共同的祖国。今天，这所大学就是我们全部情感的中心，如果我们谈及那场战争，那么，它就与这所大学相连了，这并非为了它自身的利益，我们正是这样做的。那么，这所大学曾做过什么，来证实我们现在对于那场战争的谈论呢？她将一些绅士送上了战场，他们死得其所。我所知甚少。即使那些人已经不在了，这一曾经确保北方胜利的伟大力量仍将存在。我敢说，我们增加金钱与军队的方式不会减少。民族的伟大品格也仍将存续。最终，最伟大的品格是人的品格，而非文明人的品格，并且，无论北方与南方，都不需要

---

[*] 选自 Mark DeWolfe Howe, ed., *The Occasional Speeches of Justice Oliver Wendell Holmes*, Cambridge, Massachusetts: The Belknap Press, 1962, pp.17–19。

通过大学来发现这些伟大的品格。可是……可是,我认为,我们都感觉得到,在我们看来,如果那些绅士没有像他们那样死去,这场战争至少看起来将没有那么美丽和令人鼓舞。看着那边的画像和那边的雕像①,告诉我,它们所纪念的那些故事是否并没有为这一最强大的军队获胜的枯燥事实增添壮丽的色彩。自战争开始,便一直如此。历史尽力将人们的思想固着于战略与财政之上,人们的眼睛就转向并依赖于某个传奇式的人物——西德尼(Sidney)、福克兰(Falkland)、沃尔夫(Wolfe)、蒙特卡尔姆(Montcalm)、肖。这有点多余,但这种多余是必要的。技艺的必需是必需的,如同尚未实现机械目的的知识;只有荣誉的多余是多余的,如同一个人愿以死而赢得的一小段红色绶带。

从未沉湎于认为大学唯一功能是经过最初的训练期即可培养出一群专家,这已成为哈佛大学的一个美德。在这些大厅周围,总是存在着一种浓厚的氛围,不会得失于自然科学或者希腊语之中——这并非一成不变,却是普遍存在的。哈佛大学将逝去毕业生的名字镌刻于碑石上的理由,并不在于这所大学曾经传授给他们的数学、化学、政治经济学知识,而在于无法揭示的习惯方式——通过无法记录下来的传统,帮助具有崇高品质的人完善他们的才能。我希望,并且我也相信,它将长久地给它的孩子们提供这样的帮助。我希望,并且我也相信,在我们以及我们为死者而流的泪水被淡忘很久之后,这一为缅怀他们的纪念碑仍将给予世世代代的人们提供这样的帮助。对于他们而言,这座纪念碑仅仅是一种象征,一种人类的命运和履行责任的权力的象征。然而,更是此一事物的象征——它将责任淹没于崇高之中,它令像肖那样的人们抛却生命,希望变成他们的祖国与事业根基之前的一株小花。

---

① 此处提及的该幅画像人物是罗伯特·古尔德·肖(Robert Gould Shaw)上校,他曾经指挥(有色人种的)第54马萨诸塞军团,1863年7月18日阵亡于瓦格纳堡;该座雕像人物是查尔斯·拉塞尔·洛厄尔(Charles Russell Lowell)准将,1864年10月19日在弗吉尼亚州西德河负伤,逝于翌日。

肖

第 14 篇

英格兰早期衡平法 *

第一部分 用益权

在亨利五世统治末期,衡平法院成为英格兰王国的国家法院之一。我认为,我们可以设想,大约就在衡平法院大法官成为御前会议最重要的组成人员时,衡平法院就已经借用了教会法的诉讼程序,而该程序早在13世纪初期就已发展成为一种完善的体系了。衡平法院适用了"当事人按照不同于普通法的罗马法和教会法所进行的质问和宣誓"。① 它还适用了同样并非编造的传票②以及

---

* Oliver W. Holmes, *Early English Equity*, 1Law Quarterly Review 162-174(1885).

① Rot. Parl. 84(3 Hen.Ⅴ. pt. 2. 46, No.23)。

② 参见发给郡治安官的令状,Rot. Claus. 16 Hen.Ⅲ. m. 2 dorso in 1 Royal Letters, Hen.Ⅲ(Rolls ed.), 523. Proc. Privy Council(Nicholas)passim. Stat. 20 Ed.Ⅲ, c. 5。处罚通常是金钱,但也可以是生命和肢体;1 Proc. Priv. Counc.(21 R.Ⅱ. A.D.1397)。The citation of Rot. Parl. 14 Ed.Ⅲ, in 1 Roll. Abr. 372, which misleads Spence(1 Eq. 338n.)and earlier and later writers, should be 14 Ed.Ⅳ.(6 Rot. Parl. 143), as pointed out already by Blackstone, 3 Comm. 52 n。我们也发现"传唤被告到国王谘议院"这一令状,这是一种省略了处罚的传票形式的令状;Palgrave, *King's Council*, pp.131,132, note X; *Scaldewell v. Stormesworth*, 1 Cal. Ch. 5。

一种要求个人遵守的判决方式。①

直至这一统治时期(亨利五世)结束之时,也没有什么证据能证明,衡平法院大法官已经了解或者实施了任何不同于那些在其他法院中公认的实体规则,但以下两点除外。第一个是一种独特的契约观,它并未在现代法律中留下任何痕迹;第二个则对曾经为衡平法院大法官的信用而制定的实体法做出了巨大贡献。我所说的是用益权,也即美国现代信托制度的起源。我试图以一种概述的方式讨论这两项规则,从而初步回答这一问题,即衡平法在英格兰法发展过程中所发挥的作用。

作为一种预设,应当声明,我未经讨论而假定,在格兰维尔、布雷克顿的著述以及一些在衡平法院存在之前通过的早期法律中,对于衡平法的提及,均未能涉及这一问题。② 我也应当说,那些置于御前会议以及稍后的衡平法院大法官之前有关赦免和特许的问题,似乎并未成为这样的问题,即此类问题须由普通法的实体规则来加以解决,或者,在此类问题中,普通法的实体规则由新的原则加以修改,而仅仅是这样一些案件,即由于某种不受国王的一般法院管辖的原因,或者通过特殊指定而置于该法院管辖之下,或者直接由御前会议或者衡平法院大法官按照一般法院的规则对其做出

---

① 参见 *Audeley v. Audeley*, Rot. Claus. 40 Ed.Ⅲ,"作为惩罚,要交给国王 6000 里弗",引自 Palgrave, *King's Council*, pp.67, 68;2 Cal. Ch. X。参见载于 3 Rot. Parl. 61(2 R.Ⅱ. 26)中的诉讼请求。此外,因藐视法庭而予以监禁,比衡平法院更为古老,e.g. Mem. In Scacc. 27(M. 22 Ed.Ⅰ) in Maynard's Y. B., part 1。

② Glanvill, Proglogus, Bracton, fol. 23b; *ib*. 3b,"公正即平等"。Fleta, II. C. 55, § 9. Petition of Barons, C. 27 (A.D.1258), in Annals of Burton (Rolls ed.), 443, and Stubbs, Select Charters, for remedy *ex aequitate juris* by writ of entry or otherwise. Dictum de Kenilworth, pr. (A.D.1266) Stat. of Realm, 51 Hen. III, and Stubbs, Select Charters; Close Rolls of Hen. III, 引自 Hardy, Int. to Close Rolls, xxviii. n.5 (8vo. ed. p.III). So "right and equite," letter missive of Hen. V. to Chancellor, I Cal. Ch. xvi。

判决。①

我赞同已故的亚当斯(Adams)先生②的观点,即衡平法院最重要的贡献在于其(借用来的)诉讼程序。但是,我想驳斥一个错误,即其实体法仅仅是诉讼程序的产物。另一方面,我还想说明,至少在其建立之初,衡平法院在弥补一种较为古老的体系的缺陷时,似乎并未体现出一个相对现代的社会状况中的良好道德标准。带着这些呈现于眼前的问题,我将继续思考我所提到的这两项特殊规则。

首先,是关于用益权。正如贝斯勒(Beseler)五十年前所描述的那样,早期英格兰法中用益权的受让人大致相当于早期日尔曼法中的萨尔曼。③ 与受让人相类似,萨尔曼就是[让与人]将土地转交给他以使

---

① Supervisory powers of Council over the Court, I. Gesta Hen. II. (Ben. Abbas, Rolls ed.), 207, 208; Assize of Northampton, § 7, ib. 110; and in Stubbs, Select Charters。王室法院对于土地诉讼的管辖权在此并不是作为一个过程问题,而是通过特别命令获得的:"他所欠的债务或者国王愿意取走归国库所有的那些事物。"Glanv. I. C. 5。信托契约诉讼的管辖权;Bracton, fol. 100a;衡平法院大法官参照王室法院的案例,38 Ed. III., Hardy Int. to Close Rolls, xxix (8vo. ed.113 n)。Grants of jurisdiction de gratia in the form of Special Commisions of oyer and terminer complained of Palgrave, *King's Council*, § § 12, 13, pp.27-33;Stat. Westm. ii (13 Ed. I), Ch. 29; 1 Rot. Parl. 290 (8 Ed. II. No. 8);Stat. Northampton (2 Ed. III.), C. 7;2 Rot. Parl. 286, 38 Ed. III. 14, No. VI;3 Rot. Parl. 161 (7 R. II. No. 43).关于在御前会议之前审结的案件,参见 Rot. Claus. 8 Ed. I. m. 6 dorso, in Ryley, Plac. Parl. 442, and in 2 Stubbs, Const. Hist. 263. n. 1; 2 Rot. Parl. 228 (25 Ed. III. No. 16; 比较 No. 19). 3 Rot. Parl. 44 (3 R. II. No. 49)似乎被帕克斯(Parkes)错译了, Hist. Ct. of Ch. 39,40. Matters at common law and of grace to be pursued before the Chancellor; Rot. Claus. 22 Ed. III. p.2, m. 2 dorso, cited Hardy, Int. to Close Rolls, xxviii. (8vo. Ed. 110), and Parkes, Hist. Court of Ch. 35, 36 n. 参见 Stat. 27 Ed. III. st.1, C. 1; Stat. 36 Ed. III. st.1, C. 9。亨利五世时期在衡平法院所记录的全部案件以及所提及的那些例外情况均涉及侵害、侵占以及类似行为。通常情况下,法律救济的缺乏应归因于对于诉讼的非法干涉和被告的权势,或者在某种情况下,可能归因于原告在技术上无法起诉被告(2 Cal. Ch. viii),而不能归因于所借助的权利的性质。从理查二世至亨利六世时期,国会下院多次诉讼请求的目的直接指向御前会议和衡平法院大法院,其目的在于普通法案件应当在普通法院进行审理,而不在于古老的原则可以普遍适用于一个较晚出现的竞争系统之中。参见 Adams, *Equity*, Introduction, xxxiii-xxxv。

② Adams, *Equity*, Introduction, xxxv。

③ Beseler, *Erbvertragen*, I § 16, pp.277 et seq., 283, 271。

其可以按照让与人之指示进行转让的人。① 通常情况下，在让与人死后，这种转让才可得以进行，因为让与人会在其生前为自己保留对该土地的用益权。② 为了应对可能会出现的萨尔曼死于转让期限结束之前的情况，雇用不止一名萨尔曼就很普遍了③，并且，会选出一些重要人士来担任这一职位。④ 这一关系的本质就是信托或者对于诚实宣誓的信赖⑤，而他有时则是通过宣誓或者封印契约来确认其义务的。⑥

萨尔曼与用益权受让人之间的相似性，无须更多，便足以使我相信后者系被移植而来的前者。但是，即使不考虑任何有关普通法起源的一般观点，我认为，也一定存在着某个令每个人都确信的更加特别的标志。

贝斯勒已经说明了，早期日尔曼人的遗嘱中的遗嘱执行人仅仅是

---

① Beseler, I. § § 15,16; Heusler, *Gewere*, 478. Compare 2 Cal Ch. iii; 1 id. xviii. and passim。"对于收益的受让、对于不动产的执行以及对于土地的辩护，是关于信托权"或者用益权"的三点要义"。Bacon, Reading on Stat. of Uses, Works (ed. Spedding), VII. p.401; 1 Cruise, Dig. Title XI., Ch. 2, § 6; 参见 Tit. XII., Ch. 1, § 3; Ch. 4, § 1. 将某些不动产的用益权先赠与他人，而非我刚才以那一名义提及的不动产受让人，似乎已经成为一种在没有受让人的情况下将财产转让给用益权人的方式，非常类似于早期对于萨尔曼的雇用。但是，由于是假定将财产转让给私人官员（Bract. fol. 193b）或者国王的官员，所以，是否可以从中推出任何结论或许是值得怀疑的；1 Royal Letters, Henry III. pp.122, 420; 比较第 421 页（公元 1220 年、1223 年）。比较伯顿的《编年史》（Rolls ed.）第 448 页的《牛津条款》（王城守卫的誓言）与斯塔布斯（Stubbs）的《宪章精选》；是否首次从技术意义上使用用益权这种表达，例如，"多弗里城堡——我将建立你作为我的杰作"，Eadmer（Rolls ed.），7，似乎是值得怀疑的。" *Ad opus ejusdem mulieris* ,"2 Gesta Hen. II.(Ben. Abbas, Rolls ed.), 160,161; Y. B. 3 Ed. III. 5 pl. 13;2 Rot. Parl. 286（38 Ed. III. 14 No. vi）。但是，早至 22 Ass. pl. 72, fol. 101，在声称某项赠与具有欺骗性的情况下，我们发现法院会调查谁取得那些收益，而基于调查到是赠与人取得了那些收益，索普（Thorp）则宣称，此项赠与只能使受让人成为赠与人之用益权的动产监管人。另外参见 St. 7 R. II., Ch. 12。

② Beseler, I., § 16, pp.277 *et seq* .; Heusler, supra。在晚于亨利六世末期的衡平法院诉讼列表中所记录的几乎每一项不动产赠与均是出于死后遗产分配的目的。I Cal. Ch. xxi, xxxv, xliii, liv, lv, lvi; 2 *id* ., iii, xix, xx, xxi, xxii, xxxiii, xxxvi, etc. Abbrev. Plac. 179, col. 2, Norht rot. 15 do.; *ib* . 272, H. 9 Ed.I., Suff. Rot. 17. Fitz. Abr. *Subpena* , pl.22,23; Littleton, § 462。

③ Beseler, I., p.283; 2 Cal. Ch. iii.

④ Beseler, I., p.271.

⑤ Beseler, I., p.267: " *Fidei suae committens* ," *ib* . 286。Compare the references to good faith in all the bills in Cal. Ch.

⑥ Beseler, I, pp.265-267; 2 Cal. Ch. Iii, xxviii; 1 id. lv.

一种萨尔曼,其义务就在于看管遗产以及在继承人拒绝继承时取得支付,诸如此类。指定的继承人是无法确定的,而此一指引设立遗嘱的外国法①将该项本土制度作为一种执行遗嘱的工具。在该外国法的影响之下,英格兰法便不再要求实际转移财产了。立遗嘱人指定遗嘱执行人,并且遗嘱执行人接受了此项委托,这就足够了;因而,对于遗嘱执行人的指定并不能使遗嘱成为不可撤销的,就像在赠与人死后为分配遗产而实际交付的赠与物并非不可撤销的。②

毋庸置疑,欧陆的遗嘱执行人与格兰维尔以同一名称描述的官员完全一致;因而,也就可以确定英格兰法与日耳曼法之间的联系了。格兰维尔所描述的遗嘱执行人并非一般意义上的继承人。实际上,正如我在拙作《普通法》中所指明的,此一遗嘱执行人既未得到如此看待,也未能替代甚至晚至布雷克顿时期继承人在王室法院中的地位。为了节省篇幅,我不再重复格兰维尔的话,但是,人们应该理解,遗嘱执行人的功能并不在于偿还债务——那是继承人的事务③——而在于促使坚持立遗嘱人和继承人的合理划分。④ 在开始论及用益权人的权利时,我将会进一步解释此一作用的意义。⑤

---

① 此处应该意指日耳曼法。——译者注
② Beseler, Erbverträgen, I., pp.284-288; Brunner in I Holtzendorff, Encyclop. (3rd ed.), 216; 比较 Littleton, § 168, Hob. 348, Dyer, 314 pl., 97, Finch, Law 33.
③ Glanv. VII., C. 8; 参见 XIII.C. 15; Dial. de Scaccario, II., 18; *Regiam Majestatem*, II., C. 39。
④ Glanv. VII., C. 6-8.
⑤ 关于布雷克顿时期遗嘱执行人的作用,参见《普通法》(*The Common Law*),第348页、第349页,此外还有,Bracton, fol. 407b,"继承人有权对于不还债的债务人提起诉讼,债权人也可以对于继承人提起诉讼,但却不能对于遗嘱执行人提起诉讼。"同上, fol. 98a, 101a, 113b; Stat. 3 Ed. I., Ch. 19. 基于有关继承人的明显相似之处,这种由遗嘱执行人向一般继承人的转变是不可避免的,并且,在布雷克顿刚刚完成其著作之后不久,这种转变便发生了。有人认为,债务对于遗嘱执行人而言利弊兼具;Y. B. 20 & 21 Ed. I, 374; 30 Ed. I., 238。另外,参见 Stat. Westm. II. 13 Ed. I., C. 19, 23, (公元1285年); Fleta, II. C. 62, § § 8-13; C. 70, § 5; 以及 C. 57, § § 13, 14, copying, but modifying, Bract. fol. 61a, b, 407b supra. 关于契约,参见 Y. B.48 Ed. III., 1, 2, pl.4. The Common Law, 348; 比较 Fitz. Abr.*Dett*, pl.139 (P. 13 Ed. III.)。最终,Doctor and Student, i.c. 19, *ad finem*,谈及"在英格兰法中被称为遗嘱执行人的继承人。"与早期日耳曼法一样,在早期英格兰法中,继承人(Y. B. 32 &33 Ed. I., 507, 508)和遗嘱执行人均无需对被继承人或立遗嘱人的口头债务承担责任(Y. B. 22, Ed. I., 456; (转下页)

与其说,在格兰维尔时代,遗嘱执行人就已经获得了其专门名称,毋宁说,对于立遗嘱人而言,赋予其对财产的持有或者占有不再是必要的了。但是,无论情况如何,可以确定的是,在立遗嘱人的地产根据习惯可以遗赠的情况下,遗嘱执行人或者由立遗嘱人生前赋予其占有,或者在立遗嘱人死后立即取得占有。晚至爱德华一世时期,

> 在法院看来,遗嘱执行人涉及在自治城镇中根据遗嘱所遗留下来的地产,在王室法院不会存在相关的诉讼活动,因为此类诉讼属于教会法庭的管辖范围①。首先,在立遗嘱人死亡之后,遗嘱应当在遗嘱检验法官面前予以证实,接着,如果该遗嘱已经得以证实,那么市(镇)长和财产执行官应当将遗嘱所立的且可以遗赠的地产交付给遗嘱执行人占有,以保全每个人的权利。②

稍后,遗嘱执行人便根本不再介入,而受遗赠人则可以直接参与进来,或者,当继承人阻止他们时,则可以申请重大诉讼令状。③

如果(正如我所认为的)在爱德华一世统治时,遗嘱执行人与用益权受让人之间的区别尚处于萌芽时期,那么,在立遗嘱人生前已经转移占有的情况下,就没有必要再去从英格兰的书籍中寻找有关这一初

(接上页)41 Ed. III., 13, pl. 3;11 Hen. VII. 26;12 Hen. VIII. 11, pl. 3;Dr. and Stud. II, Ch. 24),由于并不了解这些事实,所以他们无法推动他们的法律:Y. B. 22 Ed. I., 456;Laband, Vermogensrechtlichen Klagen, pp.15,16。

① 比较 Bract., fol. 407b。
② Abbr. Plac. 284, 285(H. 19 Ed. I. Devon, rot. 51)。关注此类地产与动产的比较,Bract. 407b;40 Ass. pl. 41; Co. Lit. iiia。
③ 39 Ass. pl. 6, fol. 232,233,此处并不涉及有关遗嘱执行人的问题,但是,特定的习俗将会决定受遗赠人是直接参与进来,或由财产执行官带进来,还是持有令状。在利特尔顿(Littleton)的时代,受遗赠人进入土地的权利是很普遍的:§ 167;Co. Lit. 111。关于令状,参见 40 Ass. pl. 41 fol. 250;F. N. B. 198 L. *et seq*;Co. Lit. 111。看起来,格兰维尔提及的唯一令状被授予了遗嘱执行人,或者,在没有遗嘱执行人的情况下,就被授予了亲属;lib. VII., C. 6, 7。当然,我并未谈及那些遗嘱执行人也是受遗赠人的情况,即便在这种情况下,如果存在信托权的话,也有可能拒绝授予他们任何财产权利;39 Ass. pl. 17; Litt. § 169。

始时期的证据了。在《年鉴》所记载的亨利三世时的一个案件显示出，遗嘱执行人之所以被赋予对该土地的占有，是为了土地的用益权能符合最终遗嘱，并且以用益权的正式资格来保护对于用益权的占有，但该案却未能揭示出遗嘱执行人是如何取得占有的。① 稍早一些时候，马修·帕里斯(Matthew Paris)②依然谈及某人因为过于虚弱以至于无法订立最终遗嘱，而委托一个朋友担任诵读遗嘱人和遗嘱执行人。③ 正如亨利六世统治时期所记载的，仅仅通过临终之时所说的几句话而试图在此类交易与用益权交付之间作出区分，还是有一定难度的。④ 但是，国王爱德华三世却亲自提供了可以证明古老习俗之存续的最为显著的证据，他曾经将封地授予他的遗嘱执行人，显然是为了能够在其死后可以按照其指令进行分配；但是，因为他在那时并未申明信托(权)，并且直到后来才执行了他的指令，所以议会中的法官们宣布，那些遗嘱执行人并不负有义务，或者正如当时所指出的，并不具备任何[适用的]条件。⑤

直到晚些时期，在用益权中依然保留了为死后进行分配而设定的生前赠予。⑥ 在爱德华四世统治时期，当法院裁决遗嘱执行人不得做出不利于立遗嘱人因某人的诚实善良而将金钱交付其处置之人的解

---

① Abbrev. Plac. 179, col. 2; Norht, rot, 15 in dorso.
② 马修·帕里斯(Matthew Paris,1200—1259)，英格兰本笃会僧侣、编年史学家。他所撰写的详尽细致的著作(例如《大编年史》、《英格兰人的历史》、《历史之花》和《编年史概要》以及关于圣奥尔本、忏悔者爱德华、圣托马斯·贝克特、埃德蒙·里奇等人的传记)，构成了后人了解 1235 年至 1259 年间诸多欧洲事件的重要知识来源。资料来源：https://www.britannica.com/biography/Matthew-Paris，最后访问时间：2023 年 5 月 9 日。——译者注
③ 4 Matt. Paris, Chron. Maj.(Rolls ed.)，605，公元 1247 年。
④ 1 Cal. Ch. xliii; S. C. Digby, Hist. Law of Real Prop.(2nd ed.)301, 302。比较 Heusler, Gewere, 478，引用 Meichelbeck(1 Hist. Fris. Pars instrumentaria)，No.300；"他因患有疾病而将交付义务转移给其亲属，这样，在他因病死亡之后，可以要求他的那些亲属照样完成支付。"
⑤ 3 Rot. Parl. 60, 61 (2 R. II Nos. 25,26).
⑥ *Babington v. Gull*，1 Cal. Ch. 1vi，*Mayhewe v. Gardener*，1 Cal. Ch. xcix, c.

马修·帕里斯在一份编年史手稿中的自画像(左)
及其所绘《柏拉图注视苏格拉底阅读》

释时，法院认为，对于那笔金钱而言，该受赠人就是遗嘱执行人。①

无论如何，从很早以来，如果不是在格兰维尔时代的话，在英格兰就已经不需要将遗赠土地正式交付遗嘱执行人了，正如贝斯勒所说的，这只适用于欧洲大陆。通常情况下，对于一项完整的财产让与而言，在要求必须具备交付和付款这两项构成要素方面，英格兰法遵循了其欧洲大陆的起源。② 但是，在有契据的情况下，对于是否要求必须具备变更占有的条件，教会与世俗法院发生了分歧。③ 在涉及遗嘱执行人的情况下，应当放宽这一必要条件，这或许是因为遗嘱属于宗教管辖的范围。正如上文所显示出来的，在爱德华一世统治时期，直到立遗嘱人死亡之后才能交付财产的占有，而在爱德华三世统治时期，则已根本不需要再将财产的占有交付给遗嘱执行人了。然而，遗嘱执行人最初是通过财产让与而取得占有的，或许可以在下述观念中发现有关这一事实的痕迹，即即使在遗嘱检验之前，遗嘱执行人也可以直接根据遗嘱取得占有，而仍然值得再次强调的是，这就是遗嘱执行人和遗产管理人之间的区别所在。④

现在，应该考察用益权人的地位了。不动产授与人或赠与人和最终受益人的地位是不同的，必须予以区别对待。首先，是关于前者的问题。与欧洲大陆一样，在英格兰，基于不动产赠与人死后通常转让的财产赠与，该赠与人在其生前得保留该块土地并取得收益。在早期英格兰的成文法中，通常将用益权的赠与人称为收益受让人，而早期

---

① Y. B. 8 Ed. IV, 5, pl. 12。在"梅休诉加德纳案"（*Mayhewe v. Gardener*, 1 Cal. Ch. xcix, c.）中，被告根据信托赠与受让了死者的全部财产以偿还债务等，并被判决为该死者应当承担责任的毁损行为承担赔偿责任。

② Glanv. Vii., Ch. 1, § 3; Annals of Burton(Rolls ed.), 421(公元 1258 年); Bracton, fols. 38a, b, 39b, 169b, 194b, 213b, § 3, 214b; Abbr. Plac. 272(H. 9 Ed. I), Suff. Rot. 17; 1 Cal. Ch. liv, lv; Beseler, Erbverträgen, I. § 15, p.261; § 16, pp.277 et seq.; Heusler, Gewere, pp.1, 2; Sohm, Ehschliessung, p.82; Schulte, Lehrb. d. Deutsch. R.u. Rechtsgesch, § 148(5th ed.), pp. 480 *et seq*.

③ Annals of Burton(Rolls ed.), 421(公元 1258 年).

④ *Graysbrook v. Fox, Plowd*, 275, 280, 281.

爱德华三世

的那些案例则可以说明赠与人享有用益权。① 正如培根(Bacon)爵士在前文引用的一段文字中所说的那样,受让收益是用益权的三个目的之一。这是不动产赠与人的主要目的,而对于获得某项财产或者所指令的财产让与而言,这又是受让人一方的主要义务。但是,所有的德国权威学者都赞同,在早期的日耳曼法中,受让收益同样也可以取得占有,或者保护占有。② 与在其他特定情况下一样,在这种情况下,英格兰法提供了关于其起源的证据。在我们的不动产诉讼中,主张依法占有的方式就是主张取得对于土地收获或者收益的占有。③

如果古老的民众法院的那些救济措施在英格兰得以保留,那么也可以推测,占有中的用益权人将会得到普通法的保护。④ 这并不是因为剔除了早期普通法中适用于王室法院的古老习俗的部分。认可(巡回审判)是王室法院的显著特点,它只能被授予与国王具有某种封建关系之人⑤,而为了通过土地保有来创设这种关系,除了实际占有或者受让收益之外,还需要其他的条件。此种新的救济体系并没有延伸至得到此一古老法律普遍承认的所有权利,随着时间的流逝,这一事实逐渐否认了那些因而被忽视的权利之存在。"占有"这个词的意思仅限于受巡回法院保护的占有⑥,而得不到巡回法院保护的占有则根本不受保护。然而,值得记住的是,一系列成文法越来越多地将受让收益喻为一项与责任和权力相关的法定财产,直到最终亨利三世时期的

---

① Stat. 50 Ed. III., Ch. 6; 1 R. II., Ch. 9 *ad fin*; 2 R. II. Stat. 2, Ch. 3; 15 R. II., Ch. 5; 4 Hen. IV., Ch. 7; 11 Hen. VI., Ch. 3, 5; 1 Hen. VII., Ch. 1; 19 Hen. VII., Ch. 15; *Rothenhale v. Wychingham*, 2 Cal. Ch. 3.(Hen. V.); Y. B. 27 Hen. VIII. 8; Plowden, 352; Litt. § § 462, 464; Co. Lit. 272b So 1 Cruise, Dig. Tit. 12, Ch. 4, § 9:"如果受托人实际占有了遗产(这种情况几乎不可能发生)。"

② Heusler, Gewere, 51, 52, 59; Brunner, Schwurgerichte, 169, 170; Laband Vermogensrechtlichen Klagen, 160; 1 Franken, Fanzös. Pfandrecht, 6.

③ Jackson, Real Actions, 348 and passim。参见刚才引用的那些成文法,以及 Stat. 32 Hen. VIII, Ch. 9, § 4。

④ Franken, Französ. Pfandr., 6.

⑤ Heusler, Gewere, 126,423,424.

⑥ Heusler, Gewere, 424.

培 根

成文法将用益权收回普通法法院。①

没有必要去考察巡回法院对于占有中的用益权人的否认是否从一开始就具有强制性和普遍性,因为不动产赠与人在契约诉讼中可以获得另外一种保护,与在欧洲大陆一样,在英格兰,对于不动产赠与人而言,获得那种保护是很普通的。② 曾经有相当长的一段时期,盎格鲁—诺曼法坚守着这一古老的法兰克传统,即作为一项明确请求恢复原状的理由,在契约与所有权之间不进行任何区分,并且,这种法律还允许在契约诉讼中请求归还土地,因而,从表面上看,无论如何,不动产赠与人还算是比较安全的。③

但是,对于契约和占有而言,享有剩余权利的用益权人均属于第三人。在寻求他们可以强制财产转让的理由时,存在非常明显的困难。在欧洲大陆的民众法院中,与萨尔曼相比,最终受益人似乎显得很无助,同样,在王室法院中,与不动产受让人相比,最终受益人也很无助。在这种情况下,教会很容易成为我们讨论中的受益人,并且会给予救助。赫斯勒(Heusler)认为,有关那些赠与的早期历史说明了宗教权力是为了自身利益而鼓励那些赠与的,并且那些赠与是在面对民众为维系继承人对于家庭财产的古老权利而斗争时所确立起来的,而如果没有得到继承人的同意,该家庭财产则是不可让与的。④ 由于教

---

① 参见前面引用的那些成文法,p.11 n.30,以及 1 R.III. Ch. 1;27 Hen. VIII., Ch.10。

② 例如,*Rothenhale v. Wychingham*, 2 Cal. Ch. 3。

③ *The Common Law*, 400。此外,参见 Ll. Gul. 1., Ch. 23; *Statutum Walliae*, 12 Ed. I,"关于协议的令状,其中要求移动财产和不动产。""关于协议的令状有时要求自由的管理。" Fleta, II. Ch. 65, § 12;Y. B. 22 Ed. I., 494, 496, 598, 600;18 Ed. II. (Maynard), 602, 603;Fitz. Abr. *Covenant*, passim。直到晚近,在涉及罚金的案件中,仍然保留了契约的这一效果;2 Bl. Comm. 349, 350, and App. IV., § 1。关于年限的问题,参见 Bract. fol. 220a, § 1;Y. B. 20 Ed. I., 254;47 Ed. III., 24(比较 38 Ed. III., 24);F. N. B. 145 M;*Andrews' Case*, Cro. Eliz. 214; S. C. 2 Leon. 104;而关于动产,参见 Y. B. 27 Hen. VIII., 16。关于经由契约而稍晚出现的用益权,参见 Y. B. 27 Hen. VIII, 16;Bro. Abr. *Feoffiments al Uses*, pl. 16;Dyer, 55 (3);ib. 96 (40);ib. 162 (48);*Sharington v. Strotton*, Plowd. 298, 309。

④ Heusler, Gewere, 479 et seq。参见 Glanv. VII., Ch. 9,在此,得以说明教会解决了订立遗嘱是否合理的问题。比较同上 Ch. 1., § 3。

会长期努力试图维持对于有关违反信托的全部事务的管辖权,所以,从表面上看,或许可以在信托中找到教会进行干涉的理由,正如已经谈到的,信托是这种关系的本质,而我们发现可以在衡平法院日程表中所记录的早期法案中查阅到有关信托的记述。

　　这只是一种推测。但是,基于某种理由,最早涉及受遗赠人的法院是教会法院,这似乎是显而易见的。格兰维尔认为,遗嘱赠与的合理性能够得以传承与那些教会法院有关①,然而,当他说明遗嘱执行人持有关于继承人的国王令状时,却未能揭示遗产受让人或受遗赠人享有任何对于遗嘱执行人的类似权利。《格列高利教令集》②揭示出,稍晚一些,教会便可以强制遗嘱执行人执行立遗嘱人的遗嘱③,而布雷克顿则据此认为,城镇房屋或者用益权的遗产受让人和受遗赠人可以在教会法庭提起诉讼。④ 正如我们已经看到的,在遗嘱执行人不再涉及城镇房屋的情况下,教会给予遗嘱执行人的救济就变成多余的了,而受遗赠人则可以在王室法院直接获得非法占有人的赔偿。但是,对于遗产,尽管衡平法院稍后形成了一种竞争性管辖(权),并且最终依法(St. 20 & 21 Vict. Ch.77, s.23)成为一种专有管辖(权),但是,晚至詹姆斯一世时期,"衡平法院大法官埃杰顿(Egerton)爵士总是会说,教会法院更适于受理遗产案件,也时常将遗产案件交给教会法院。"⑤

　　发展到后来,教会法院已经无力处理用益权案件了。但是,除了

---

　① Glanv. VII, Ch. 6 and 8.
　② 《格列高利教令集》(*Decretals of Gregory*),由雷蒙德(Raymond)在1230—1234年根据教皇格列高利九世的要求编纂而成,并于1234年颁布,是第一部权威性、综合性的教皇制定的官刊教令和章程汇编,共五编,依次为法院组织及管辖、诉讼程序、教士之义务与特权、婚姻法以及刑法。它收集了除《格拉提安教令集》外所有其他教令,并由此产生了大量评注和有关文献。主要参见薛波主编:《元照英美法词典》,北京大学出版社2013年版,第381页。——译者注
　③ Decret. Greg. III. Tit. 26, cap. 19。公元1235年。
　④ Bract. fol. 407b, 61a,b.
　⑤ *Nurse v. Bormes*, Choyce Cases in Ch. 48。此外,参见 *Glen v. Webster*, 2 Lee, 31。关于普通法,参见 *Deeks v. Strutt*, 5 T. R. 690; Atkins v. Hill, Cowper, 284,以及所引用的案件。

涉及最终遗嘱的用益权或者死后遗产分配的案件之外，直到衡平法院在爱德华三世统治时期成为一种独立的法院后，那些涉及基于信托的不动产让与的重要案件才有了相关的记载，并且，出于各种不同的欺骗性目的，那些案件在传承至我们手中的一系列起诉书和成文法中得到了详尽的说明。① 还应当提及的是，就让与不动产而言，用益权人也属于第三人，他们试图根据对其有利的条件来行使该项信托权利。对此，现在有痕迹可寻，并且从表面上看，有时会以那种方式将信托权置于财产转让之中。②

此外，在相当长的一段时期里，从表面上看，不动产赠与人和其他用益权人均得到了足够充分的保护。我们所知道的最早的控诉是在亨利四世统治时期。当通过**信托**方式转让财产以履行让与人和不动产赠与人的遗嘱，而不动产受让人却进行了错误转让时，缺乏一种救济方式。③ 一旦感觉到需要，提供救济的方式就将出现了。对于主持衡平法院的神职人员而言，没有什么能比作为世俗法官在衡平法院实施那些原则更容易的了，而在对立的教会权力的控制之下，他们的先辈曾经在自己的法庭上努力实施过那些原则。作为衡平法院大法官，他们不受那些将其界定为负责婚姻和遗嘱诉讼的神职人员之限制的约束。在亨利五世统治时期，我们发现，用益权人已经开始求助于衡平法了④，然而，在理查二世统治时期，爱德华三世时的遗嘱执行人和不动产受让人已经将请求命令的起诉状提交至议会中的法官们了。⑤ 在接下来的（亨利六世）统治时期，用益权人所提交的起诉状已

---

① Petition of Barons, C. 25(Hen. III. 公元 1258 年), Annals of Burton (Rolls ed.), 422; *ib* . Stubbs, Select Charters;Irish Stat. of Kelkenny, 3 Ed. II., Ch. 4;Stat. 50 Ed. III., Ch. 6;1 R. II., Ch. 9; 2 R. II., Stat. 2, Ch. 3;7 R. II, Ch. 12;15 R. II., Ch. 5;4 Hen. IV., Ch. 7。也可参见 Statute of Marlebridge, 52 Hen. III., Ch. 6。

② 2 Rot. Parl. 79 (3 R. II., Nos. 24,25); *ib* . 60,61 (2 R. II. Nos. 25, 26).

③ 3 Rot. Parl. 511 (4 Hen. IV., No. 112, 公元 1402 年).

④ *Dodd v. Browning* , 1 Cal., Ch. xiii; *Rothenhale v. Wychingham* , 2 Cal.Ch. iii.

⑤ 2 Rot. Parl. 60, 61 (2 R. II., Nos. 25, 26).

教皇格列高利九世颁布《教令集》

经很普遍了。这种请求的基础就是信用、被寄予的信赖以及诚信义务。该情况被保留下来,同时成为此项请求权的日耳曼渊源和该项管辖权的教会渊源的标志。

如果前述主张是合理的,那么将会得出,这种有关用益权的原理既不是传票或者要求个人遵守的裁决的创造物,也不是在一种相对发达的文明状态中所促成的改良结果,而普通法过于古老以致无法涉及这一结果。然而,实际上,这种救济形式强烈地反作用于这一权利概念。当遗嘱执行人不再涉足于立遗嘱人与受遗赠人之间时,遗赠与用益权之间的联系就已被忽略了。由于普通法法院拒绝保护即使是实际上的收益受让人,因而,正如刚才所解释的,用益权可以用该名义获得认可的唯一地方就是衡平法院。此外,根据为学生所熟知的对于实体权利和救济权利的识别,用益权仅仅被视为一项主张传票的权利。它失去了绝对物权的全部特征,并淹没于诉讼中的动产种类之中了。① 我已经在其他地方说明了这一观点在妨碍用益权和信托权的利益或者负担转让方面所起的作用。②

第二部分 契 约

我已经在英格兰衡平法的这一重要时期发现了关于另外唯一一种实体原则的蛛丝马迹,现在,我有必要对这一原则说上几句。这是一个关于契约的观点,特别是否认了下述这种流行观念,即普通法是从衡平法院那里将约因借鉴过来的。在所有口头契约中,约因的条件仅仅是对于口头提出债务的对价条件的修正概括。至少

---

① Co. Lit. 272b; Bacon, Reading on Stat. of Uses, Works (ed. Spedding), VII., p.398.
② The Common Law, ch.11;特别参见第339页、第407—409页,除了第408页所引用的那些书籍之外,notes 1 and 2; Fitz. Abr. Subpena, pl. 22; *Dalamere v. Barnard*, Plowden, 346, 352; *Pawlett v. Attorney-General*, Hardres, 465, 469; Co. Lit. 272b; W. Jones, 127.

在特定案件中,后者是极为古老的,并且似乎始终伴随着早期诺曼人这一类似理论和其他一些在德国已经被大量研究过的欧陆渊源。①

顺便插一句,我可以指明,从索玛(Somma)时代到爱德华三世时代,甚至更晚,这一条件并未拓展适用于有关担保人的案件。此类担保人显然并没有接受那些古老典籍意义上的对价,因而只能依据口头契约来约束自己,在那种情况下,不同城市的习俗维系着这一古代法律。① 索姆(Sohm)曾经收集证据来证明担保在民间法时期是一种正式契约,以期支持他的这一理论,即这种早期法律只规定了两类契约:不动产契约,源自买卖或者实物交易并要求某种对价;以及正式契约,根据被不同命名的程序而形成于早期的不动产契约。② 我

---

① Somma, II., C. 26, § § 2, 3, in 7 Ludewig, Reliq. Manuscript. pp.313, 314; Grand Coustumier, C. 88 and 90; Statutum Walliae, 12 Ed. I; " *Si vero Debitor venerit, necesse habet Actor exprimere petitionem, et rationis sue petitionis, videlicet, quod tenetur ei in centum marcis, quas sibi accomodavit, cujus solutionis dies preterit, vel pro terra vel pro equo, vel pro aliis rebus seu catallis quibuscunque sibi venditis, vel pro arreragiis redditus non provenientis de tenementis, vel de aliis contractibus* ," etc. Y. B. 39 Ed. III., 17, 18, " *issint il est quid pro quo* "; 3 Hen. VI. 36, pl.33; 7 Hen. VI. 1 pl.3; 9 Hen. VI. 52, pl.35; 11 Hen. VI. 35, pl.30 at fol. 38; 37 Hen. VI. 8, pl. 18. See also " *Justa debendi causa* " in Glanv. X. C. 3; Dial. de Scacc. Ii., C. 1 and 9; Fitz. Abr. *Dett*, pl. 139; Y. B. 43Ed. III. 11, pl. 1. Form of Count given by 1 Britton (ed. Nichols), 161, 162, pl. 12; Y. B. 20 & 21 Ed. I. App. 488, " Marchandise " ground of debt. Sohm, Eheschliessung, p.24; I Franken, Französ. Pfandr., § 4, p.43; Schulte, Reichs-u. Rechtsgesch. § 156 (4th ed.), p.497. Consideration is first mentioned in equity in 31 Hen. VI., Fitz., Abr. *Subpena*, pl.23; Y. B. 37 Hen. VI. 13, pl. 3, and by the name *quid pro quo* . So in substance as to assumpsit; Y. B. 3 Hen. VI. 36, pl.33.

The interpretation of Fleta, II, C. 60, § 25 by the present writer in The Common Law, 266, is rightly criticized in Pollock, Contr.(3rd ed.), 266, as appear by comparing the more guarded language of Bracton, 15b.

① Somma, I., C. 62, II. C. 24; 7 Ludewig, 264,309; Grand Coustum. C. 89(比较 Bract., fol. 149b, § 6);The Common Law, 260, 264。除了那里所引用的权威之外,也可参见 F. N. B. 122 K; ib. I in marg., 137 C; Y. B. 43 Ed. III, 11, pl. 1;9 Hen. V. 14, pl. 23. Car. M. Cap. Langob, A.D. 813, ch. 12, "如果一个人承诺替他人偿债,那么此一承诺就具有约束力",引自 Löning, Vetragsbruch, 62, n. 1。在 2 Gesta Hen. II. (Ben. Abbas, Rolls ed.), 136 中,担保人发誓,如果违反该项协议,就将自己交出。Sohm, Eheschliessung, 48, 竟然主张,该誓言仅仅是萨利克法典中正式契约的一个替代物。但是,我没有发现任何证据可以证明,该誓言在英格兰是必要的,除非为了教会的管辖权。2 Gesta Hen.II., p.137.

② 参见,例如,1 Franken Französ. Pfandr. § 16, pp.209-216; § 18, pp.241 *et seq* .; *ib.*, 261-266。

并未打算仔细考察关于欧陆渊源的证据。但是,考虑到担保明显派生于人质的交付,以及在早期的盎格鲁—诺曼法中存在一种非正式契约这一事实,我发现很难相信,将担保的起源更多地归因于形式而非对价。塔西佗(Tacitus)认为,日耳曼人会以其人身自由作赌注,如果输了,就交付其人身。① 在我看来,这种相似之处是发人深省的。我不知道有任何正当理由可以假定草标②对于赌博而言是必要的。

我打算更进一步,并犹豫着冒昧提出,现在被概括为契约的那些情况或许彼此独立地来自不同的起源,并且在感觉到需要予以概括或者意识到它们有可能确立相互矛盾的原则之前,那些情况共同存续了很长一个时期。不动产契约源自实物交易和买卖,如果将这种交易的原则宣布为普遍适用,那么每一项契约都将需要某种对价。另一种契约的担保则源自人质的交付,这在恺撒时代是极为常见的。如果这将会提供那种指导性类推,那么每一项自称是慎重做出的承诺都将会受到约束。但是,这两类相似的契约却可以长期和平共处,直至逻辑这一传统的伟大破坏者将担保推入契约领域,而更为频繁和重要的不动产契约却成功地将债务范畴与封印文书区分开来。③

接下来,重新回到衡平法。在《衡平法院之多样性》中,据称,"由于没有专门签订封印契约,如果某人有足够的证据可以证明封印契约[之存在],而却无法根据普通法而获得救济时,那么,该当事人将会在衡平法院获得救济"。此种说法出现于1525年亨利八世统治时期,之

---

① Germ. 24.
② 草标(festuca),是在从奴役或者失去人身自由中获得释放时使用的一种标志。——译者注
③ Y. B. 18 Ed. III., 13, pl. 7; 44 Ed. III. 21, pl. 23; 43 Ed. III, 11 pl. 1。于是,保证仅仅成为买卖的一项附带事项(Lex Salica, C. 47; Glanv. X., C. 15 and 17),并被视为一项封印契约,Y. B. 44 Ed. III. 27, pl.1;稍晚一些,委托便转化为契约了。为了进一步说明问题,我可以补充,在现代,约因仍然可以通过报偿加以解决(参见,例如,Bl. Comm., 444; I Tidd's Practice, C. 1, 关于损害赔偿之诉),而只是最近才在所有案件中转变为一种对于承诺人的损害。

后不久,便做出了相反的裁决。① 但是,裁决是必需的,这一事实确认了所引用的有关衡平法院传统的该段话的证词。我并不打算考察,是否可以如此宽泛地称其符合任何有关早期法律的原则;或者除关于担保的案件外,是否还可以发现任何其他的案件,在那些案件中,一个人可以通过仅仅说他负有义务而做出保证。因为,尽管在亨利八世时期,当教科书通常还在述及封印契约时,此种传统的意义就已经丧失了。但是,衡平法所涉及的承诺依然是一项基于诚信的承诺。因此,在爱德华四世统治时期②,原告可以在衡平法院提起传票诉讼,同时声称被告曾经委托原告作为其神职的代理人,并且基于信任向原告承诺不会因该职位而使原告承担法律责任,之后被告却违背了承诺。衡平法院大法官斯蒂林顿(Stillington)认为,"由于原告因被告未履行承诺而受到损害,所以,他应在此获得救济"。追溯至本文所讨论的这一时期,我们发现,在理查二世统治时期,有这样一个案件,被告曾经承诺将特定土地的继承权授予原告,原告基于此项承诺而提交了一份起诉状,并且声称原告以前来到伦敦并基于被告的信托而花了钱,由于他既没有签订封印契约,也没有任何有关上述契约之诉的书面文据,所以原告无法依据普通法提起诉讼。③ 这便是完全的直接证据,正如我所试图说明的,尽管它微不足道,但足以证实一个古老的谱系。

在诺曼征服后的两个世纪里,存在三种众所周知的做出具有约束力之承诺的方式:信用、誓言和书面形式。④ 索姆和其他人已经说明

---

① Cary, Rep. in Ch. 5, *Choyce Cases* in Ch. 49.
② Y. B. 8 Ed., IV, 4, pl.2; Fitz, Abr. *Subpena* , pl. 7.
③ *Whalen v. Huchyndin* , 2 Cal.Ch. ii.
④ 比较格列高利九世于1233年1月10日致亨利三世的信,载1 Royal Letters, Henry III.(Rolls ed.),p.551,"你承诺将这些财产交付给他们,不得收回这些财产,并且以遗嘱的形式确定了此一承诺",以及 Sententia Rudolfi Regis, A.D.1277, Pertz, Monumenta, Leges II, p.412:"我们问了⋯⋯如果一个人发誓或者以文字形式声明自己要在某一时期内偿还某人的债务,但他没有做到,他应当在何种程度上受到审判呢? 如果人们都这样认为,即上述承诺之人不能实现其承诺,但却可以安然无事,这对于法律的权威性有利吗?"

了,此处所说的某个人做出保证或者宣誓就是从《萨利克法典》中缔结契约的象征性行为演化而来的,我就不再重复他们的观点了。① 在结婚典礼这一古老的仪式中,仍然保留了这样的做法,在那些古老的书籍中也经常会有所提及。②

无论此种信用保证在金雀花王朝时期是否属于一项正式契约,也无论是否曾经在王室法院对其提起过诉讼,从格兰维尔和布雷克顿的著述中便可以充分看到,如果曾经有的话,也只能基于恩惠而获得国王的救济。③ 起初,国王的救济只能通过授予特权和免责予以提供,正如我已经说明的,这种救济决不会延伸至曾经在民众法院普遍适用的所有古老习俗。但是,如果国王无法给予救济,教会便会做好准备。长期以来,如果出现违反信用的情况,教会便会主张普遍管辖权,并且不断获得成功。④ 无论其界限为何,这种模糊且危险的请求已明显延伸至对于信用的违反。即使在最终取消教会对于婚姻和遗嘱[的管辖权]之后,正如在前一注释中所说明的,教会仍然保留了对于契约以及附带对于此类违反保证的事务的管辖权。从表面上看,甚至在其他案

---

① *Lex Salica* (Merkel), Ch. 50; *Lex Ripuaria*, Ch. 58 (60), § 21; Sohm, Eheschliessung, 48, 49, notes; I. Franken Französ. Pfandr. 264, n. 2.

② Eadmer(Rolls ed.), 7, 8, 25; Dial. de Scacc., II. C. 19; 2 Gesta Hen. II. (Ben. Abbas), 134–137; 3 Roger Hoved. (Rolls ed.), 145; Glanv. VII. C. 18; X., C. 12; 1 Royal Letters, Henry III. (Rolls ed.), 308; Bract, 179b。比较同上 175a, 406b, etc.; Reg. Majest. II., C. 48, § 10; Abbrev. Plac. 31, col. 1 (2 Joh. Norf. rot. 21); 22 Ass. pl. 70, fol. 101。

③ Glanv. X., C. 8; Bract. 100a.

④ 或许,可以在下述段落中发现这一斗争的起起伏伏:"同理,一切有关失信和违背誓言或者不涉及誓言的问题,一般均应由教会法庭予以处理。"公元 1190 年, 2 Diceto(Rolls ed.), 87; 2 Matt. Paris, Chron. Maj.(Rolls ed.), 368。"关于那些涉及誓言的债务或者不涉及誓言的债务,均应由国王处理。"Const. Clarend. C. 15; Glanv. X., C. 12; Letter of Thomas à Becket to the Pope, 公元 1167 年, 1 Rog. Hoved.(Rolls ed.), 254。理查德(Richard)与这位诺曼牧师于 1190 年所达成的协议, Diceto and Matt. Par. *ubi supra*。关于因超出债务之外的违反保证在教会法庭提起的诉讼,约 1200 年, Abbrev. Plac. 31, col. 1(2 Joh.), Norf. rot. 21。"教会法官不应当处理一切有关非信徒的事项,除非是有关婚姻和遗嘱方面的事项。"公元 1247 年, 4 Matt. Paris (Rolls ed.), 614. Resistance to this, Annals of Burton(Rolls ed.), 417, 423; 比较 *ib*. 256. 但是,这一禁令却确定了教会管辖权的范围。

件中,或许也可以通过宗教谴责和忏悔进行诉讼。①

因此,那些古老的契约一直保留至爱德华三世统治时期,直到普通法形成了一种基于实体原因而将那些古老契约排除在外的比较确定的理论,同时衡平法院已经成为一种独立的法院。从表面上看,那些衡平法院的大法官们一度在一种截然不同的法院中维系了他们曾经作为神职人员而被剥夺了的权力,为一般的王室法院无法提供救济的那些契约提供某种救济。但是,我认为,我现在已经证明了,在提供救济的过程中,他们并没有改革或者引进新的原则,仅仅是保留了古老习俗中的某些遗迹,而那些已被普通法所终结的遗迹却被教会保留了下来。

---

① 22 Lib. Ass., pl. 70, fol. 101。比较 Glanv. VII. C. 18,"基于相互信任而发生之事项"。Bract. fol. 175a, 406b, 407, 412b;Y. B. 38 Hen. VI. 29, pl. 2。但是,如果该项契约是以书面方式订立的,那么,契约之诉就成为唯一的救济方法;Y. B. 45 Ed. III. 24, pl. 30。

第 15 篇

法律,我们的情人 *

萨福克律师协会晚宴,1885 年 2 月 5 日

主席先生、各位律师先生:

　　法官与律师相互之间太过熟悉,因而对于他们各自或者相互关系,彼此无需再多说些什么了。我希望可以说,我们都是老朋友,就无需再那样做了。如果你们还不相信这一点的话,那么,由我向诸位证实如下境遇,将是多此一举的,即在我们共同的事业中,就法官一方而言,他们丝毫不缺乏履行每一项神圣职责的决心;他们在工作中倾注了全部的关注、才能与精力,甚至是在每一刻醒着的时间里;他们将毕生致力于此项事业,甚至殚精竭虑。但是,如果不谈法官,难道我还可以论及律师吗?如果缺少律师的协助,难道我还能追问,法庭将会呈现怎样一番景象吗?律师所创设的法律甚至比法官创设的还多;我还有必要提及在整个普通法世界中为本州律协赢得盛誉的学识和诸般天赋才华吗?我认为,没有必要了,对于他们高

---

　　* 选自 Oliver W. Holmes, *Collected Legal Papers*, New York: Harcourt, Brace and Company, 1920, pp. 25-28。

尚而严谨的荣誉而言,也无需多言。世人有时会嘲弄律师,但是,此种否认也正是一种承认。可以感觉到,在所有的世俗职业中,法律这项职业具有最高的标准,我相信这是真实的。

这是一项多么奇妙的职业呀!无疑,在每一事物与其他事物之间的联系中理解和发现它时,法律引起了人们的兴趣。当人们怀着崇敬之情不断追求时,任何一项职业都是伟大的。但是,其他哪一种职业可以赋予人们这样的机会,以发现自心灵深处油然而生的活力呢?在其他哪一种职业里,一个人可以如此深深地投身至生活的洪流之中——既作为见证人,又作为参与人,畅享其中的激情、抗争、绝望与凯旋呢?

然而,这还不是全部。此一将你我联结起来的学科——此一抽象的概念,人们称之为"法律",它犹如一面魔镜,我们看到其中映射出的,不仅有我们自己的生活,还有所有前人的生活!每当我思考此一宏大主题时,我的双目也为之晕眩。如果我们打算将法律作为我们的情人来讨论的话,在座诸位都知道,只能用持久而孤寂的激情来追求她——只有当人们像对待神祇那样倾尽全部所能,才能赢得她的芳心。那些已经开始追求却没能坚持下去、半途而废的人,要么是因为他们没有机会一睹她圣洁美好的芳颜,要么是因为他们缺乏为如此伟大的追求而努力的心思。对于法律的爱恋者来说,小说家笔下的达佛涅斯和克洛伊①般的爱情和命运的悲欢离合故事,是多么不值一提!即使是诗意的喀耳刻②以火红天空的醉梦、夏日大海的浪花、郁郁葱葱

---

① 达佛涅斯(Daphnis)是赫耳墨斯与一位牧神的儿子,通常被视为田园诗歌的创始人,后成为西西里岛的牧神。据传,他是牧羊女克洛伊(Chloe)的情人,两人之间发生了一段以田园生活为背景的缠绵悱恻的爱情故事。——译者注

② 喀耳刻(Circe)是古希腊神话中生活于埃埃厄岛(Aeaea)的美丽女巫,她的父亲是太阳神赫利俄斯(Helios),母亲是海神珀耳塞(Perse)。在她的宫殿周围,有许多驯服的野生动物,它们是一些被她施以魔法的人。当奥德修斯人来到她的岛上时,她用魔法将他们暂时变成猪形。奥德修斯在赫耳墨斯的帮助之下,设法喝了还原原形的解药。当发现奥德修斯毫发无损时,她非常惊以至于一时毫无防备,奥德修斯抓住时机将剑架在她的喉咙上,并威胁要杀死她。喀耳刻被迫将他们恢复人形,并为他们指引了回归家乡的方向。——译者注

贝叶挂毯

的绿草和女人雪白的臂膀来幻化人形,这样一种幻影也显得黯然失色!对于他而言,民族的道德生活史一点也不亚于一部历史。对于他而言,他所译解的每一个文本,所解决的每一个疑难,都为这敞开着的、关于世人命运的生活画卷增添了新的一笔。直到借助极为丰富的想象力,他通过自己的眼睛看到社会的形成和发展,以及借助深邃的理性了解到社会存在的哲学时,他的任务才算得以完成。

因而,在思考法律时,我看到了一位比曾经在贝叶织毯的女人更为神通广大的女神,她永不停歇地将那遥远的过去中有些模糊不清的人物形象织进她的挂毯里——那些人物形象太模糊不清了,不可能为慵懒之人所注意;那些人物形象太具有象征意味了,除非通过她自己的双眸是难以读懂的。然而,透过她的慧眼,揭示了人类奋力从野蛮的孤立状态迈向有组织的社会生活的每一个沉痛步履,以及令世人为之震惊的每一次奋勇抗争。

我们在座诸位在法律方面比其他方面更在行。我们天天跟她打交道,不是作为人类学家,不是作为学生和哲学家,而是作为一名演员,出现在法律作为天命和主宰力量的悲喜剧里。当我思考法律时,如同我们在法庭和市场里所熟悉的她一样,她于我就好像一位坐在路旁的妇人,在她遮掩双颊的面纱之下,每个人都将从她的表情中看到其应得的奖惩或者欲求。胆怯和遭受重压的人们将从她佑护的笑容里获得勇气。坚定地维护自己权利的当事人会看到她用严厉和极具洞察力的眼睛保持着公正。那些公然违抗她的神谕、试图逃避她的惩罚的坏人,会发现自己无处遁形,在她的面纱之下,将看到一副不可变更的判定死亡的面孔。

先生们,我不能再多讲了。这不是专题研讨的时间。但是,当第一次在这样的场合应邀发表演讲时,我浮现于脑海中的唯一想法,心中充溢着的唯一情感,所能吟诵出来的唯一话语,就是一首献给我们的情人——法律——的赞歌。今晚,正是以法律名义,我们才能相聚于此。

古希腊神话中的美丽女巫喀耳刻

第 16 篇

清教徒*

坎布里奇第一教堂二百五十周年纪念会，
1886 年 2 月 12 日

主席先生，及各位先生们：

六百年前，一位骑士参加了通往巴勒斯坦的十字军圣战。他浴血奋战，进退往返，最终死在他的朋友中间，他的肖像被雕刻成大理石像，或者被铸造成青铜塑像，树立在神庙或者教堂里的他的墓旁。他已经比生前更伟大了。在他活着的时候，有成百上千像他一样优秀的人，倒在了阿斯卡隆的城墙下，或者沉睡在荒漠的流沙里，被世人遗忘。但在他的纪念碑上，这位骑士已成为了骑士精神的典范和圣战的斗士。他的个性与独特之处已经消失了，但普遍性依然存在。六百年过去了，他的故事，或许他的名字，早已被世人遗忘。他的事业已经停止。他作为一粒微尘而身处其间的动荡潮流依然流淌。然而，时至今日，他却比以往任何时候都要

---

* 选自 Mark DeWolfe Howe, ed., *The Occasional Speeches of Justice Oliver Wendell Holmes*, Cambridge, Massachusetts: The Belknap Press, 1962, pp. 24-27。

伟大。无论多么伟大,他都不再是一个人,甚至不再是某一个阶层的典范。他已然成为神秘莫测的整个历史——他的民族所有逝去的激情——的象征。他的纪念碑,是传统的象征,是记录民族荣耀的史册,是映照千古流传的高远志向的火炬。

二百五十年前,几个虔诚的人建造了坎布里奇的第一座教堂。在他们活着的时候,我毫不怀疑,有成百上千像他们一样优秀的人,倒在了费尔法克斯指挥的马斯顿荒原战役,或者克伦威尔指挥的纳斯比战役中,或者在英格兰生死无闻,被世人遗忘。然而,那些建造者的纪念碑,如果是那些像矗立在波士顿公园和三角地一样的神秘青铜雕像,如果是那边教堂墓地中布满青苔的石板,那么,他们现在也要比生前更加伟大!时间像一个净化器,已经将他们的个性和独特之处消磨殆尽,只留下勇气、忠贞和奉献的典范——令人敬畏的清教徒的形象。

时间依然燃烧着。或许,清教徒的典范终将逝去,就像十字军的斗士一样。但是,这个教区的创建者们会被世人铭记,不是那些青铜或者大理石的雕像,而是一座座活着的丰碑。其中一个是哈佛大学。还有一个更伟大。正是那群人和他们的伙伴们一起创建了公理教会,从中生长出一个民主国家。他们创建了比诸多机构更伟大的事物。无论他们是否意识到这一点,他们已经将民主精神根植在世人心中。正是因为他们,我们才有了热爱祖国的至深根由——那是一种本能,一个燃烧的火种,它使美国人民无需再以诸如四目对视、手脚并用地在沙滩上赤膊相斗的简单方式,来面对自己的同胞。当坎布里奇的公民忘记了他们也脚踏着神圣的土地,忘记了马萨诸塞州也有着自己的传统(在逐渐衰减的同时,也变得更加庄重和鼓舞人心)——当哈佛大学不再献身于真理,美国不再献身于民主自由的时候——那么,或许,在这一切来到之前,殉道者的碧血会浸透黄沙,清教徒也只会徒劳地活着。在那之前,他仍然会越来越伟大,甚至在他从我们的视野中

英格兰内战期间,克伦威尔在马斯顿荒原战役(左)和纳斯比战役(右)中

消失之后。

  我们肯定都是托马斯·谢泼德①的政治之子。我们并不都是他的精神之子。新英格兰曾经并且现在依然欢迎许多并非清教徒后裔的人来到她的港湾,而那些清教徒的后裔已经学会了其他一些生活方式和思想,不再仅仅是他们原有的、准备为之赴死的生活方式和思想。我承认,我们对那些思想的兴趣主要是出于对前辈的敬意;在我看来,世界生活的洪流在其他河道里奔腾,指引未来方向的,是培根、霍布斯和笛卡尔,而不是约翰·密尔。我认为,我们的智识和精神生活,作为一条稍微有些偏离的线索,正在重返主流,并且自此以后,所有的国家将会越来越多地从共同的源泉中汲取营养。

  然而,即便我们并不都是托马斯·谢泼德的精神之子,即便在面对生死以及神秘莫测的世界时,我们表达惊奇、恐惧和持久信任的方式也发生了改变,但在今天,那怕是此时此刻,我们新英格兰人也依然受到清教徒潜移默化的影响。我们的教义或许已经改变,但冷酷的清教徒的激情依然尚存。对于此刻正在听我讲述的许多人来说,无论是不是教会成员,都可以像波士顿教区主事科顿·马瑟(Cotton Mather)在谈论托马斯·谢泼德时所说的那样,"故而,他日常对话的特点,就是一路颤抖着,与上帝同行"。

---

  ① 托马斯·谢泼德(Thomas Shepard)是坎布里奇第一教堂的首任教区主事。我的祖父阿贝尔·霍姆斯(Abiel Holmes)牧师是他那个时代的教区主事。

科顿·马瑟

第 17 篇

法律的职业*

对哈佛大学本科生发表的一篇演讲,
1886 年 2 月 17 日

此时此刻,或许,我应该这样做。但我知道,有一些热情洋溢的心灵觉得他的主要问题还没有得到回答。他会追问,这一切之于我的灵魂有什么意义?你不让我为了一片狼籍的肉汤而出卖了自己与生俱来的权利;你所说的话是为了表明,我可以透过这样一扇门抵达自我精神的或然之境?艰辛地钻研枯燥而专业的体系,贪婪地守候客户和玩弄商贩的伎俩,为了肮脏的利益而时常发生无礼的冲突,这怎么能看清人生呢?先生们,我会即刻承认,这些问题并非无关紧要,它们可能会被证明是无法回答的,在我看来,它们经常是无法回答的。然而,我相信是有答案的。这些问题和你们在任何形式的现实生活中遭遇的问题是一样的。如果一个人拥有桑

---

* 选自 Mark DeWolfe Howe, ed., *The Occasional Speeches of Justice Oliver Wendell Holmes*, Cambridge, Massachusetts: The Belknap Press, 1962, pp. 28–31。

乔·潘萨①的灵魂,那么,于他而言的世界就是桑乔·潘萨的世界;但如果他拥有一个理想主义者的灵魂,那么,他就会创造——我没有说寻找——那个属于他自己的理想世界。当然,法律不是艺术家或诗人的栖所。法律是思想家的事业。有些人和我一样,认为人的活动中最不那么神圣的就是对事委缘由的广泛调查,认为认识不啻为感知。对于这样的人,我会说——并且我会毫不怀疑地认为——和在其他地方一样,一个人可以在法律中过上极有意义的生活;和在其他地方一样,他的思想可以从法律中找到无限视域中的统一谐和;和在其他地方一样,他可以在法律中挥霍自己的生活,可以饮下满载英雄主义的苦酒,也可以心力憔悴地去追求那永远无法企及的梦想。生活为每一个人提供的一切,均可当作其思考或者奋斗的起点,这是一个事实。如果这个宇宙是一个经验体系,如果这个宇宙是可以通过想象予以感知的,以至于你可以根据理性从宇宙的一个部分延伸至另一个部分,那么,那个事实是什么就无关紧要了。因为每一个事实都会经由感觉导向其他任何一个事实。只是人们还没有看到如何导向,总是如此。你们作为思想家的事业,就是将从部分事物通向事物整体的路径解释清楚;就是阐明你们的事实与宇宙体系之间的理性联系。如果你选择的学科是法律,那么,通往人类学(关于人的科学)、政治经济学(立法理论)以及伦理学的道路就是平坦的,从而通过几条道路抵达你最终的人生观。对于任何一门学科而言,也同样是真实的。唯一的区别就在于辨别道路时的便易程度。要想成为精通任何一门知识学科的人,你就必须学会掌握那些与之毗邻的学科知识;因而,要想了解任

---

① 桑乔·潘萨(Sancho Panza)是西班牙作家塞万提斯在《堂吉诃德》中描写的一个人物,他是主人公堂吉诃德的侍从,朴实善良、目光短浅、自私胆小,富有同情心和正义感,拥有应对日常生活的经验和智慧;因生活无着才追随堂吉诃德出游,希望能借以改善家庭窘迫的生活。在书中,无论遇到怎样的情境,他始终保持着一个农夫的基本形象。——译者注

何一个事物,你就必须了解与之相关的所有知识。或许我说了太多有关智识追求的话。我不得不说,可供你们在智识和体力方面去探险的范围正在不断缩小。我期待着这样一个未来,在那里,人们的理想将是满足地、有尊严地接纳生活,而不是对于成就的渴求与热情。我已经看到,土地勘测和铁路已经给我们的智识荒原划定了边界,狮子和野牛正在从边界上消失,就像从非洲和不再毫无边界的西部消失一样。然而,我所期待的那不愉快的一天还没有到来。我想,在我这一代和你们这一代之间,人类并没有发生太大的变化,但你们仍然留有野蛮的征服欲望,仍然想去征服些什么。在法律上,还有那么一些地方可供你们去占领;从那里开始,还有一些道路会将你们导向你们想去的地方。

但是,不要以为我是在给你们指引布满鲜花的道路和温床——通向一个你们可以轻易完成新的工作,便有辉煌的成果回馈你们的地方。没有什么样的成果是可以轻松获得并且值得拥有的。当对你们所谓的教育结束时——当你们不再将富于想象的思想[那些"五字箴言",是伟大的人物毕其一生方从原始材料中凝练出来的]串连在一起,而是自己去钻研那些原始材料,以期获得你们看不到的、无法预测的甚至可能要等待很久才能出现的成果时——为了完成指定的使命,生活给你们提供了事实材料。当你们接受这样的事实材料时,你们的教育才刚刚开始。没有人能赢得智识追求的权利,除非他学会了用其从未见过的星星来布置他的航线,用探测杖来挖掘其永远无法抵达的源泉。之所以这么说,我是想告诉你们,只有这样才能使你们的学习变成一种英勇无畏的壮举。因为我怀着悲壮的信念对你说,要想拥有伟大的思想,你们就必须成为英雄,成为理想主义者。只有当你们独自奋斗时——你们感到环绕着自己的一条黑暗的荒野鸿沟,比围绕着垂死之人的那条鸿沟更加隔绝,并且,无论在希望,还是绝望

桑乔·潘萨(左),追随着堂吉诃德(右)

中,都能信赖自己毫不动摇的意志——只有到那时,你们才会有所成就。因此,只有你们才能获得思想家的隐秘孤绝的愉悦,他知道,在他死后百年,被世人遗忘,那些从未听谈论过他的人也会遵循他的思想的尺度——那是拥有一种后发制人的力量的微妙快感。世人知道这样的力量,并不是因为它没有外部的掩饰,而是对他预知的景象来说,这样的力量比那些指挥军队的力量都更加真实。如果这样的愉悦不该属于你们,那么也只有这样,你们才能知晓自己所做的正是它想要你们做的事情,才可以说你们已经活下来,并且为结局做好了准备。

第 18 篇

对荣誉的热爱[*]

——关于法律博士学位的获得

耶鲁大学毕业典礼,1886 年 6 月 30 日

主席先生、各位先生们:

我不知道这个国家还有没有像你们所赋予给我的如此之高的荣誉评价了。作为一项荣誉,我欣然接受,如同战争中凯旋者的剑轻轻划过肩头,在古代,这柄剑即宣告了一名士兵因战功而被策封为骑士,并以生命发誓今后永不放弃战斗。

现在,支配人们生命的荣誉力量并不逊于中世纪时期。与昔日一样,现在,这种力量成为我们不可或缺之物;正是这种力量,我们为之而生,如果需要,我们也愿为之而死。正是这种力量,使得那些具有获取财富力量之天赋的人,为了这一追求而牺牲健康甚至生命。正是这种力量,使得那些学者觉得他无法变得富有。

就这篇关于年轻人的演讲而言,有人或许会认为,近来情况发生了变化,冷漠现在已经变成有待培养

---

[*] 选自 Oliver W. Holmes, *Speeches*, Boston: Little, Brown, and Company, 1913, pp. 26-27。

的美德。我从未听说过有任何人对于赛艇漠不关心。为什么你们应该参加赛艇呢?为什么要为了准备那个可能把你累得半死的激烈的半小时[比赛]而忍受数月之久的痛苦呢?每一个人都问这个问题了吗?还有那种为了痛苦变成胜利的那一刻——乃至为了高贵地失败时的荣光而不愿负出其全部和更多代价的人吗?生命还不如一场赛艇吗?如果一个人愿意抛洒一腔热血去赢得一场比赛,难道他还不愿意用其全部精力在其他领域中获得成功吗?

我知道,主席先生,即使在可以主宰人们生命的荣誉之上,也存在着一种动机。我知道,有一些超凡之人可以神圣地捕捉每一瞬间的灵感,发现每一行为的目标。我想,我是一个够格的清教徒,可以去想象一种高尚的快乐,这一快乐是那些将自己仅仅视为受更高权力掌控以实现其目的的工具人所享有的。但是,我认为,基于此种利己主义的幻想,大多数人会且必定会达到同样的结果。如果对于荣誉的热爱是一种幻想的形式,那么它也并非是不光彩的。如果它没有令一个人飘飘然飞向九天,那么,至少也将他置于现实之上,并授之以那些复杂而神秘的路径,使之得以穿行于林间的岔路——那些岔路是旅人根本无法穿越的。

这所伟大的学校和我来自的兄弟院校[1]所给予的帮助决非仅此而已,通过各自的教学和相互的竞争,它们在其毕业生当中培育起了一种崇高情感。你们已经做到了一所大学可以做到的一切,也已经激起了我心深处的火花。我将尽力去维系你们所赐予的荣誉。

---

[1] 霍姆斯1866年毕业于哈佛大学法学院。——译者注

古代骑士策封仪式

第 19 篇

法学院的功用*

——哈佛法学院联谊会前的致词

哈佛大学 250 周年纪念,1886 年 11 月 5 日

哈佛大学法学院的毕业生总是希望在他们彼此之间保持积极的联系,这毫不令人感到吃惊。法学院得到了伟大而闻名的法律人的帮助;它已经成为这个国家所诞生的重要法律文献的一个主要组成部分的来源;它在教授过程中形成了世界闻名的教育模式;在它的学生当中,有未来的首席大法官和大法官,以及州和国家律师界的领袖,对我而言,他们人数之众,足以在提及他们的名字时令你们激动不已。

它只是未曾培育出伟大的法律人。许多在其他领域中获得声誉的人开始在这里进行学习。萨姆纳(Sumner)和菲利普斯(Philips)是 1834 年的学士。一两天后,我们即将聆听其演讲的这位演讲者②,曾经出现在威廉·斯托里(William Story)手边 1840 年的名录之

---

* 选自 Oliver W. Holmes, *Speeches*, Boston: Little, Brown, and Company, 1913, pp.28-40。

② 文中所提的演讲者是詹姆斯·拉塞尔·洛厄尔(James Russel Lowell)。

上——作为该州的首席大法官，也是联邦大法官之一，他本人身为一名军人和演说家与其身为法官一样声名显赫。或许，如果不算是揭露生活秘密的话，我会悄悄地说，在其他地方找到更易消化、如果不是更富营养的食物之前，下周一进行演讲的诗人①将会品尝到我们男人的食物，这就已经足够了。当然，我们以哈佛法学院为豪。当然，我们热爱哈佛大学的每一部分。当然，我们乐于通过这一组织的象征来表达我们的兄弟之情。

关于我们汇集一堂的理由，我不想再多说什么了。但是，在你们离开之际，我想说几句有关法学院的功用与意义的话，尤其是关于我们的法学院及其教授课程的方法，正如它向有机会思考这些问题的人所展示的那样。

法学院并不致力于传授[如何获得]成功。令一个人从其同侪中脱颖而出的机智与意志的结合，是与生俱来的，而并非来自传授。如果这种结合可以完全从建议中获益，那么此类建议在这里是无法得到提供的。你们或许会认为，根据一般的对比，我会说法学院致力于传授的是法律。但是，我并不打算那样说，因为我没有资格。在我看来，人们从其他地方得到的全部教育几乎都是道德的，而非智识的。智识教育的主要内容并非事实的获取，而是学会如何使事实变得鲜活。文化，在无益于知识的意义上，是我所憎恶的。大师的标志在于，如果在造成假象之前，事实被零散地加以传播，当这些事实激发起他的思想磁流时，他可以将这些事实转变为一种有机的秩序，富于生机，结满硕果。但是，你无法通过传授而成为一位大师。要想成为大师，则只能依靠其与生俱来的天赋。

与自学不同，教育主要存在于人们的兴趣与志向的形成过程之

---

① 文中所提的诗人是霍姆斯大法官的父亲。

中。如果你可以使一个人确信,另外一种追求方式更加深刻,另外一种快乐形式比他已习惯了的更加精致——如果你使他真实地看到这一切——人的本性就是这样的,即他渴望更深刻的思想和更精致的快乐。所以,我说,如果你认为法学院只是传授法律或者培养法律人的话,那么法学院的事务并未得到充分表述。法学院是在以这种庄严的方式传授法律和培养伟大的法律人。

我们的国家非常需要这样的传授。我想,我们都会赞同,对于平等的热爱早已远远超出了政治甚或社会的领域。不仅我们不愿意承认任何阶层或社会优于我所处的社会,而且,我们对于每一位权威人士的习惯态度是,他只是高于普通人的荣誉或薪金的幸运获得者,而任何一个普通人均可以和他一样获得那些荣誉和薪金。当民主否决生机勃勃地将其运作方式超出外部的类别特征而延伸至精神领域时——当对于平等的热爱并不满意于在人类的普遍同情心和所有人可以共享的利益共同体之上建立社会交往,而冲击确立人类精神的秩序与程度的自然边界时——他们不仅错了,而且犯了个低级错误。与屈服于傲慢和卑微的民主情感一样,谦虚与崇敬都是自由人的美德。

为了灌输那些美德,为了纠正对于我曾提及的高贵情感的卑微放纵,我认为,教师不如那些少数专家那么具有影响力和说服力。他们没有摇旗,他们没有击鼓;但是,只要他们存在,人们就能知晓,喧嚣熙攘不同于宁静的天赋和安详的精通。他们促使那些需要其帮助或者从其传授中获得启发的人懂得服从与尊敬。他们自身树立了榜样;因为他们在智识世界中塑成了一种民主与纪律相统一的完美典范。他们不会屈服于任何试图借外国的帮助而施展其权力的人;他们认为,科学与勇气一样,不会超出验证的需要,而总是必须准备证明自己以对抗所有的挑战者。但是,对于证明自己是大师的人,他们则表现出了对于理解英勇战争的意蕴,以及保留与领袖抗争的权利的人们的巨大崇敬之情,即使他在对于真理——他们唯一的女王——的追求中似乎犹豫不决。

法律人也是最早急需的和出现于美国的专业人士之一。我相信,将很难夸大他们在支持明智而有序的思想上的影响的美德。但是,和其他人一样,法律人感受到时代的精神。和其他人一样,他们一直试图发现真实事物的易得且适合的替代物。我担心,律师界会大加赞赏美国人词汇与理想中最令人厌恶的"精明",而全力反对高贵的道德情感和深奥的知识。我曾听到一个新的信条,即学问已过时了,顺应时代之人不再是思想家和学者,而是不受除最新版法规汇编和成文法典外的其他重兵器拖累的精明之人,这来自律师界内部,而非来自外界。

法学院的目的不应当是让人们变得精明,而是让他们在其职业中变得明智——引导他们走上一条通向大师之所的道路。在我所解释的意义上,法学院应当同时成为专业人士的工作室和温床。对于教师而言,法学院应当得到每一代人中能够创作出最优杰作之人。传授不应当停止而应鼓励创作。"对于课堂的热情",对于友谊的蔓延的兴趣,均应使学生成为其教师工作中的合作者。天才的酵母在其创造性时刻将很快被激发。如果某人是伟大的,他就可以令他人相信伟大;他可以令他们免受低级的理想和安逸的自满的影响。他的学生不会接受任何现实的替代物;与此同时,他们将学会,现实可能具有的唯一形式即是生命。

我们的法学院正是我所描述的此类工作室和温床。我已经暗示了这所法学院可以培养出什么样的人,无须赘述。整个世界都知道,它曾经诞生出什么样的著作。从学生与教师的热情合作中,曾经涌现出了专于证据的格林利夫(Greenleaf)、专于不动产诉讼的斯特恩斯(Stearns)、斯托里和他具有划时代意义的《美国宪法释义》、专于合同的帕森斯（Parsons）和专于不动产的沃什伯恩（Washburn）；还有，标志着随后一个时代的专于合同和衡平诉讼的兰德尔、专于票据的埃姆斯（Ames）和专于永久财产权的格雷（Gray），并且，我希望我们很快还可以加上专于证据的塞耶。你们将会发现，这些著作彼此之间具有截然不同的特征，但是，你们也将会发现，其中有多少著作均具有这一特征——它们都曾经标志着并且在很大程度上创造了一个时代。

现在，有许多人，不是作为斯托里权力的一个不起眼组成部分，可以写出与其一样优秀（或者更优秀）的法律综述。当某一还算流畅的书出版时，我们总是会听到这样的赞誉，"瞧，来了一位比斯托里更伟大的！"但是，如果你们考虑到斯托里开始写作时的法律文献状况，以及散漫的演讲之流源自怎样的学识之井，我想，你们就会赞同我的这一观点，即在本世纪［19世纪］使法律变得简明易懂方面，他比其他任何一位说英语的人做得都多。

但是，斯托里简单的哲学化思考已无法满足人们的思想。我认为，或许可以比较稳妥地说，在他那一代人或者之后的一代人中，没有人能以一种可以忍受的方式来讲述法律。无论是他那一代人，还是之后的一代人，已经或者可能掌握了历史知识，已经或者可能会分析基本原则了，而人们可以在明确范围内和内在意蕴中认识和理解法律的基本学说，但在此之前，那些基本原则是必要的。

现在，正在进行着这项新的工作。在德国的影响之下，科学正在逐渐将法律史引入它的领域。人们正在以微观的和全景的角度来仔细观察这些事实。与此同时，在我们恢复对于哲学思考的兴趣的影响之下，成千上万的人都在分析和归纳法律的规则及其成立的理由。法律将不得不被重述；而我则冒昧地说，五十年后，我们会将法律置于一种五十年前无人能够想象出的形式当中。那么，我再次冒昧地表达我的期盼和信仰，那就是，当我所预测的那天到来之时，人们将会发现,与斯托里影响并决定了上半个世纪教科书的形式一样,在这一变化过程中,哈佛法学院的教授们至少依然如此。

与我所说的正在发生的这一变化相应的,存在另外一种传授方式上的变化。无论这种对应多么容易察觉,我都不会停止追问。哈佛法学院的教授们比以往任何时候都更为明确地告诫自己,无论基于何种原因,我们都不能满足于培养出仅仅背着一只装满一般原则———堆华而不实的一般原则,如同一群飘动于柯勒乔①画作上方的超凡脱俗的小天使——的破布口袋的学生。这些教授们还会说,为了使某项一般原则具有价值,你们必须赋予其一个实体;你们必须说明,此项原则将以何种方式以及多大程度上在一项现有制度中得以实际运用;你们必须说明,此项原则如何逐渐形成了具体案例中可感知的和解方案,而在这些案例中,却没有一个案例能在协商中确立起此项原则。最后,你们还必须说明此项原则与(通常处于完全不同的时期与起源的)其他原则的历史联系,因而,必须从整体上来看待此项原则。如果没有这种整体观,就将无法真实地判断此项原则的适当程度。

在追求这些观点的过程中,越来越多地为教科书所替代。实际上,许多略带轻蔑微笑并对美好往昔感到遗憾的人首先接受了那些案例教科书,而在经过十五年后,今天,那些教科书却有可能彻底改革美国与英国的教育。

我姑且暂停片刻,来说一说我希望对我而言是没必要说的事情——即坚持当前教育方法时的事情。在对于我早期学习时的老师们满含感激与赞赏的回忆中(唉!现在这可能仅仅是回忆了),我并不喜欢当前的教育方法。在我那个年代,哈佛法学院的院长是帕克(Par-

---

① 安东尼奥·阿莱格林·达·柯勒乔(Antonio Allegri da Correggio, 1494—1534),文艺复兴全盛时期的意大利著名画家,以擅于运用阴暗对照法的画作闻名于世。他的作品主要包括宗教画(例如《平安夜》)和壁画(例如帕尔马市圣保罗修道院的壁画)。——译者注

ker)教授。他是新罕布什尔州的前任首席大法官,我认为他是美国最伟大的法官之一,在院长的位置上,他依然显示出作为法官时令其闻名遐尔的那些品质。帕克的同事包括帕森斯,如果他算不上一位天才人物的话,他至少也具有一种与生俱来令人印象深刻的表达能力,我想我从未见过可与之相媲美的天赋。还有沃什伯恩,他教会我们理解"课堂上的热情"这一短语的意蕴,我曾经从瓦那罗(Vanerow)那里引用过这一短语。相对于柯克的学识和费恩(Fearne)的逻辑而言,他更令我受益匪浅,如果没有他温和的热情,前两者或许也会起到这样的作用。

重新回来更多地谈一谈关于作为使用这些案例教科书之基础的理论的语言。在我看来,长期以来存在着一种令人瞩目的氛围,即法典化的倡导者中才华横溢的詹姆斯·斯蒂芬爵士,和当前这种教授模式的首创者兰德尔先生,从同样的前提开始却得出了似乎相反的结论。实际上,詹姆斯·斯蒂芬爵士认为,法律原则的数量很少,因而可以将其编成法典;兰德尔先生则认为,法律原则的数量很少,因而可以运用那些形成并确立法律原则的案例加以教授。嗯,我认为,如果你们能找到适当的人并让他们理解此项任务,那么詹姆斯·斯蒂芬爵士的观点是颇具说服力的——无论如何,我现在均无法表达出一种他错了的观点。但是,根据自己的经验,我确信,兰德尔先生是正确的。我确信,如果你们的目的并不在于向公众展示法律的花束,也不在于通过立法修剪和移植法律,而在于将法律植根于其可以成长的地方,并且今后从观念上致力于那一目标,那么任何道路均无法与兰德尔先生的道路相提并论。为什么,仅仅根据人性来审视它吧。相对于一般原则而言,难道一个人不能更鲜明地记住一个具体事例吗?并且,相对于运用任何抽象的语言形式来把握某项原则而言,难道不能将一项原则从本质上更准确地理解为可以表明其程度与界限的半打例子的隐含大前提吗？无论是明确的，还是隐含的，相对于你们仅仅看着一项原则躺在你们面前的铅印纸上死去而言，难道在你们研究原则的发生学及其成长过程中不能更好地了解它吗？

　　我已经谈及了自己的经历。在我有幸执教于哈佛法学院的那段短暂时光里，除了其他学科之外，我还负责为一年级学生讲授侵权行为法。带着些许不安，我插入一个新生班，要直接阅读埃姆斯先生的《判例集》，并且开始用兰德尔先生的方法一起讨论那些判例。结果比我所预期的要好。在一两周之后，当第一个令人迷惑的新事物结束之时，我发现，同学们已经可以运用观点的准确性来检视所提出的问题了，而这种准确性则是他们无法从教科书中所学到的，并且经常超过可以在教科书中发现的准确性。如果没有其他人，至少是我，就很难从我们的日常辩论中有所收获。

　　我的法官经历进一步坚定了我从事教师时就已形成的信仰。当然，与拥有多年经验的人相比，一个年轻人无法审理或者辩护一个案件。你们中的大多数人或许也会赞成我的观点，那就是，一个人从别人那里获得的教导根本无法达到自己亲历亲为的重要程度，而一个仅仅作为听话学生的人则只能获得极少的机会。但是，我认为，当今天的年轻人开始自己的实践经历时，在训练的完整性和知识的系统性方面，他们的储备优于前辈们可能拥有的一切。尽管没有哪所学院可以夸耀其独占了所有前途无量的年轻人，当然，我们的法律人全部来自坎布里奇［哈佛法学院］；而且，我也认为，这里的传授方法将会在他们的努力中结出硕果。我有时会听到急切之人所表达出的期望，即这里的授课应当更实用一些。我记得，一个极为明智且能干的人在开始其职业生涯时，曾对我的一位朋友说，"不要知道过多的法律"，并且我认为，我们不难想象到那些可以适用该警告的案例。但是，更有裨益的是，作为一名学生，当我正在像年轻人一样谈论经历实践以及在不成熟的我看来属于实践的其他所有事情时，一个明智且能干的人——我后来的合伙人和永远的朋友——曾对我说过的话，"法律人的职责就是认识法律"。哈佛法学院的教授们正打算让他们的学生认识法律。他们认为，最实用的传授就是，让他们的学生寻得他们试图认识之物的根源。因而，他们打算让学生掌握作为实际运用体系的普通法和衡平法，并且认为，如果可以做到这一点，那些学生将不会对近半个世纪的改进有任何困惑。我认为，不仅是在他们所针对的最终目的上，而且在他们试图实现那一目的时所运用的方法上，他们是完全正确的。

是的，哈佛法学院过去是，现在是，我希望将来也是，一个伟大的法律人使其成就更加完美的中心。从这里，年轻人更多的是受到成功法律人的激励，而非其传授的指引，并依次前进；不是模仿老师们的所作所为，而是为了他们在此所获知的原因，更加自由地享受他们自己的生活。在哈佛法学院受过训练的人不可能总是各种生活道路中最博学的人。他们当中最高贵的人肯定会经常感觉到，他们致力于生活中受到尊敬的依赖性——那些得不到人为帮助以实现成功的人的依赖性——但却依赖于不公开的知识和默默的奉献。对于发现他们无法寻找的欣赏的依赖性，但却自豪地依赖于这种确信，即倾其一生而致力其中的知识就是人们想知道的有关世界的事情。这就是抽象思想、科学、美、诗与艺术这每株文明之花对于找到足够丰沃的土壤以支撑自己的依赖性。如果找不到，它定会死去。但是，这个世界对于鲜花的需要，更甚于鲜花对于生命的需要。

我说过，一所法学院应当以此种崇高的方式传授法律；它还有更多的事要做，而不仅仅是传授法律。我认为，我们可以替我们的法学院宣称，它并不缺乏伟大。我曾经听一个俄国人说，在俄国的中间阶层中有许多专家，而在上等阶层中只有文明人。或许，在美国，基于我所提及的那些原因，我们对于专家的需要更甚于对于文明人的需要。

哈佛法学院奥斯丁大厅

那些一无是处的文明人仅仅是易于认为他们无法呼吸美国的空气。但是,如果某人是一位专家,那么,他应当也是一位文明人;他应当可以概述其他学科知识,并说明自己学科的长短之处;他应当是理性的,并且可以冷静地辨别事物,这一切都是极为可欲的。不仅如此,更多的是,他应当是充满热情的和理性的——他应当不仅能解释,而且还能感觉;这种对于智识追求的热情应当用艺术的魅力加以缓解,并且应当紧接着实质上已成为目的的生命的欢愉。

在哈佛大学,人们在一定程度上认识到了悸动着的真实文明生活的多样性。对于它的渴望被隐藏起来,因为它们受到了磨练和教导。但是,我从心底里认为,它们如此高贵,以致沉默无声。哈佛大学的光芒不仅限于本科生部,它映照了所有的学院。曾经看到过这光芒的人将会变得永远不同于以前的他。我宁愿说,我们教育中最好之处是道德上的。哈佛法学院曾经在许多人的心中点燃了永恒的火焰,这就是其至高无上的荣誉。

第 20 篇
埃塞克斯律协年会上的致辞*

埃塞克斯律师协会的先生们：

你们应该还记得波士顿公共图书馆大楼梯角的第二十号和第二号狮子。① 一般而言，如果将它们视为圣物，纪念这座城市的士兵，就不会让我们感动；如果将它们视为圣物，纪念这个国家的士兵，也不会让我们感动；如果将它们视为圣物，抽象地纪念英勇无畏，那就根本不会让我们感动。如果你们想触及人们的心灵，那就必须关注具体的事情和人，而不是抽象的东西。基于同样的道理，从邻人和朋友的意见中，而不是在抽象规则的一般情况下，就可以找到良好行为的近因。我想，如果在五十年前，一位来自格洛斯特或者马布尔黑德的船长，宁可在班克斯停泊，也不愿意遗失一条缆绳，那

---

* 选自 Mark DeWolfe Howe, ed., *The Occasional Speeches of Justice Oliver Wendell Holmes*, Cambridge, Massachusetts: The Belknap Press, 1962, pp. 48–50. 该文来自保存在哈佛法学院的霍姆斯文稿，是一份没有日期的打印稿，中间有霍姆斯手写修订的内容。发表该致辞的日期已经无从确认。致辞中提到的马萨诸塞州最高法院大法官洛德(Justice Lord)先生逝于 1884 年。该致辞有可能是霍姆斯在埃塞克斯律协的一次年会上发表的。那些年会通常会在每年 12 月举行。——原编者注
① 在波士顿公共图书馆内楼梯两侧的转角处，并列着两个石狮，底座上分别镌刻着"为了纪念马萨诸塞第二十志愿兵团以及那些在战争中逝去的军官和士兵"和"纪念马萨诸塞第二志愿兵团以及那些在战争逝去的军官和士兵"。——译者注

么,只要一想到他们在冬夜的杂货店里会说些什么,就会比关于最大多数人之最大幸福的思考更有意义。还是基于同样的道理,我由衷地依赖像本协会以及其他一些地方律师协会一样的组织,因为这些组织从一开始就在彼此熟识、社区邻里以及战争的兄弟情谊中形成了纽带关系。

然而,孤独隔绝只是一个阶段。它不是终点。我们都知道,没有什么东西是或者可能是孤立的,尽管我们并不总是能记住这一点。我们的星球和太阳构成了一个自洽平稳的小星系,但它们无法摆脱更宏大的关系纽带的约束,在如此的关系纽带中,它们和其他所有的星球一起掠过,朝向"遥远的神事"。我们的国家避免了纠葛不清的联盟,但是,随着世界越来越变成一个整体,通过电线、铁路和汽船,通过商业,当然,还有同情,我们与其他国家的联系也越来越紧密。世间万物均在尺度之内。就其本身来说,事实就是流言,从其关联和关系来看,事实是科学和哲学的组成部分。法律也是如此。你们每个人的[法律]执业也是如此。你们在埃塞克斯打官司。你们说,外面的世界与这个官司有什么关系。然而,你们已经确认或者修改,或许甚至是第一次提出了一项原则,该原则将会写进案例汇编,又会从案例汇编写进教科书,然后进入普通法的思想,进而从自己的角度规范着文明人的行为。我们的每一次行动都会响彻整个人类世界。我觉得,我们更应该铭记的,是我们工作的崇高而普遍的意义,而不是更新和强化我们教区的兄弟情谊。若能考虑到这一点,便是对我们至高无上的鼓励。因为它要求我们在塑造未来的过程中尽可能多地发挥作用。它也是对我们最严厉的批判者。因为它要求,如果我们要影响文明,我们就应该是文明的——在争论或者决定时,我们应该有勇气将众所周知之事视为理所当然——我们应该立刻准确地辨别我们所依赖的东西,用我们所掌握的一切优化方法来表述,来阐明(或许是)历史或者

波士顿公共图书馆

原则的根源，但又要像避免智识的死亡那样，去避免那些陈词滥调；只要为真，那些陈词滥调就是众所周知的，并且只会将我们导向手头特定任务的起点。法官界和律师界都有权相互期待，彼此应该通过商讨而转向精通法律业务之人。如果我们按照这样的期待而行事，那么，我认为，马萨诸塞州没有理由不保持其作为普通法渊源之一的崇高地位。马萨诸塞州并没有因为肖的去世而消亡，埃塞克斯县也没有因帕森斯、乔特、斯托里或者洛德的去世而消亡。每天清晨，号角都会再一次吹响，迄今为止，从未缺少过胜任彼时那场战争的士兵或者将军。

第 21 篇

西德尼·巴特利特[*]

对律协决议的回应,1889 年 3 月 23 日

律师协会的先生们:

你们的决议丝毫没有夸大法官与律师共享的情感,我相信没有人比我更了解,尽管我在专业领域对巴特利特(Bartlett)先生的了解,在你们当中的一些人看来,似乎已经显得很晚了。当我刚刚进入律师行业时,巴特利特先生已近古稀之年,假如是另外一个人的话,我就不可能谈论他的整个职业生涯。但是,我有一份异常珍惜的回忆,它可以穿越陈年的记忆,唤醒我们对往事的想象。我手里拿着一封信,在这封信中,他说"斯普纳执事(Deacon Spooner)1818 年去世,享年九十四岁。我见过他,与他交谈。他与方斯长老(Elder Faunce)交谈,方斯与朝圣者交谈,据说还指出了那块岩石"。

为了见证一段伟大的职业生涯,并不需要去探究能

---

[*] 选自 Mark DeWolfe Howe, ed., *The Occasional Speeches of Justice Oliver Wendell Holmes*, Cambridge, Massachusetts: The Belknap Press, 1962, pp.51-55。

让自己记住的所有事情。在七十岁至九十岁之间，巴特利特先生所做的工作足以使一个辩护人荣耀一生。我不想再提起那些闻名于世的案件，例如商业银行与政府和州银行的案件，或是关于动产信贷公司的案件，或是其他与联合太平洋公司有关的案件。我只想重申一下在你们的会议上无疑已经提到过的事情，那就是美国联邦最高法院的大法官们宣称他的论辩是他们在国内听到的最为才华横溢的论辩，而其中一个如此评论他的人，已经将回忆追溯至韦伯斯特（Webster）时代了。

就在不到两个月前，他还用几乎绝无衰减的说服力在法庭上为两起案件做了辩护。我觉得，那些熟悉其论辩方法的人都会指出，他成功的一个秘诀就是如下事实，即为了实现高远的目标，他从受聘的第一时间起便着手为案件做准备。在对方当事人还没有预见到可能发生的争辩时，他就已经掌控了事实。他亲自取证，然后审视那些他预期最终要据以对案件做出裁判的法律原则。如果你们会在他出现在案件中的每一个地方做一个标记，那么，通过阅读案件审判记录，你们就会发现，在案件的整个审判过程中，只有他被记录了下来。

然而，一旦他针对法律问题展开论辩，那便是他大放异彩的时刻。他那种不计后果，只从问题根源切入的方式，你们一定都记得非常清楚，没有必要再描述了。如果要我说在我眼中他最突出的特点是什么，那么，我想我应该会说是**风格**——从一个宽泛的意义上理解的"风格"。在此一方面，他时常让我想起那个将他派到我们身边的十八世纪。他在发表言论时总能凝练而优雅地表达语词间的微妙之处，在此种表达风格司空见惯的时代，朝臣与时尚之人教会了后世文人如何写作。他拥有一种若隐若显的智慧，而此种智慧是那些生活在宫廷里、不得不含蓄表达的人习得的。他拥有极富十八世纪浓郁色彩的表达观点的确定性，这有助于塑造完美的表达形式。

他的举止不亚于他的言语,都是一门学问。在他的举止之间,蕴含着一股极具戏剧色彩的浓郁兴致,使他在说话时看起来更像是现场最年轻的人。然而,你们同时也会感受到某种比最年长者更久远的存在——那是一种源自古老经验和静谧智识的超然疏离;或者,在没有使决议的本土基调变得欠缺热情或者令人厌恶的情况下,微笑着面对行动的那种怀疑。他的威严写在他的脸上——那精致的银冠般的面孔,灿烂而沉静,棱角分明地勾勒在那些深刻而虬劲的线条上——那是一幅鲜活得出乎意料的帝王面孔,却又不像那身为教皇的恺撒大帝摆出一幅颇具讽刺意味的饱学之士的面孔,有时甚至更像是在新英格兰制造出来的。只要凝视着他,就足以知晓你们看到的是一个拥有伟大特质的人。

　　我并没有感受到有些人可能会有的遗憾,觉得巴特利特先生将自己严格地局限于他自己的职业领域。我认为,他对于自己的志向抱负是明智的,他的一生是为了公共目的而服务的。在我看来,我们很容易对什么创设了权力以及一个人如何为同胞服务等问题持有短视的观点。辩护律师工作的外部和直接的结果,只不过是赢得或者输掉一场官司。然而,从长远来看,律师的所作所为,是在创设、发展或者阐明那些将在诸多世纪里统治着人们行为的规则;是在制定或者激发那些塑造几代人——他们并不知道他们是在遵循谁的命令而行动——思想与行动的原则和影响。行动者拥有了现在,但思想家掌控着未来;他的力量是那种隐约微妙的、影响深远的力量。他的志向既是高远宏阔的,也是理想主义的。

　　在我看来,为我们同胞服务的规则,以及(就我们关于这个令人讨厌的主题可以猜测或者期待的内容而言)抵达神秘莫测的宇宙终极的规则——在我看来,那就是自我牺牲和神圣的开始——就是凭借自己的力量去履行自己的使命。如果我们这样做,我想,我们就会发现动因会独自运转。我们就会发现,本该作为一种手段而开始的事情本身变成了目的;在我们能够为人类做出最大贡献的劳动中,对私利的追逐被遗忘;我们的个性淹没在为外在于我们的目的而工作的过程中。比如说,我很高兴,我们举世闻名的领袖从来没有谋求更明显的权力或者公共服务的形式,情愿为了与萨福克律协关系亲密的巴特利特先生而留下来。

当一棵大树倒下时,我们会惊讶地发现,没有那棵树的风景显得多么贫瘠不堪。当一个伟人去世时,也是如此。我们或许和他没有亲密的关系;但只要我们能看见他,就足够了;当他离开时,生活似乎也显得有些苍白,有些乏味。此外,就像当火焰席卷城市的土地,直到水边时,我们才会惊讶地发现近在咫尺的大海,而在此之前,它在我们的视线和思想中是隐而不见的。这个足以抵御时间的强大堡垒的毁灭,瞬间将我们的目光打开,投向那我们即将驶入的地平线。我们是又一代人。我们肩负新的使命。我们将承载不同的职责。即便是我们当中最幸福的人,也很难期待经历一场像巴特利特先生刚刚走完的如此完整和幸运的生命旅程。如果我们能学会像他那样用微笑去审视命运的面孔和未知的领域,那么,我们便已足够幸运了。

律协决议将载入法庭记录,为了尊重和纪念巴特利特先生,法院现在休庭。

第 22 篇

丹尼尔·理查德森[*]

对律协决议的回应,1890 年 4 月 15 日

律师协会的先生们:

  对于你们失去的领袖,我得说,*Vidi tantum*,我应该见过他,但也就是见过而已。我在做律师时,从未遇见过他,而在过去的八年里,他一直都是跻身英烈祠的英雄之一,而不只是身陷激烈的日常冲突之间。但是,在听到他那些友善的对手雄辩而感人的话语之前,我已经听得足够了——或许也可以说,我已经看得足够了——以至于可以对他的性格有所了解。他是一个正直、勇敢、温柔、仁慈、坚定的人。年轻一代的人,时常要感谢他免费提供的建议和机遇,从而见证他的慷慨。那些宁愿将其视为对手而不是恩人的年长者,则声称他从本性上是沉静的,故而不宜太过打扰。他是一个热爱学问的人。他将敏锐、判断与人类情感整合在一起,塑造出一位成功的律师。他精明能干,明察善

---

[*] 选自 Mark DeWolfe Howe, ed., *The Occasional Speeches of Justice Oliver Wendell Holmes*, Cambridge, Massachusetts: The Belknap Press, 1962, pp.51-55。

断,心地善良,正因如此,不仅给他带来了成功的回报和诚挚的问候,而且——我相信——还对提升和维系其所属的律协的名望做出了巨大贡献。

  他漫长的职业生涯跨越了从梅特卡夫(Metcalf)的第七卷到我们最新一卷的判例汇编。假如将那一系列枯燥乏味的判例汇编看作人类生活的记录,会显得有些奇怪。我曾经在一棵古树的断面上看到了一圈圈的年轮,在那些年轮生长的时间里,黑王子在与法国人作战,莎士比亚在撰写戏剧,英格兰先是一个合众国,后来又从西方的大洋中诞生出一个共和国,并且日渐强大,直至震动了整个世界。因此,我时常想到,我们可以在这一系列从未中断的案例汇编的背面标记出我们所有的历史。当我们沿着漫长的路线走下去——就像走在亚壁古道上,迈出的每一步,都是一座坟墓——我们可以看到那个狭小的空间,梅森(Mason)从中崛起、变得强大,然后逝去——或是德克斯特(Dexter)、乔特、巴特利特、洛德或者斯威策(Sweetser)。唉!现在我们又得加上,或是理查德森。得以保存下来关于他们的记录,就只剩下附加在几起案件上的律师的名字了。

  这是唯一的记录吗?我觉得不是。他们真正的纪念碑是我们的法学体系——那是由我们这个民族中的天才人物和那些比最伟大的个人更强大的力量塑造的丰碑,但那些位卑言轻的人也可以为之做出贡献,将他们的名字镌刻其上。律师的荣耀,就像从事科学工作的人一样,是团体的,而不是个人的。我们的工作是一个永无止境的协调统一的过程。这个被法律记录下来并得以保护的有机体系,是一个生生不息的社会系统。当我听到有一名建筑工人停止工作时,我不会问他在某个引人注目的基座上放置了什么样的雕像,而是想到这个强大的整体,然后对自己说,他应该恪尽职守,帮助这个世界神秘地成长,沿着命定的路线走向未知的终点。今天,我对自己说,所有这一切的奇迹,都是由像丹尼尔·理查德森(Daniel Richardson)那样的耐心、精准、敏锐、正直、无畏的精神所创造的。

纪念活动将根据动议载入法庭记录,为了表达对逝者的敬意,法院现在休庭。

第 23 篇

隐名与成就*

波士顿大学法学院校友晚宴上的发言,
1890 年 6 月 3 日

【编者注】霍姆斯法官在开场白中提到了某一位法国作家的评论,后者轻描淡写地评论到,有些人忙于用拙劣的法语编撰法典或者立法,五十年后就被遗忘了,而另外一个人只写下两长行讽刺诗,却被世人铭记和传诵了两千年。这位作家的寓意当然是说文学家比法学家更伟大,比如,贺拉斯之于乌尔比安,缪塞之于萨维尼,而他假设的检验标准却是一个人的名字被世人铭记的时间长短。

他让我想到,一个律师必须要记住一些事情,无论他的目标或者职业生涯如何,如果他的志向与那个理解他的艺术家一样抽象和高远,他就必须带着热情的信念去相信那些事情。世界上大部分的工作都是湮没无闻

---

* 选自 Mark DeWolfe Howe, ed., *The Occasional Speeches of Justice Oliver Wendell Holmes*, Cambridge, Massachusetts: The Belknap Press, 1962, pp.59–61。资料来源:一份有霍姆斯亲笔补订的剪报,收藏在哈佛法学院的霍姆斯文稿中。

的;智识力、人格力及预测力最大限度的发挥,很大程度上都是在关涉私人利益的情况下展露出来的,除了直接相关的人,鲜为世人所知。即使是在具有一般意义的问题上,我们要更多感谢的是那些被遗忘的人,而不是被记住的人。想一想过去那些为了创造今天而奉献的辛劳和才华。无论你想到的是机械装置,或是庞大的商业体系,还是制度、法律、语言或者抽象的观念,都无关紧要;在生活的方方面面,我们都被伟大思想创造的作品所包围,就像我们每天认为理所当然的那样,这些作品远比曾经书写的所有书籍都更重要,并且值得更好的铭记。然而,从事此项工作的人的名字早已被世人遗忘。是谁发明了汽车、轮船、城市,或是契约?是谁第一次使用了将来时,或者第一次论及良知或意志自由?如果你愿意的话,这些都是与进化有关的问题,但又不是毫无人类努力的进化——无论是一个人,还是许多人,生命的结构体系与构成组织的创造者,都是未知的。甚至是那些声名显赫之人,他们的成就也不仅仅属于那个声名所及的狭小范围。像笛卡尔那样的伟人,于世纪之初用手指按下电钮,一百年后,在世纪之末,他的思想变成了一种力量,使那些从未听说过他的人开始根据他的命令而行动。在人类发展的连续性已经成为一种普遍现象的今天,人们几乎无需争辩,我们对后人的影响是无法用他们对我们名字的熟悉程度来加以衡量的。那么,我们法律人应该鼓起勇气。我们正在塑造着未来,即便未来会毁灭我们所做的一切。别担心,现实的反应和行动将会使我们得到世人的认可。万物皆有尺度,都处在社会生长的有机过程之中。在自然界中,不可能出现诸如力不称量的事情。我之所以说这些,是因为我觉得一个老人可以为年轻人做的最好的事情之一,就是告诉他们自己从经验中学到的激励人心的思想。如果他可以让他们的心振作起来——如果在经历许多并非都是胜利的战役之后,那个老兵依然能感受到那种发自内心的激情,并且还能将他的热情潜移默化地传递给他们,那就更好了。战旗依然飘扬——鲜花尚未枯萎——上一个星期五,战旗和鲜花被置于逝去士兵的墓前,在二十多年前,他们曾经是我们的战友和朋友。每一年,前往战友墓前祭奠的那支由苍老的、头发花白的老人组成的行列越来越短,而跟在身后护送他们的子女队伍却越来越长。再过二十五年,共和国大军团便会所剩无几了。但是,我相信,追随着他们参加纪念游行的年轻人,总会以某一种方式从这样的关联中捕捉到一缕仍未熄灭的火光。我希望我们也能以同样的方式,让那些在这一伟大的生命进程中追随着我们的人相信:一个人活着,若只是了无生气地活着,那就既没有逻辑,也毫无乐趣;在艰苦的奋斗中,既有责任,也有快乐;尽管击中目标是好的,但有时更好的选择是,将箭射向天空,让它在空中燃烧;并且,始终如斯,

> 于看透生死之人
> 绝无危险可言
> 任何一种法则
> 都无法超越他的认知。

第 24 篇

大学的功用 *

耶鲁大学校友晚宴上的发言,1891 年 2 月 3 日

主席先生、各位先生们:

在每一次宴会上,最好都有一个架构。在每一次选民聚会上,都必须允许富于怀疑精神的人提出问题。现在,所有陈旧的预设都在接受现实标准的重新检验,而在纪念一所大学的宴会上,在耶鲁大学的选民聚会上,就会出现这样的问题:大学的功用究竟是什么?

这是一个若未经思考便无法回答的问题,而且还渗透着偏激之人有时会对我们的文明是否成功而表现出来的诸多怀疑。诚然,我们已经使饥馑与瘟疫的可能性降低了,而且我们还使地球上的人类数量成倍增长;但我觉得,我并没有从后一个事实中看到有什么明显的益处;另一方面,人们通常是否能像在人类早期充满危险的时代那样快乐,地球是否不是失去而是获得了魔力,对此,我表示怀疑。尽管如此,我们仍然都相信文

---

* 选自 Mark DeWolfe Howe, ed., *The Occasional Speeches of Justice Oliver Wendell Holmes*, Cambridge, Massachusetts: The Belknap Press, 1962, pp.62-64。

明,或许我们当中的大多数人都认为大学是最优美的文明之花。为什么呢?大学不一定是让一群教师向其他人有所传授,使他们成为教师,或许他们再传授其他人,然后循环往复。我冒昧地认为,大学不是在传授迈向人生实践成功的第一步,我宁愿说,大学是在保留、发现与传播无用知识,从而使人成其为人的具体映像。

有人曾经对我说,"毕竟,宗教是唯一有趣的东西"。我觉得,如果你们将这个词理解得稍微宽泛一些,让它包含我们在面对宇宙奥秘时强烈的好奇与敬畏,那就是真实的。此种好奇心是我们拥有的最具人性的欲求。只有我们这样的生物,才强烈渴望能离那看不见的海洋——生生不息的潮流涌入海洋——近一些,再近一些,不断接近在我们眼前摇晃变幻了七十年的景象的现实。

此种永无止境的天际追求就是我们的命运,就像生儿育女或者谋食而作一样真实。此种激情与其他情感一样,是坦率真诚和可以自我证成的。此种激情的满足确实就像自我保护一样,本身就是目的。我不相信能从改良的机器和端正的品行中找到足以证明科学与哲学的正当理由。科学与哲学本身就是生活的必需品。如果要求人们对不可避免的事情做出解释不算太荒谬的话,那么,通过创造出科学与哲学,文明就可以充分适应自身。

哈佛大学和耶鲁大学,作为哲学的殿堂,是圣火的守护者。在那里,训练着未来的殉道者,苍白的科学追随者。在那里,聚集着那些相信思想比事物更强大的人。在那里,有比财富更遥远、更广阔的理想堡垒。有一种信念可以让人们保持活动,该种信念让人们去完成一项看不到终点的任务,当我们民族中的最后一个人死去时,此项任务可能还没有完成。人们相信理想主义者的教义,即便是怀疑论者也会赞同,世界的意义不能低于最深远的理想,对世界的敬畏也不能低于最高远的志向。就人类而言,它仅仅是世界的一个组成部分,就像这棵难以想象的树上的一片叶子。

正是因为我相信那样的教义,所以,我希望这两所大学——我对这两所大学都怀有深刻的感激之情——都可以始终保持高尚的信仰,都可以在慷慨的竞争中始终互相督促,使彼此成为大学可能成为的样子,使彼此做到大学所能做到的一切。

第 25 篇

威廉·艾伦*

对律协决议的回应,1891 年 9 月 15 日

律师协会的先生们：

当我突然听到我们的法官去世的消息时,我的第二反应是,国家失去了一位无法替代的法官——我的第一反应是,我失去了一位朋友。

马萨诸塞州最高法院的法官们如此深切地、紧密地一起投入工作,以至于他们彼此之间不得不亲密无间;与威廉·艾伦的密切交往,必然产生对他的热爱和钦佩。律师们发现他在法官席上非常沉默。他在磋商会议室里却不是这样。在那里,他自由地表达自己的观点,有时,尽管他态度很安静,但却带着热情和有些冲动的性格气质,因此,毫无疑问,我们不仅知道他的司法意见,而且还了解那些司法意见背后的这个人。在我看来,他是一个典型的新英格兰人,无论是在性格,还是在思维方式上;是那个曾经荣耀的、大到足以容纳一个他

---

* 选自 Mark DeWolfe Howe, ed., *The Occasional Speeches of Justice Oliver Wendell Holmes*, Cambridge, Massachusetts: The Belknap Press, 1962, pp.65-68。威廉·艾伦(William Allen)当时是马萨诸塞州最高法院的一名法官。——译者注

们自己的社会与文化的内陆城镇,并且先前至少足够偏远以至于拥有本地的传统,以及属于地方性而非世界性的标准和责任。就像我所认识的其他在类似环境下成长的人一样,美国佬的谨慎和明智的判断中掺杂着一些能够在瞬间变得激进的热情,他的教养摧毁了而不是培育了他仅仅依身份而对长者的尊重。他很友好。他总是深思熟虑、通情达理,也非常热情。无论身体健康与否,他总是默默地承担着自己的一份工作,从不抱怨为之付出的代价,直至去世。他拥有加尔文主义神学家的微妙敏锐,在普通法方面接受过系统扎实的训练,在马萨诸塞州也会发现同样扎实的训练;但他的强大的判断力、人道主义的转向以及我所注意到的激进主义偶尔的轻轻触碰,使他免于变得太过技术性。在经过他亲眼仔细审查之前,我从来都不会确信在事实陈述中没有遗漏些什么。在讨论过程中,如果你不同意他的观点,他总能提出一个确切的问题,泛泛地回避是不可能的。我知道,在我看来,几乎没有什么品质能比这种思想的准确性,以及对言语所指代的事物保持关注的习惯更值得终审法院的法官去追求了。许多人——特别是随着年龄的增长——越来越反感那些尝试脱离神圣语词的分析或者创设新的语词。这样的尝试扰乱了我们迫切期盼的智识支撑。我们的理想之所以是休息,或许是因为我们的命运是努力奋斗,就像眼睛在凝视太阳之后再看到绿色一样。艾伦法官没有这样的弱点,却不眠不休地走向了终点。

  伟大的地方造就伟大的人物。重大事件扣人心弦的发展趋势,甚至可以将普通的型范变成钻石,而古老荣誉的传统则将关乎尊严的东西遗留给传统的继承者。任何一个灵魂高尚的人,如果未能抵达灵魂的至高之处,就不可能长久地担任本院的法官。但是,在我看来,我们逝去的兄弟太过谦逊,以至于对名望无所欲求,而将自己的职位主要看作是一种机遇和责任。我敢说,他也会非常乐意,在时限将至之时,轻轻地从法官席位和人生中走开,不带走任何评论。他宁愿不用枪炮、钟声、悠扬的安魂曲、街道上飘扬的旗帜和闪亮的金器以及所有的浮华仪式来赞颂,而所有这一切恰恰都是用在那些手握权力之人的身上……我也为他感到满足,如果这种对外部表象的忽视意味着,即便是对少数被选中的人来说,他们应该也进行了宽泛的检视,并且发现这样的象征并不能表达一个思想家所坚守的宏大而神秘的命令,那就本该如此。我们的主流思想是有些粗鄙的。受到良好教育的想象力少之又少,几乎无法超越金钱及当前诸种形式的权力。我毫不怀疑,社会上层庸俗的生活观念正是造成社会底层不满情绪的原因之一。除非我们接受文明的必然结局就是衰亡,否则我们应该感谢所有那些像威廉·艾伦这样的人,他们的雄心壮志——如果可以这样说的话——仅仅是指望着遥远的经由中介转达的命令。他们并不要求对任何人说,去吧,让他去吧,只要是在真实的想象中,他们就可以根据自己的情况,挥动那隐约微妙而又令人兴奋不已的权力,通过塑造此后一段时间的思想和言论,从内心深处控制未来。

像他们这样的人理应荣耀一身,但不是经由那些在军乐声中昂首行进的兵团,而是少数几个像他们自己一样孤独的人,在沉思的静默中分手,然后依次渴望步入那个由精神主宰的梦境。

第 26 篇

保罗·布尔热[*]

在一次塔文俱乐部晚宴上的发言,1893 年 12 月 4 日

主席先生、各位先生们:

我有双重理由要感谢你们的盛情款待,让我有机会见到布尔热先生。[①] 他是我一位非常敬爱的朋友——我们都很钦佩的亨利·詹姆斯(Henry James)先生——的朋友。在我得知他个人的兴趣领域之前和之后,他的著作都给我讲述了许多我非常乐意聆听的故事。人像树一样。如果没有过去生长的主干,他们就无法屹立,但如果主干已经枯萎,或者至少失去了知觉,他们的生命就只能包裹在细胞组织刚刚形成的纤薄树皮之内。只有像他们那样的人,为我们滋养了纤薄的树皮。很少有

---

[*] 选自 Mark DeWolfe Howe, ed., *The Occasional Speeches of Justice Oliver Wendell Holmes*, Cambridge, Massachusetts: The Belknap Press, 1962, pp. 69–70。资源来源:M. A. DeWolfe Howe, *Semi-Centennial History of the Tavern Club, 1884–1934*, Boston, 1934, p.71。

[①] 保罗·布尔热(Paul Bourget, 1852—1935),法国作家、文学评论家,1852 年出生于亚眠,曾经在巴黎大学取得古典文学硕士学位;毕业后,除了创作诗歌,主要致力于文学批评,1883—1885 年间先后将文学评论汇编出版了《当代心理学文集》;1885 年开始尝试创作心理哲学小说,1894 年入选法兰西学院。主要代表作品有《无法挽回》(1884)、《残酷的谜》(1885)、《爱之罪》(1886)、《谎言》(1887)、《门徒》(1890)、《大都会》(1892)、《离婚》(1904)、《法官》(1911)、《中年魔障》(1914)等。——译者注

布尔热

人会理所当然地恰好满足我们的需求,也很少有人能恰好说出那些我们渴望听到的话。我会记得,《当代心理学文集》第一次出版后,我在读到那些文章时而产生的愉悦的、智识上的舒适感。

若是没完没了地讲述自己对客人的亏欠,就显得有些不合时宜了。但我还是得冒昧地提及——温德尔先生已经提到过的——一个人:《大都会》中的蒙加农侯爵。谁还能比他更远离我们的日常观念呢?在这个已经放弃了决斗一百年的国家里,只有那些正统的人或者自命不凡的人才会自以为是。新英格兰人伤感的乐观主义认为战争已经结束——见利忘义的商业典范是杰伊·古尔德,而不是谢尔曼将军。① 如果新英格兰人错了——如果商业将来不可能以自己的方式占有一切,那么,对我们而言,那些从战争中浴火而生的人就依然是有价值的。但如果不是(就像通常从表面上看到的理想主义者一样),绅士和士兵都是幸存者,那么,从一幅迷人的图画中可以看到人类最奇特的力量——那种否定真实与毁灭一切的力量——对我们当中的一些人来说,仍然是一种愉悦。

常识很多时候意味着采取更普通的观点。每当我觉得被此类观点迷惑时,我就会想起我年轻时认识的一些人,他们长相趣味各异,但都属于蒙加农先生的类型。我非常感谢你们——尊贵的客人——用这幅高贵的画像充实了我的生活。

---

① 杰伊·古尔德(Jay Gould,1836—1892),美国19世纪后期极具影响力的商人,因商业投机和肆无忌惮的商业掠夺而致富,被称为"海盗大亨",是美国"镀金时代"商业精英的典型代表。威廉·谢尔曼(William T. Sherman,1820—1891)将军,1840年毕业于美国陆军军官学校(西点军校),参加过对印第安人和墨西哥的战争;美国内战爆发后,参加多次战役,1864年就任联邦军西部战区司令,1869年接替格兰特将军担任联邦军总司令,是美国南北战争中联邦军队的杰出将领。——译者注

古尔德(左)与谢尔曼

第 27 篇

鲁德亚德·吉卜林[*]

在一次塔文俱乐部晚宴上的发言,1895 年 4 月 24 日

主席先生、各位先生们:

如果要对人的兴味做一个区分的话,我会将感知放在一端,解释放在另一端。因此,我还可以说,一边是艺术家,另一边是哲学家或者法学家,两者之间横亘着人类最遥远的距离。然而,无论差距有多大,依然是人际之间的差距。我们都是人,即便是一名律师,也可以将他的枯叶花环放在吉卜林先生的脚下。我无需置评,其他人也会公正地将他视为一位艺术家,一位天生的讲故事的人。他重新找到了那种不经意间触碰大匠宗师的自信。但是,我要谈一谈他的作品本身呈现给我的一个更为普遍的意义。在和一两位劳力者——他们在为寻

---

[*] 选自 Mark DeWolfe Howe, ed., *The Occasional Speeches of Justice Oliver Wendell Holmes*, Cambridge, Massachusetts: The Belknap Press, 1962, pp.71-72。资源来源:M. A. DeWolfe Howe, *Semi-Centennial History of the Tavern Club, 1884—1934*, Boston, 1934, p.73。约瑟夫·鲁德亚德·吉卜林(Joseph Rudyard Kipling,1865—1936),英国作家、诗人。1865 年生于印度孟买,1871 年返回英国接受教育,1877 年入联合服务学院学习,1882 年重返印度,开始文学创作,撰写了许多诗歌、小说与历史故事;1907 年获得诺贝尔文学奖,1926 年获得英国皇家文学会金质奖章,1933 年当选法国道德政治科学院院士。1936 年病逝于伦敦。主要代表作品有《丛林之书》(1896)、《基姆》(1900)、《普克山的帕克》(1906)及《老虎! 老虎!》(1907)等。——译者注

吉卜林

求改变而勤奋的工作中与他们的指挥者一样优秀——交谈时,我曾经多次对他们说过:"我知道你和像你一样的人都有**目标**,但我并没有看到你的**理想**。你读过吉卜林先生的《故事集》吗?马尔瓦尼(Mulvaney)和奥瑟里斯(Ortheris),尽管他们可能不会理解这个词的意义,但他们有理想。马尔瓦尼和奥瑟里斯相信——只要读过那些故事,就会让人相信——在这个世界上,除了舒适安逸,还有一些值得去爱、值得为之赴死的东西。"吉卜林先生写过战歌。他鼓舞了我们的斗志,让我们变得更勇敢。

在文学领域,我认为有三个阶段。第一个是原始纯朴的阶段。第二个是理解否定的阶段,此时,优雅是卓越的极致,墨菲斯托费勒斯①就是上帝。而在优雅的另一面,至少还有一些东西,彼处即伟大之肇始。

理解比纯朴要好一些,但更好的依然是,抵达连朱迪克(Judic)的闪电或者盖普(Gyp)的雷暴也无法企及的极天之境。除非是我错了,我们的贵客便身处极天。

---

① 一般认为,墨菲斯托费勒斯(Mephistopheles)是中世纪德国民间流传故事中的一个恶魔。关于这个恶魔的文学形象,尤其鲜活地——以一个对生命的否定的形象——体现在德国作家歌德的名著《浮士德》中,恰如其自述所言,"我是永远否定的精灵"。——译者注

第 28 篇

军人的信仰*

在纪念日发表的演讲,1895 年 5 月 30 日

无论哪一天,在华盛顿大街,人潮涌动、熙来攘往之时,你都可能会看见一位正在吹笛子的盲人。我想有人会听他的演奏。或许,我的乐管也能触动人流中某位过客的心灵。

我曾经听一个人说过:"凡是范德比尔特(Vanderbilt)坐过之处,就是桌子的首席。我要教我的儿子发财致富。"他所说的是很多人的想法。因为,尽管1840 年左右出生的这一代人现在统治着世界,他们至少参与了两场历史上最伟大的战争,目睹了其他一些战争,但战争早已过时,那些能引起周围人关注的就是有钱人。商业即是巨大的权力。世界的欲求即是商业的欲求。道德家与哲学家——追随着它们的先头部队——宣称战争是邪恶的、愚蠢的,并且很快便会消亡。

许多慈善家、劳工改革者以及时尚人士联合起来而

---

* 选自 Mark DeWolfe Howe, ed., *The Occasional Speeches of Justice Oliver Wendell Holmes*, Cambridge, Massachusetts: The Belknap Press, 1962, pp. 73-83。

渴求的社会,是一个他们身处其中便可以感受到舒适轻松、可以在没有太多烦扰或者任何危险的情况下熠熠生辉的社会。在我看来,穷人对富人的仇视在不幸中愈演愈烈,此种仇视赖以产生的基础,似乎是以金钱为主的信念(穷人应该得到富人激励的信念),而不是抱怨愤懑的情绪。我的大多数听众宁愿自己的女儿或者姐妹嫁给一个富豪家族的儿子,也不愿意让她嫁给一个正规军的军官,即便他像威廉·内皮尔(William Napier)爵士一样优秀、勇敢,才华横溢。我听过有人会问,我们的战争究竟是否值得。有许多人——无论贫穷,还是富有——都认为,爱国只是老妇人的传说,应该被工会的利益所取代,或者,以世界主义的名义,被自私自利的追求所替代,那些居无定所之人只是想寻找一处可以用最小代价换取最大享受的地方。

  与此同时,我们已经学会了这一学说——邪恶意味着痛苦,并且,对各种形式痛苦的反抗也愈益显著。从预防虐待动物的社会到社会主义,我们以不计其数的方式表达了这样的观念,即痛苦是一种可以且应当予以预防的错误,所有悲悯色彩的文学作品纷纷涌现,以故事和诗歌的形式指出,在生命的战斗中,受伤是多么难受,任何人的失败是多么可怕,多么不公正。

  在我们所观察到的诸般趋势中,即便是科学也应该有自己的一席之地。科学动摇了已经牢固树立在许多人内心深处的宗教。科学追求分析,直到最后这个充满了色彩、声音与激情的震撼人心的世界,貌似宿命般地将自身分解成一个不停地振动着编织一张无边之网的庞大系统。大教堂窗户上彩虹般的光晕,曾经让人心荡神驰的眼睛看起来像是上帝的微笑,此刻却渐渐隐没于虚无的暗淡讽刺之中。

  然而,从庞大的管弦乐队中,依然传出了雄浑有力的交响乐音。此刻,我们的画师甚至还在沿着我们图书馆的墙壁,散布着鲜艳生动、依然真实的神秘符号,而东方近乎沉寂的炮声再一次宣告,战争与痛苦依然是人类的组成部分。就我自己而言,我相信,为生存而斗争是世界的秩序,在此一秩序中,怨天尤人是徒劳的。我可以想象以其应当承担的方式改变负担,但我无法想象会从人类的肩背上永远卸下负担。我可以想象,在未来,科学将从斗争阶段转向教义阶段,并且会因得到天主教的接纳而掌控生命,同时用立即处死的方式对那些现在留给自然去毁灭的东西做出宣判。但是,我们距离这样的未来还很遥远,我们无法停下来去消遣,或者用梦吓唬自己。现在,至少,或许只要还有人类居住在这个星球上,他的命运就是战斗,他就不得不去抓住战争的机遇。如果打仗就是我们的职责,那么,军队手册就是一首战歌,而不是医院简介。军人没有理由去多想受伤的事。迟早我们都会倒下;但在此期间,我们还要盯准,并且尽可能抵达将要突袭的目标。

在每一个翻天覆地的计划背后,都隐藏着一个问题:你想要一个什么样的世界?在过去,男人的理想源自战争,女人的理想来自母性。尽管有许多预言,但我怀疑,我们是否已经准备好放弃我们的遗传。有谁会不喜欢被当成是绅士呢?然而,除了军人选择的是荣誉而不是生命,那样的名声应该建立在什么之上呢?成为一名军人或者军人的后裔,在和平年代准备献出自己的生命,而不是忍受耻辱,这就是那个词的意义所在。如果我们试图仅仅以较小的代价,而不是豪迈地将生命置之度外,来索取那样的名声,那么,我们就是妄图在毫不承担职责的情况下窃取美意。我们不会因品味差异而争执。未来之人或许想要一些不同的东西。然而,假如有这样一个世界,被切割成众多五英亩的地块,生活在那里的人们衣食安稳,却没有关乎荣誉的神圣愚行,没有对超越灼烈的或然边界的知识的无谓追求,也没有可能永远无法抵达精髓的理想,那么,我们当中有谁能承受这样的世界?我不知道什么是真的。我不知道宇宙的意义。但是,在疑惑之间,在信仰的坍塌中，有一件事我毫不怀疑，与我们大多数人生活在同一个世界里的人也绝不会怀疑，那就是，信念是真实的，值得崇敬的，因为它可以让一名军人依据一项盲目接受的任务——在一项他几乎无法理解的事业中，在一个他没有任何概念的作战计划中，在他根本看不懂用途的战术策略下——抛却自己的生命。

  大多数了解战争的人都知道，在承受压力的时候，即便是常识的想法，也会借用愤世嫉俗的力量攻击他们；但是，他们也知道，在那些伟大的时刻，信仰会将那些想法踩在脚下。如果你身处队列之中，假设在特里蒙特大街上，接到的命令只是等待，什么也不能做，然后看着敌人把枪口对准你们，将你们压制在一个像培根大街一样的缓坡上，然后看到一阵阵的炮火，感受到球形霰弹在射向你们时的炸裂，听到并且看到嘶响的弹片穿过、撕裂你们的队伍，而且还知道下一次或者再下一次射击就会带走你们的生命；如果你正在队列中行进，看到前方有一截步枪子弹密集交织的路段，你们却必须经过；如果你正在夜间骑马走向斯波特西尔韦尼亚郡府死亡之角的蓝色火线，在那里，占据一个土垒两边的士兵激战了二十四小时，到了清晨，死去的和垂死的人叠放成一堆，高达六人，当你骑马经过时，应该听到了子弹落在你周围的泥土中溅起的声音；如果你晚上在一片漆黑的不知名的树林里沿着警戒线巡察，应该能听到子弹落在树干上的声音，当你行动时，就会感受到你的脚刚从死人的尸体旁滑过；如果你血气方刚，迈着毫不畏惧的步伐，盲目地剧烈奔跑着与敌人战斗——简言之，就像有些（我希望有很多）听我讲述的人所了解的那样，如果你了解战争中的恐怖与胜利的莫测变幻，那么，你就会知道存在那么一种我曾经谈到过的信仰。你知道自己的弱点，也很谦虚；但你也要知道，人身上总有那么一种无法言说的特质，足以使其创造奇迹，用自己精神的力量独立地鼓舞自己，也能为了一个盲目的信仰而面对毁灭。

对我们这些北方的孩子来说,从一开始,生命就像一处周围弥漫着暗雾的地方,从暗雾之中闪现出巨龙微弱的鳞光,战士的呐喊和刀剑的交响。贝奥武甫、弥尔顿、杜勒(Dürer)、伦勃朗、叔本华、特纳(Turner)、丁尼生,从我们这个民族的第一首战歌到摆放在现代英国人客厅里的诗歌集,所有人都有过同样的憧憬,都见过一缕追寻的微光。

> 世俗生活的终点在等待着我们所有的人。
> 让可能的人,在死前获得荣耀。
> 对战士而言,此系死后于之最优的奖赏。

千年前,贝奥武甫如是所言。

> 没有阳光,
> 没有月光,
> 没有星光!
> 哦,年轻的水手啊,
> 走进港湾,
> 呼唤你的同伴,
> 发动你们的船,
> 扬起你们的帆,
> 在它消失在海岸前,
> 从后面,追着它,
> 追着那闪烁的微光。

丁尼生借垂死的墨林(Merlin)的歌声,如是吟唱。

当我投入战争时,我以为士兵都是老人。我想你们当中有些人可能已经见过的一张革命军人的照片,上面一位满头白发的老人,背上背着一支燧发枪。我想起来曾经遇见过的一两位幸存的革命军人,但我并没有意识到时间的流逝。直到很久以后,在冬天的营房里,我正

丁尼生及《贝奥武甫》手稿

在听着一些时下流行的伤感歌曲,例如:

> 再见了,妈妈,你可能再也见不到
> 你亲爱的孩子了。

那时,我才突然意识到,组成军队的正是那些我现在应该称之为青春洋溢者的人。我敢说,在座诸位中的一些人也怀有和我一样的幻想,因为他们曾经注视着我们,时间的光影已经开始染白他们的头发。然而,实际上,战争是青壮年时期的事业。将此次聚会召集起来的,是你们,而不是我们。如果我们应该打那么一场仗的话,那么,你们就应该是另一场战争中的士兵。我们想要对你们说的话,就像我刚才引用的墨林在垂死时吟唱的诗歌。但愿墨林的魔法能变化那位盲人的长笛,让你们听到我们曾经在晨星下听过的号角。现在,为你们吟诵的就是《剑之歌》:

> 士兵,同志,
> 荣耀之父
> 及王权的赐予者,
> 名匠,歌者。
> ……
> 祭司(主说)
> 他与胜利联姻。
> ……
> 清泠的吟唱,纯净的划破
> 甜言蜜语,轻柔婉转
> 将死亡变得优美。
> 生命像一枚硬币,
> 在消遣中下注,

谁的游戏

重于人的转徙。

神秘的无政府主义者,首席建造师

王子与传教士

我是神的意志：

我是剑。

战争,当你身处其中时,是恐怖的,灰暗的。只有随着时间的流逝,你才能理解战争的启示是神圣的。我希望,或许在很久以后,我们会再一次被召唤,坐在那位大师的脚边。但是,我们都需要这样的老师。在世界上这个温暖舒适、太过安全的角落里,我们需要它,让我们认识到,我们舒适的日常生活并不是世间万物的永恒需求,而仅仅是在这个动荡不安的世界潮流中一小块平静的空间,为了让我们能够为应对危险做好准备。在此一个人主义的否定时代,我们需要它,带着法式和美式的幽默文学,厌恶规训,喜欢煮肉锅,否认任何值得敬畏的东西,旨在使我们可以记住小丑常会遗忘的全部事情。无论何时,无论何地,我们都需要它。因为高尚而危险的行动使我们学会相信,如果我们保持怀疑的思想也迟迟找不到证词,那么,无疑那些有待证明的事情就是正确的。从英雄主义中诞生了对英雄主义价值的信仰。证据后来才出现,甚至可能永远不会出现。故此,我会因我所看到的每一项被世人竞逐的危险运动而感到高兴。脸上布满伤痕的海德堡（Heidelberg）的学生,让我由衷的敬佩。我愉悦地凝视着我们的马球运动员。如果是骑手偶尔在危险的骑赛中折断了脖子,我认为,这不是一种浪费,而是为了培养适合于担当领袖和指挥工作的民族而付出的合理代价。

在这个国家,我们并没有保留我们的传统。那些因战旗不够大而无法承载参战士兵名字的军团,随着李(Lee)将军的投降而消亡殆尽,尽管流传下来的记忆会为他们塑造出一个世纪的英雄。更需要的是从新探寻的危险中重新吸取教训,或许,对我们来说,将我们当年学到的东西以及我们至今依然相信的东西讲给新的一代人,也不是徒劳无益的。生命的愉悦是鲜活的,是将自身的全部力量发挥到极致;衡量力量的尺度就是克服重重障碍;勇敢地骑马奔向前方,不论是栅栏,还是敌人;祈祷,不是为慰藉,而是为了战斗;保持军人的信仰,抵御市井生活中的诸般疑虑——比战场上的所有忧虑都更令人困扰,都更难以克服——并且,要牢记不仅应在邪恶的日子里证明自己的职责,还要毫无犹豫地坚守职责;热爱荣耀胜过沉湎于安逸的诱惑,但还要知道,一个人最终的法官与唯一的对手就是自己:尽管我们在行动与思想上都有过失败,但我们三十年前从弗吉尼亚、佐治亚或者密西西比河流域高贵的敌人那里学到的这一切;这一切,我相信都是真实的。

  "生命不会逝去",她说,"因为它换来了
  永无止尽的荣誉。"

  我们也学会了,并且至今依然相信,对祖国的热爱并不是一个毫无意义的名谓。

  亲爱的祖国! 哦,多么深沉的爱
  你的记忆,还有永久的飘带
  应该从你的手中,传给你养育的孩子
  同呼吸,共命运!
  如果不能理解,将是多么野蛮
  我们亏欠多少,我们都将偿还
  祖国赐予我们所有人,无论我们拥有的多么美好!

  对我们来说,战斗的日子已经结束。我们的剑已经生锈。我们的枪声不再响起。曾经从我们头上掠过的秃鹫和它们的猎物一起被埋葬。无论我们还会赢得怎样的荣耀,都必定是在会议或者秘室里,而绝不会再是战场上了。我不会怨天尤人。我们分享了那些难以言传的战争经验;我们已经感受到——我们仍将感受到——生命的激情抵达巅峰。

三年前,我们马萨诸塞州第二十军团的老上校死了。他赋予了我们军团以灵魂。凡是听到他的"前进,第二十军团"的人,绝不会退缩。我去参加了他的葬礼。从教堂的一扇侧门,一群唱诗班的小孩子像一群漫不经心的鸽子飞了进来。与此同时,教堂的前门打开,他的棺椁沿着主通道向前,后面跟着几个须发灰白的人——他们代表了第二十军团的人,那些他曾经热爱的、最后一次率领的士兵。教堂里空荡荡的。没有人还会记得我们要埋葬的那位老人,除了他身边的人和我们,没有人会记得。我对自己说,第二十军团已经变成了一副骸骨,一个幽灵,一段记忆,一个被遗忘的名字,只有我们这些老人把它铭记在心。于是,我就想:这是正确的。就像这位上校所做的那样。这也是军人的信仰的组成部分:理解了伟大,就甘于沉默。就在那时,我恰好听到了一首多瑙河边的好战民族吟唱的短歌,在我看来,它很适合当作一个士兵的遗言,另一首剑之歌,却是一首鞘中之剑的歌,一首关于沉寂与和平的歌。

士兵应该葬于战场。

> 当掠过树梢的风声响起时,
> 士兵在幽暗的坟墓里问道:
> "那时,战旗飘扬起来了吗?"
> "没有,我的英雄",风回答道,
> "战斗结束了,但战旗赢了,
> 因而,你的老战友需要它,
> 因而,在凯旋时需要它。"

然后,士兵在幽暗的坟墓里说:
"我很满意。"
……
然后,他听到恋人笑着经过,
士兵再一次追问:
"这不是爱人的声音吗,
爱人——还记得我吗?"
"不记得,我的英雄",恋人回答,
"我们是一些什么也没有记住的人;
因为春天来了,大地微笑着,
逝者必当遗忘。"
然后,士兵在幽暗的坟墓里说:
"我很满意。"

第 29 篇

学问与科学*

在哈佛法学院协会纪念兰德尔教授晚宴上的演讲，
1895 年 6 月 25 日

主席先生、协会的各位先生们：

在出席晚宴的诸位当中，大部分都是近二十五年毕业于哈佛法学院的，故而，我意识到，此刻我所面对的都是学识渊博之人。就本人来说，近来，我的思绪始终萦绕于

陈旧、悲伤而遥远的往事
以及很久以前的那些战争

而且，每当三十年前死去的横笛吹奏者的幽灵于我脑海中开始演奏时，法律便沉寂无声了。可是，当环顾四周时，我自认为，与柯勒乔一样，"我也是，或者至少曾经是，一个卖弄学问之人"。① 既然如此，我便冒昧地谈一下自己的想法。

---

* 选自 Oliver W. Holmes, *Speeches*, Boston: Little, Brown, and Company, 1913, pp. 67–69。
① 此处似乎意指传授知识的教师，霍姆斯曾经于 1870—1882 年间在哈佛大学间或讲授法律。——译者注

诸位学识渊博的会友们,学问,是一件非常美好的事物。我也曾经引用过《年鉴》,因此,我绝不会低估学问的价值。但是,学问却容易将我们引入歧途。正如人们曾经所指出的那样,就其取决于学问这一点而言,法律实际上是死者对于生者的统治。在很大程度上,此种情况是无法避免的。过往的历史留给了我们一套语汇,为我们的想象力设置了界限;我们无法摆脱它的束缚。而且,清晰地阐明以前已经做过的事和我们当下正在做的事——这两者之间的延续性,也会有一种独特的、可想而知的乐趣。但是,现在的人们有权尽其所能地自己管理自己;而且,应当时刻谨记,与过去保持历史上的延续性并非一项职责,它仅仅是一种必需。

我期盼这一思想结出丰硕果实的时刻即将来临。一个理想的法律制度应当将其假设建立在科学之上,并从科学中寻找立法的正当依据。当前的实际情况是,我们倚赖传统,或者依赖模糊不清的情感,或者依据这一事实,即我们从未考虑过任何其他的行事方式,并将之作为我们带着极大信心所施行的规则的唯一正当理由,仿佛那些规则蕴涵着开启人心的智慧。在座的哪一位可以给出各种理由让人相信有半数刑法并非害多益少呢?我们的合同格式并不是一劳永逸地制订出来的,就像一艘游艇,处在没有多少阻力的航线上,它们是早期观念偶然留下的遗迹,而对此,学者们还存在争论。在决定国家从根本上是否适宜以及在多大程度上可以干预家庭关系的问题上,理性究竟能有多少作为?如果是这样的话,我也许就要一一审视全部的法律了。

意大利人已经开始致力于这一观念,即法律的基础应当是科学的,并且,如果我们的文明没有崩溃,我将非常确信,紧随我们之后的军团会高举这面旗帜。我们自己的话似乎总是最后的定论;然而,法律的重心从《普劳登判例集》中的观点转向艾伦巴罗(Ellenborough)爵

柯勒乔的《圣母升天》(帕尔马大教堂)

考利(左)和雪莱

士时代的观点,或者,甚至从那时的观点转向我们这个时代的观点,这种变迁所体现出的差别,与考利和雪莱①诗歌之间的差别一样。其他同样巨大的变迁也会发生。故而,绵延不绝的队伍继续前进,我们暂居前列;近千年来,黑压压的先头部队始终未曾中断,继续行进着,伸向那无法企及的天空。

---

① 亚伯拉罕·考利(Abraham Cowley,1618—1667),英国诗人和作家,1636年就读于剑桥大学,开始文学创作,代表作品主要有《品达颂》(1656)、《大卫纪》(1656)、《论诗歌与散文》(1668)等。珀西·比希·雪莱(Percy Bysshe Shelley,1792—1822),英国浪漫主义诗人,1810年入读牛津大学,1811年因在校园散布《论无神论的必然性》一文而被开除,与此同时开始文学创作,代表作品主要有《麦布女王》(1813)、《孤独的精神》、《解放了的普罗米修斯》(1818—1819)、《西风颂》(1819)、《致云雀》(1820)等。——译者注

第 30 篇

作为一项职业的律师*

英格兰首席大法官阁下撰写的精致论文"作为一项职业的律师",发表在1896年2月13日的《指南》上,该文主要思想,之于美利坚和英格兰一样,都是真实的;但是,关于这一主题,做一些局部变动或许也是有益的。在这里,既不可能有人会对商业活动抱有偏见,也不可能有人会对职业尊严做出正式评判。就在一百年前,人们还是将圣职放在第一位,法律和医学放在第二位,其他一切职业追求均在它们之下。当今世界真正的信仰是商业的,而金钱及赚钱的手段也没有被低估的可能性。

我应该说,法律的一个好处就是,它并不直接追求金钱。当你出售商品时,你在这件事情中所考虑的就是你得到的价钱和你自己的利益。当你打官司时,你考虑的就是赢得讼案的方法以及你的客户的利益。从长远来看,这会影响一个人的整体思维习惯,如果他和别人夸夸其谈,那么任何人都会注意到。

---

* 选自 Oliver W. Holmes, *Collected Legal Papers*, New York: Harcourt, Brace, and Company, 1920, pp. 153-159。

在我接触英国法律人的二十五年里,在我看来,学者型法律人在英国比在美国更有成功的机会,因为在英国,跻身巅峰之人通常都是坚韧顽强的战士。无论怎样,学术气质作为一种社会成就,在英国比在美国更重要,这就使我比首席大法官阁下更少地看重大学教育。

我不会像一个朋友在开玩笑时所说的那样,认为大学教育的主要功用就是学习谎言诡计。我认为,大学教育对于塑造人的品格来说大有裨益,且至关重要。但在美国,我认为,大学教育对于培养一个真正的法律人来说显得没有那么重要。

如果是一个始终要用书的人,那他就必须接受一定程度的教育。那样就会使他免受麻烦的困扰,如果遇到一些偶尔废弃的拉丁文,他也能够理解。然而,即便学者对某个人一无所知,他也可以轻松赢得面前的陪审团,可以控制法官的注意力,可以对重大事项提出睿智的建议,或者成为美国任何一个参议院的领袖。

我之所以这样说,并不是轻视上大学的好处,而是为了鼓励那些怀疑自己上不了大学的人,不要放弃在法律领域取得成功的希望。我收到过一些被疑惑困扰的年轻人的来信,而我总是告诉他们,这不是绝望的理由。

如果一个人错过了大学教育,也可以通过我们美国学习法律的方式——不同于英国方式——予以部分弥补。我想,我在这里认识的所有法律人都会同意,一个年轻人学习法律的地方在法学院,而不是律师事务所。

在美国,我们有众多法学院,其中,有许多能力超群的、或多或少功名卓著的人担任教师。我会提到坎布里奇的那所大学[哈佛大学]——不是为了令人反感的比较,而是作为我最熟悉的学校。如果一个年轻人能承受住那里两年甚至三年的学习,那么,当他开始投身法律执业时,连一个月也不会后悔。

从法学院毕业后,在一家优秀的律师事务所里工作六个月,看一看法律事务是如何运作的,或许也会消磨掉一些一般法科学生常有的自负,然后再开始工作。法律执业,至少在马萨诸塞州,是很容易掌握的。

需要花费时间的,不是学习秘书办公室的例行公事,也不是学习审读令状,而是深刻且细致地掌握大量的法律。相对于一个办公室里百无聊赖的孤独环境而言,在法学院极具感染力的热情氛围中,显然可以更好地学习法律,并且,对许多人来说,在法学院里遇见的同窗之谊与智识激励可以弥补他们早年曾经错过的经历。

在法学院里,当然,会划定学习的边界,学生不可能找到更多时间来学习罗马法。如果想要学习罗马法的话,他就只能在等待客户的时间里学习。但是,尽管推荐法科学生学习罗马的权威人士声名显赫,但我始终无法相信罗马法具有通常所设想的价值。

无论何时,一个法律体系,一方面,是关于什么是明智的和正当的现实需求与当下观念的构成,另一方面,也是从早期古代社会状态遗传下来的体现了多少有些过时之需求与观念的诸多规则的整合。

因此,想要彻底厘清任何一种体系,那就不得不研究大量的历史,对于我们据以生活的法律来说,这也是真实的。但是,我们的法律[普通法]已经完成了比罗马法更宽泛的、更深刻的概述,与此同时,在据以解决问题的细节方面也远超了罗马法。

一个人,只要是自己的主人,就可以轻松地掌握任何一个文明的法律体系。但是,在致力于掌握一个法律体系[普通法]时,我怀疑,是否有人具有因尝试研习另一个法律体系[罗马法]而增加学习困难的智慧。在这里,相比于我们每一步都需要历史解释的法律体系来说,确实更需要对另一个法律体系[罗马法]的研究,在该法律体系中,大部分内容已经是过时的,还有一部分内容即便是在最现代的书

塔西佗

籍中也很难理解。我不得不怀疑,首席大法官阁下归结在自己对该法律体系的研究上的功劳,更多地应该属于亨利·梅因爵士,而不是罗马法。

我们法律的主要渊源来自法兰克,而不是罗马。以前推论认为——至今在普通书籍中仍然推论认为——源于罗马法的许多观点,现在可以追溯至《萨利克法典》以及民间法,在塔西佗的《日耳曼尼亚志》中保留了这些法律的痕迹。据我所知,最后遗嘱①几乎是唯一一个依然保留着罗马法渊源的至关重要的概念。

当然,我承认,一个人如果对罗马法一无所知,特别是对本世纪传授罗马法的那些伟大的德国人一无所知,那就很难被称为在职业上卓有成就之人。不过,我所说的是,如何为了法律执业而学习法律。

法理学研究则是另外一回事。假如教得好,那么,法理学就仅仅意味着对原则的宽泛概括以及对位于现实法律体系根基的诸般思想的深刻分析。法理学也遵循着同样的过程,紧接着,根据这样的过程,法律从特别案例中被抽绎出来,转化成一般规则。一个年轻人,如果读懂了约翰·奥斯丁那部冗长乏味又错漏频出的著作,那就应该是向前迈出了真正的一步,与此同时,亨利·梅因爵士却可以让这个年轻人觉得自己的整条道路上似乎布满了钻石。

现在每个人在触手可及的范围内借以透彻理解法律的方法,与我在学生时代不得不接受的方法迥异其趣。现在不仅有可以投入研究的学业,还有许多鼓励从事研究的措施,我想,[如果在今天的话,]伯克(Burke)就不会再担心因研究的限缩而使精神变得敏感而尖锐。其中,有一门值得从事研究的课程是由英国法理学流派开创的,是对法

---

① 最后遗嘱(last will),意指死者生前最近所设立的遗嘱。假如死者生前先后设立了几个遗嘱,那么,在时间上最接近立遗嘱人死亡的那份遗嘱,即为"最后遗嘱"。从法律后果上看,该文件最终确定了对死者动产与不动产的处分。参见薛波主编:《元照英美法词典》,北京大学出版社2013年版,第784页。——译者注

律思想的剖析;还有一门课程是历史上发现的同一概念的发生学,是德国人将这门课程传授到了整个世界。

关于获得成功的机会,我记得,已故的大法官鲍温(Bowen)阁下曾经对我说过,当他还在做律师,并且已经获得成功时,他认为,除了耐心和天赋之外,还需要运气。但是,据我所知,就像首席大法官阁下认真补充的那样,如果再加上对事物的热爱,运气通常都会随着耐心和天赋而来。

在美国,在律师界获得成功的机会似乎与其他职业领域一样多,我认为,对于适合的人来说,并不太过依赖运气。有时,法律也可以成为一个经商生涯的起点,并且也经常会提供一个投身政界的机会。

在过去的四分之一世纪里,我们最优秀的人才有很大一部分之所以进入了商界而不是政界,无疑是因为商界更需要人才,而报酬也更高一些。相对于利用精妙高超的技能治理国家而言,国家的发展更为重要。但是,毫无疑问,当下我们在国家治理中需要一切可以利用的技能,并且,如果可以得到的话,我们需要在立法机构中有受过专业训练的法律人和经济学家。

但是,美国的情况与英国不同;政治生活通常意味着要暂时放弃法律,甚至法律能力的减等,即便如此,如果有人想要与霍尔(Hoar)参议员打官司的话,我还是不会建议他考虑这样的问题。

在英语世界最优美的文章中,有一篇名为"传灯者"(*The Lantern-Bearers*)的短文,罗伯特·路易斯·斯蒂文森[①]先生在该文中向我们表明,所有人在内心深处都是理想主义者。我对他这篇令人敬佩的文章唯一的批评就是,他所举的典型人物都是在日常工作生活之外发现了自己的理想。

[①] 罗伯特·路易斯·斯蒂文森(Robert L. Stevenson,1850—1894),苏格兰作家,是19世纪后期新浪漫主义文学的代表人物之一。斯蒂文森1850年出生于爱丁堡,1867年入读爱丁堡大学,后来虽然通过律师资格考试,由于健康原因并未从事律师执业。代表作品主要有《金银岛》(1883)、《儿童诗园》(1885)、《化身博士》(1886)、《历史的注脚》(1892)等。——译者注

斯蒂文森(左)和赫伯特

乔治·赫伯特①的诗句

> 谁为你的律法扫清了房间，
> 使房间和行动都变得悠然。

既有智识的意义，也有道德的意义。如果世界是理性思维的对象，那它就是一个整体；同样的法则随处可见，一切事物均与其他事物相互关联；如果是这样，那就没有什么东西是有意义的，也不可能从任何一种事物中看到宇宙的法则。

流言与哲学的区别，仅仅在于一个人对事实的取舍方式。法则既可以引导那些遵守法则的人通往至高之境，也可以将那些超越但并不高于法则的人导向其他形式的命令。

---

① 乔治·赫伯特（George Herbert, 1593—1633），威尔士诗人、牧师，毕业于剑桥大学三一学院，先后在剑桥大学和议会短暂任职，1630年开始就职于英格兰教会，创作了一百六十余首宗教诗歌，全部收集在诗集《教堂》（*The Temple*）中。——译者注

第 31 篇

亚瑟·邦尼与弗雷德里克·格林哈尔奇*

对律协决议的回应,1896 年 4 月 21 日

律师协会的先生们:

你们邀请我和你们一起来纪念我们的两位兄弟,他们每个人都有异乎寻常的成就,而且每个人都满载归属于己的荣耀而逝去,在度过享有巨大成功的职业生涯后,一个位于国家的先头部队,另一个则跻身"时代的不朽盛典"。我只能依赖于他们来讲述他们的故事、评估他们的事业,因为你们离他们更近,我却站在远处,并且我的话无非是与你们形成微弱的共鸣。邦尼先生,我只见过一次。自从州长离开法律投身政界后,我只是在一些正式场合见过他。在更早些时候,我确实见过他。当时,我作为法官主审第一起陪审案件,庭审也是在这

---

* 选自 Mark DeWolfe Howe, ed., *The Occasional Speeches of Justice Oliver Wendell Holmes*, Cambridge, Massachusetts: The Belknap Press, 1962, pp.87–89。资料来源: *Memorials of Arthur P. Bonney and Frederic T. Greenhalge Presented to the Supreme Judicial Court*, April 21, 1896(Lowell, 1896)。

亚瑟·邦尼(Arthur P. Bonney,1828—1896)是米德尔塞克斯郡律协的负责人之一,积极参与洛厄尔工商界的活动。弗雷德里克·格林哈尔奇(Frederic T. Greenhalge,1842—1896)多年以来一直是洛厄尔杰出的律师和公民。他作为国会成员服务于其所在的社区,三次当选马萨诸塞州共和党州长,恪守职责,直到去世。——编者注

个房间里,格林哈尔奇先生是其中的一名律师。我清楚地记得,我发现我面对的是这样一个人——与其交往,没有必要为了艰苦鏖战和赢得胜利而放弃坦率和礼貌。之后,我又多次在法庭上听到他的声音,还有一两次有幸在家里看到他。我见到他的次数越多,我的问候就越热情,在我看来,只要有机会认识他,就有必要确保他保持浓烈的情感。我以个人的悲伤,对他的辞世表示哀悼。

但是,对于我们当中的大多数人来说,眼泪早已干涸。我们看着自己的兄弟一个接一个地倒下,死亡变成了我们思想的永久伴侣。骸骨总是在角落里悄无声息地扮演着自己的角色,直到最后,我才开始相信,对于完成这一幕演出来说,他是不可或缺的。没有绝望,就没有凯旋;没有死亡,生命就失去了凄美。

对于这两个人,除了我们自己和公众的损失之外,我不知道我们为什么要悲伤。他们每个人都是在功成名就的浪潮中逝去,一个是生命的自然终结,另一个也已经找到了自己的使命,并且表现出了他的勇气、智慧和真诚。谁还能再有什么更多要求呢?我们可能不知道努力的意义,我们也可能不理解自觉奋斗的伟大世界潮流的价值。但是,我们知道,真诚的奋斗是人类的命运;我们相信,在未知的宏阔混沌中,奋斗自有意义,当一个人取得了崇高的成就时,我们知道,至少对我们来说,必将成为宇宙目标的东西实现了。我只是将它留在那里,并不企图——诚如弥尔顿所言——"向人类解释上帝的方式"。

邦尼先生的去世让我明白,就像其他几个晚近的死讯一样,自从我加入律协以来,甚至从我第一次坐在这个法庭上,法律已经转移了世代。新一代人走上了法官席。新一代人也站在了律师界的第一线。昨天的我们,没有投入战争,在坚守阵地时,看着前面的人顶着炮火前进。那些黑暗的令人心悸的身影穿行在白色的烟雾之间,看着他们的队伍越来越稀疏,领先者一个接一个从马上落下。随后,我们接到了命

弥尔顿

令,向前行进,轮到了这一场仅有一个结局的对决。在短暂的休战期里,我们载着荣誉,带着那些知道不久就该轮到自己的人极力克制的悲伤,将逝者葬入坟墓。我们向逝者背诵军人的墓志:"善良在此,愉悦在彼;智者乐善"。然后,我们转头回到前线,旌旗飘扬,乐曲不再悲伤,将遗憾藏在心里,决心像他们那样,"在不幸的日子里,坚守下去,履行完全部职责,再坚持"。

法院现在休庭。

第 32 篇

鲁道夫·莱曼[*]

在一次塔文俱乐部晚宴上的发言,1896 年 11 月 24 日

我曾经在尼亚加拉大瀑布度过了一个夏天。7 月 4 日,我打算去看一个人乘坐自己修造的小船穿越激流。我到达那里的时候有点晚,在我到达之前,那个人淹死了。事后,有一位女士在谈论该次事故时说,如果这样的尝试能给他的同胞以任何可能的好处,意义会有所不同,但在彼时的情况下,她找不到任何一项正当的理由,足以支持一次对生命的纯粹浪费。我回应说,夫人,恰恰相反,正是因为没有什么用处,它才完美地表达了这样的男人对我们共同的道德谱系所作的贡献。女人,身为母亲,为另一人奉献生计——无私的理想典范。男人,既是养家糊口的人,也是战士,他们贡献的是男孩

---

[*] 选自 Mark DeWolfe Howe, ed., *The Occasional Speeches of Justice Oliver Wendell Holmes*, Cambridge, Massachusetts: The Belknap Press, 1962, pp.90–91。资料来源:M. A. DeWolfe Howe, *Semi-Centennial History of the Tavern Club, 1884—1934*, Boston, 1934, p.74。

鲁道夫·莱曼(Rudolph Chambers Lehmann,1856—1929),英国作家、律师、新闻记者、运动家,是霍姆斯早年的一位英国朋友——尼娜·坎贝尔(Nina Campbell)夫人——的兄弟。莱曼的一生经历了丰富多彩的职业生涯,先后担任过剑桥联合协会主席、代表哈勒伯的国会自由党议员、《每日新闻》的编辑等,撰写诗歌、戏剧,还被视为赛艇的权威专家。——译者注

子们过去常说的打树桩。或许,实际应用是一个悖论,但思想是真实的。理想,是一种行为原则,旨在对行为进行一种抽象、绝对因而也是无用的表达,当你在生活中发现这样的表达时,它就具有了无与伦比的魅力。我们为什么要派探险队去北极?无非是各国间的相互竞争。如果美国到达了一定的纬度,英国或者其他国家会说"我认为我可以更高一点",然后开始尝试;如果成功了,她就能得到一种超然且双重的满足感、对胜利的自豪感,为完成一项壮举而感到自豪,尽管这样的壮举没什么用处——纯粹是理想化的——就像那位剑桥大学的导师发明了一项精妙独特的数学定理,并且声称该项定理最优之处在于,没有人能用这样的定理去解决任何问题。你们都知道我是从哪里来的。什么是赛艇?一支队伍划三英里比另一支队伍快十秒钟,有什么区别?在当下的意义上——在浅显而直接实用的意义上,根本没有什么区别。然而,有谁的灵魂真的如此冷漠沉寂,以至于毫不关心如此无用之事,只在乎有用的东西,以至于不愿意付出努力去赢得一场比赛,或者完成一场有价值的比赛,而终生为之骄傲呢?这种无用是一种至高的有用。它正在点燃和滋养理想的火种,没有这样的火种,生命就不值得度过。还有其他一些原因,我就不说了,这些原因使我很高兴今晚能在这里欢迎我们的客人。但我还是要非常认真地提到这一点,他在这里慨然点亮理想的火种,推动传承古老的传统,从而提醒世人,坚忍、节制和勇敢,与在股票市场上发财致富一样,都可以照亮人生的目标。

第33篇

乔治·奥蒂斯·夏塔克[*]

对律协决议的回应,1897年5月29日

律师协会的先生们:

除了我的家人,我欠夏塔克(Shattuck)先生的,比我欠这世界上任何一个人的都多。从我还是他办公室的学生开始,直到他去世,他一直都是我敬爱的、亲密的朋友。他教给了我许多无法重演的经验。他对我的关爱无以计数。我年轻的时候,在与他的日常接触中,每天都会感受到他那凌越一切、无法抗拒的力量,他个性的魅力,他的机敏(难得具有这样的力量)、他的洞察、练达和敏锐,与他在一起,就相当于刻下了一个永远无法抹去的印痕。假如我错过了这样伟大的经历,我所受过的教育就会变得浅薄而贫乏。在其他实践方面,他也给了我很多值得感激的帮助,无法枚举,无从追忆。在我看来,如果在命运中无法令他产生兴趣的话,他就不会让任何人接近他。

---

* 选自 Mark DeWolfe Howe, ed., *The Occasional Speeches of Justice Oliver Wendell Holmes*, Cambridge, Massachusetts: The Belknap Press, 1962, pp.92-96。

你们不能期待从我这里得到一个严谨的分析与评价。我也无法冷静地坐下来估量和权衡他的品质,或者在他的墓旁"窥视和研究"。他是我敬爱的、尊崇的朋友。我只能重复这一点。

然而,他的一些品质,对任何一个熟悉他的人来说,都是显而易见的。他需要有一些信念支撑或者实践目标的激励,来唤醒他的洞察力,但是,一旦洞察力被唤醒,他就不会甘于或者不可能做出没有任何深度的猜测或者研究。他的工作或许并不能始终保持心思细密的整饬有序,但却可以利用某种无形的光芒,透射事物的骨髓,将深藏的真理发掘出来。

看起来,他喜欢独自承受巨大的负担,不仅在有与之相应的回报时,而且在自己的感情被触动时,也是如此。他在耐心对待客户方面是一个典范。我时常看到,有些人被大到无力支撑的麻烦所压倒,在找过他之后,他们便会轻松地离去,从而把自己的负担留给了更坚强的肩膀。然而,尽管他冷静的举止使那些事情看起来像是无关紧要的小事,但他却将异常认真地对待那些事情。我看见他的手指尖在抽动,同时,他在安静地聆听,提出建议。他从不回避焦虑,从不回避那些致命的焦虑。

正如我刚才提到过的,他的机敏和练达使他在交叉盘问方面表现得非常出色,已故的杜兰特(Durant)先生曾经将这样的庭辩控制称为律师的最高天赋。我听审过的大部分交叉盘问,即便是来自那些精明能干之人,在我看来,都是在浪费时间,而且还经常使他们的案件陷入困境。夏塔克先生,尽管早已习惯于案件审理,但依然很少犯错误。他会抓住每一个回答对证据的每一个部分的影响。如果偶尔遇到一个意想不到的回答,他便会立刻自我调整,借用某一种较远关联的新方法予以应对。他可以微妙地、清晰地、有力地展示出使证人不适合在当下案件中作证的偏见,却又可以使他的普遍价值与个人情感不受任何干扰,让我大为震惊。在我所说的那个时代,当我第一次认识他时,当时,他还在审理很多案件,他在陪审团眼中已经是一个各方面都很出色的人了。他的演讲就像凯旋的骑兵冲锋一样,将面前的一切尽收眼底,有时,在我看来,将法官与其他人一起彻底击溃。后来,他最为成功的出庭都是在法律辩论中。他应该吸取过极少是后天习得的教训,学会了尖锐而简明的表达。他用几句清晰的话,讲明问题的根源,然后坐下来。简言之,据我所知,在我所见过的任何一种形式的法庭活动中,还没有谁能够达到他在职业生涯的某一时期所达到的高度。他在法庭之外的工作也很出色。他是最睿智、最富有远见的法律顾问之一。我认识一些杰出的成功人士,他们都说,幸亏有他的帮助,否则,当战局对他们不利的时候,他们一定会在战斗中倒下。

然而,如此巨大的生命力只能在法律中找到部分的出口和表达。他喜欢骑马、开车、航海和耕种,有时还喜欢聊天。他对农事的偏好是一个显著的特点。我觉得,他对自己在工作中看到的伟大而安静的力量有一种契合感,对农场的动物有一种同情心。此外,土地给予劳作的可以看得见的酬报,也会使他感到愉悦。这让他意识到,他是在为这幅世界图景锦上添花。

有他的陪伴,我非常快乐。无论是驾车行驶在海角的沙路上,或是乘坐他的游艇航行在大海上,或是在他的家里用餐,还是在我以前居住的阁楼上从事一些后来很少定期举行的娱乐,他的脸上和心里都始终保持着一种慈祥的笑容,给人以温暖的享受。

世人常说,要用后人的评判来矫正时代的判断。我认为,如果说我们必须以时代的判断来矫正后人的评判,同样也是非常正确的。一个小人物或许会因为一些微渺的幸福,使他写下一首大受欢迎的抒情诗,或者以某种方式吸引了整个世界——这个世界给予快乐的回报,总是比给予伟大思想或行动的回报更多——的关注或者情感,然后被世人铭记。但是,我知道,除了他们体现出来的人类能量的总和之外,没有任何可以真正衡量人的标准——可以用恰当的度量计算一切,无论是从南森(Nansen)消化鲸脂或抵御寒冷的力量到他的勇气,或是华兹华斯(Wordsworth)表达不可言说之物的才华,还是康德深邃的沉思。对能量的终极检验,是某一种形式的战役——真实的战争、北极寒冰的挤压、为了主宰市场或者法庭而展开的战斗。许多被世人铭记的人幸免于这一至高无上的考验,却以牺牲他们的全部生命为代价,滋养而成一种能力。在受到保护的教堂回廊里,说一句高兴的话,是一回事;在战火中思考,为重大利益所依赖的行动而思考,是另外一回事。最强大的人很容易陷入混战,要么倒下,要么走出来成为将军。伟大的问题即是此时此地的问题。此时此地的问题占用了整个世界能力的千分之九百九十九;当现在已经过去,而让位于另一个现在时,构建这个社会有机结构的头脑和双手,就会从他们战友的言谈中被遗忘,而只是生活在他们工作的系统中。

  这也许就是今天我们来纪念和致敬的那个人的命运。但无论是被记住,还是被遗忘,我相信,在我见过的人中,确实很少有人能在今天至为艰苦的工作中成为举足轻重的人物。很遗憾,应该没什么人知道这一点。就我们高远的志向来说,任何对人的怀念究竟算是什么呢?人类迟早会灭绝;但我们需要有一个永远的记录。我们要有。我们所做的一切,将会永远地编入振动的巨大世界之网中。能够读懂其运动意义的眼睛,也可以破译关于我们所有的行为和思想的故事。我愿意将对这个伟大头脑和心灵的认知和记忆留给这样的眼睛。

华兹华斯

第34篇

布朗大学毕业典礼上的致词*

1897年6月17日

  大学就是人们开始走向永恒之城的地方。上帝之城①中的那些理想在这所大学里得以展示。许多道路通向那一避难之所,那里的人们经过不同的道路奔向这一目标。除了因搅乱那些旅人的经验而对他们负责,并且暗示他们可以在旅途中有所预期之外,我不知道,那些旅人像这样集中在一起还能再做些什么,以及这所大学究竟在何处方可暂时意识到自身及其意义。

  我的道路是渡过法律的海洋。在那条路上,我学会了这一伟大课程的少许部分,这并非法律的课程而是人生的课程。当我开始旅行时,那里几乎没有人们渴望的海图和航灯。人们发现自己深陷于典籍资料的浩瀚烟

---

 * 选自 Oliver W. Holmes, *Collected Legal Papers*, New York: Harcourt, Brace and Company, 1920, pp.164-166。

 ① 所谓的"上帝之城"(City of God),是古罗马哲学家(希波主教)奥古斯丁(Aurelius Augustinus,354—430)依据《圣经》而想象、诠释出来的一个与"世俗之城"相对的人类理想居所,"具有无与伦比的荣耀",在该座城里"有意志的自由,全体公民有意志的自由,每个公民也有意志的自由。这座城摆脱任何罪恶,充满了各种好东西,处在永久的幸福快乐之中"。参见(古罗马)奥古斯丁:《上帝之城》,王晓朝译,人民出版社2006年版,第1页及第1159页。——译者注

海——在漆黑的寒夜里,那里没有鲜花,没有春天,没有安逸的欢愉。权威的声音提出警告,在密布的冰川之中,任何航船都有可能沉没。有人曾经听伯克(Burke)说过,法律通过限定思想而使其变得敏锐。有人曾经听撒克里(Thackeray)说过,律师使伟大思想的全部力量屈服于某项卑微的职业。有人曾经看到,画家和诗人回避法律和陌生的世界。有人曾经质疑自己,法律如何能够得到智慧思想的关注。可是,有人内心认为,法律是富有人性的——它与其他一切均为构成人类和世界的组成部分。如果某人愿意做好准备并且有耐心的话,必定会有某种渐进的变化,而这将会使其走向阳光和实现应得的目的。你们都曾读过或者听过有关南森①的故事,并且将会看到我所使用的这一类比。大学培养出来的大多数人均不得不以某种形式经受航船驶向冰川并将自己冰封起来的经历。在人们还有同行者的第一阶段,尽管寒冷且黑暗,如果坚守得住,他最终将发现存在某种正如所预测到的渐进变化。当他发现已经学会其课程的第一部分时,那一部分在相信勇气和时间方面是没有风险的。但是,他仍未领会全部。迄今为止,他的尝试相当于其同行者的那些尝试。但是,如果他是一个胸怀抱负之人,他必定会离开与其同行的冒险者,走进更深的孤独,进行更大的尝试。他必定会奔向极点。坦言之,他必须面对开创性努力中的孤独。没有人可以和他人一起开辟出新的道路。他只能独自一人闯荡。

当他那样做并且将怀疑转变为成功时,他就成为自己的主人并且了解到成功的奥秘。他已经掌握其课程的第二部分,并且已准备好圆

---

① 弗里德特约夫·南森(Fridtjof Nansen, 1861—1930),挪威北极探险家、海洋学家、社会活动家。1888 年,他首次横越格陵兰南部,证实该地区有大面积连续冰盖。1893—1896 年,至北极地区探险,抵达北纬 86°14′的地方,是当时人类所到达的最高纬度。1896 年,提出北冰洋与格陵兰之间有座隆起的海脊,后被证实并被命名为"南森海脊"。他积极参加挪威独立运动以及各种国际活动,并于 1922 年获诺贝尔和平奖。——译者注

满完成全部课程了。因为他已经获得了另外一种比成功更有益的知识。他现在了解到,他起初曾经猜测到什么,而且只要其是可以控制的,宇宙的某一部分就可以导致与任何其他部分一样的教义,以及处理事物的伟大方式与渺小方式之间——哲学与流言之间——的差异,仅仅是将部分视为整体的组成部分与孤立看待部分(好像其真的分散存在)之间的差异。当他将此种知识适用于自身时,我所提及的那种圆满成功就实现了。他可以将之置于通过信仰而证实的神学形式当中,或者置于有关宇宙连续性的哲学形式当中。如果他可以通过某种方式了解到,他无法坚决反对将宇宙视为竞争主宰、批判它或者向天空挥舞他的拳头,若非他的意义即宇宙的意义,他的唯一价值就在于作为宇宙的某一组成部分和宇宙力量的卑微工具,我是不会非常在意形式问题的。在我看来,这就是智识救赎的关键,因为幸福的关键在于某人内心接受某种类似的信仰,在于其不仅仅是一种必不可少的需求,更是一种实现不可预测的目的的意志工具。

第35篇

法律的道路 *

波士顿大学法学院新大厅落成典礼,1897年1月8日

当我们研习法律时,我们正在探究的,不是一个神秘莫测的谜题,而是一项众所周知的职业。我们是在研究那些我们迫切需要的东西,为了使之足以呈现在法官面前,或者可以建议人们经由此种方式免于卷入诉讼。为什么法律是一项职业,为什么人们愿意向律师付费,请他们为自己申辩或者提供建议,原因就在于,在像我们这样的社会中,人们将公共力量委托给法官,使其得以在特定案件中予以支配,并且,如果必要的话,还会运用整个国家权力来执行法官的判决与裁定。人们想要知道,在何种情形下以及在多大程度上,他们愿意冒险反抗远比自身更为强大的势力,因而,揭示何时应该担心会出现这样的危险,就成为一项职业。所以,我们

---

* 大法官霍姆斯先生(时任马萨诸塞州最高法院法官)在1897年1月8日波士顿大学法学院新大厅落成典礼上发表的一篇演讲。最初的演讲稿全文原载于《波士顿法学院杂志》(1897年2月,第1卷)以及《哈佛法律评论》(1897年3月,第10卷),后来不断重新刊发。参见 Oliver W. Holmes, Jr., *The Path of the Law*, 1 Boston Law School Magazine 1-18(1897); 10 Harvard Law Review 457-478 (1897); 以及 *Collected Legal Papers*, New York: Harcourt, Brace and Company, 1920, pp.167-202。此处译文选择以1897年发表在《哈佛法律评论》(第10卷)上的文本为准。——译者注

研究法律的目的就是预测,就是对公共力量经由法院这类机构而产生的影响范围的预测。

　　此一研究的主要方法就是研读美利坚和英格兰的判例汇编、学者的论著以及各种制定法,这些材料可以回溯至六百年前,并且现在仍然数以百计地逐年递增。在这些神谕般的书页中,汇集了过去对案件的零散预言,而将来一定会对这样的案件有所删减。长久以来,这样的预言始终被恰当地称为"法律的神谕"。每一次法律思想的全新尝试,其至关重要且近乎全部的意义就在于,使这样的预言更加准确,然后予以全面概括,从而纳入一个联系极为紧密的制度体系之中。此一过程包括:根据律师对案件的陈述,剔除当事人陈述中可能会掩盖案件真相的全部戏剧性因素,仅仅保留那些具有法律意义的案件事实,直到得出最终的分析结果以及抽象的理论法学的一般命题。为什么律师不会关注他的当事人在签订合同时戴着一顶白色礼帽,尽管奎克利夫人[①]肯定会详细描述那顶白色的礼帽、鎏金的高脚酒杯以及海煤燃烧时腾起的火焰,原因就在于,无论他的当事人头上戴着什么,律师都会预见到公共力量仍将以同样的方式发挥作用。如果能将先前判决的教义归纳为一般命题,并且汇编在教科书里,或者以概括的形式将先前判决的教义转化为制定法,那么,就能让这样的预言更易于记忆和理解。另外,法理学本身所关注的基本权利与义务,也仅仅是一些预言而已。法律观念与道德观念之间的缠杂混淆造成了诸多恶果——关于这一问题,我稍后会谈及——其中一个后果就是,不仅容易使理论本末倒置,而且还容易将权利或义务视为某一既存之物,区别并且独立于侵犯权利或违反义务的后果,随后再对这样的侵犯或违反行为施予特定的制裁。然

---

　　① 此处,"Mrs. Quickly"一词出自莎士比亚的戏剧《亨利四世》,剧中人物是一位酒店的老板娘,朱生豪先生将之译为"快嘴桂嫂"。参见(英)莎士比亚:《莎士比亚全集》(三),朱生豪等译,人民文学出版社1994年版,第103—335页。——译者注

而,正如我要试图说明的,所谓的法律义务仅仅是一种预测,也就是,如果一个人为或不为一定的行为,他都将以这样或那样的方式承受法院的判决——对法律权利而言,也是如此。

如果能将我们这样的预言概括并简化为一个制度体系,那么,其数量就不再庞大得难以控制了。这样的预言自身会呈现为一整套有限的教义,因而,我们便可以在合理的时间内予以掌握了。为不断增加的判例汇编数量所累,无异于杞人忧天。在一代人的时间跨度里,某一特定司法权限范围内的判例汇编几乎可以囊括全部法律,而且可以根据当前的观点重新阐述[过去的]法律。即使在此之前所有判例汇编皆已焚毁,我们仍可从中重建法律全书。对那些早期判例汇编的使用主要是历史性的,在结束演讲之前,我还会有所谈及。

如果可以的话,我希望能制定出一些研究这一整套教义或者系统化预测的首要原则——我们可以将这些教义或者预测称为"法律"——有些人想要将法律用作处理事务的工具,从而使他们能在轮到自己负责时作出预测,并且,就在致力于此一研究的同时,我想对这些人指出一个我们的法律至今尚未实现的理想。

若想按部就班地理解法律,首先就是要理解法律的限度,因此,我认为,立刻指明并清除道德与法律之间的缠杂混淆,是恰当可取的,因为这样的缠杂混淆有时会上升到意识理论的高度,并且,在没有意识到关键点的情形下,会更为经常甚至不断地在具体细节上制造麻烦。你们可以非常清晰地看到,坏人和好人同样有理由希望避免遭遇公共力量,因此,你们就可以发现区分道德与法律的重要实用意义。然而,如果是一个根本不在意邻人所信仰和践行的道德法则的人,很可能会非常注意避免不得不偿付金钱,并且还会尽可能地避免身陷囹圄。

此刻,我权且认为,在我的聆听者中,不会有人将我不得不说之词误解为玩世不恭之语。法律是我们道德生活的见证和外部积淀。法

霍姆斯及其《法律的道路》(载《波士顿法学院杂志》[1897])

第35篇　法律的道路

律的历史就是一个民族道德演进的历史。尽管有民众的嘲讽,但法律的执行却有可能造就优良的公民和善良之人。当我强调法律与道德之间的区别时,我只是在关注一个目的,也就是,我们为什么要学习和理解法律。为了实现这一目的,你们必须明确掌握法律的特有标志,正是基于这一原因,我请求你们暂时想象一下,你们自己对其他事物以及重要事物[是否]漠不关心。

我认为存在一个更宏大的视角,并且透过此一视角的审视,就像所有数学上的差距在无限集合范围内均趋向于零一样,区分法律与道德就会退居次席,或者变得没那么重要了。但是,我确实认为,这样的区分对于我们在此考虑的这一目的——如果法律既是一项具有能够充分理解的限度的职业,也是一套限定在明确界线之内的教义,那么,这一目的就是恰当地研究和掌握这样的法律——具有首当其冲的重要意义。我刚才已经说明了这样认为的实际理由。如果你们只想了解法律,而不是其他什么东西,那么,你们就一定要以一个坏人的眼光来看待法律,而不能从一个好人的视角来看待法律,因为坏人只关心他所掌握的法律知识能使其预见到的实质性后果,好人却总是在较为模糊的良知约束状态中寻求其行为的正当理由,而不论这样的理由是在法律之内,还是在法律之外。如果你们能恰当地对研究的主题进行逻辑思考,那么,你们就会发现区分法律与道德的理论意义与现实意义同等重要。法律当中充溢着源自道德范畴的术语,并且,假如我们没有觉察到这一点,法律就可以仅仅通过语言的力量,连续不断地诱使我们从一个领域转至另一个领域,除非我们始终在头脑中铭刻着那一条界线,否则也一定会如此。法律涉及权利、义务、恶意、故意以及过失等术语,我可以说,在法律推理过程中,没有什么比在法庭辩论的某个阶段,从道德意义上使用这些术语,以致陷于谬误之中更容易,或者说,更常见了。例如,当我们从道德意义上谈及人的权利时,实际上意在标明干涉个人自由的界线,我们认为,据以划定界线的标准是良知或者——无论怎样实现的——我们的理想。然而,许多法律过去确实一直在施行,并且,其中有些法律虽然受到了那个时代进步观念的谴责,可能至今仍在施行,或者,即便根据良知划定了干涉个人自由的界线,无论如何,这些法律还是会突破那一界线。因此,显而易见,假定道德意义上的人的权利等同于宪法和法律意义上的权利,只会造成思想上的混乱。无疑,就想象中的法律而言,可以举出一些简单而极端的例子,即使是在没有成文宪法禁止的情形下,任何享有创设法律权力的机构也不敢制定这样的法律,因为如果那样做,民众就有可能会起来抗争;这就使得此一命题——法律即使不属于道德的某一组成部分,也要受到道德的限制——看似有理了。但是,此种创设法律权力的限度并不具有与任何道德体系共同的范围。在大多数情形下,这种权力的限度处于任一道德体系的界线之内,而在某些情形下,基于源自特定时代特定人群习俗的那些原因,可能会超出道德体系的界线之外。我曾经听已故的阿加西斯[①]教授说过,如果你们将一杯啤酒的价格增加两分钱,德国人就会揭竿而起。在这样的情形下,制定法就会变成一纸具文,原因不在于该法律是错误的,而是因为它无法施行。没有人会否认错误的法律可能并且实际上得以施行,并且,关于哪些法律是错误的问题,我们也不必达成一致意见。

---

① 路易斯·阿加西斯(Louis Agassiz,1807—1873),美籍瑞士裔生物学家、地质学家,在地球自然史方面取得了许多极具开创性的研究成果。阿加西斯早年生活在瑞士,先后在德国的埃朗根和慕尼黑学习,并取得哲学和医学博士学位,在巴黎师从居维叶(Cuvier)和洪堡(Humboldt)从事深入研究后,复返瑞士,任纽莎泰尔大学(University of Neuchâtel)自然史教授。1847年,移民美国,任哈佛大学动物学与地质学教授,主持劳伦斯科学院,创办了比较动物学博物馆,并任馆长,直至1873年去世。阿加西斯教授主张人类的多源发生论,抵制达尔文进化论。——译者注

阿加西斯

众所周知,我正在谈论的这一混乱状况始终困扰着法律的概念。下面,提一个基本问题,法律是由什么构成的?你们将会发现一些教科书的作者会告诉你们,法律不同于马萨诸塞州或者英格兰的法院所作出的判决,法律是一种推理体系,是一种从道德原则、公认的定理或者其他什么当中得出的推论,而这些推论与法院的判决可能一致,也可能不一致。但是,如果我们采取坏人朋友的观点,那么,我们就会发现,他毫不在意什么公理或者推论,但是,他确实很想知道马萨诸塞州或者英格兰的法院实际上可能将要做什么。我非常赞同他的想法。正是对法院实际上将要做什么的预测,而不是其他什么虚伪矫饰之辞,方为我所谓的法律的含义。

另外,再举一个例子,按照通常的理解,这是一个法律包含着极宽泛意义的概念——法律义务的概念,我曾经提到过这一概念。我们可以用我们能从道德中提取的全部内容填满这个词的内含。但是,对于一个坏人而言,这又意味着什么呢?大体而言,首先,它意味着这样一种预言,也就是,如果他做了一些特定的事,那么,他将会承受监禁或者强制偿付金钱的不利后果。但是,从坏人的视角来看,在因做某一特定的事而被处以罚金与被征收一定数额的税款之间,有什么区别吗?某一既定法律义务究竟是罚金还是税款,法庭上已经对这一问题进行过许多讨论,这些讨论足以说明,那个坏人的视角就是法律原则的检验标准。判决行为在法律上是正当的还是违法的,以及某人应当受到处罚还是免于处罚,都取决于对上述问题的回答。暂且将刑法问题搁置一旁,例如,存在这样两种责任:一是根据依征用权批准占用的工厂法案或法令而应承担的责任,二是在无法恢复原状的情形下,因所谓的非法侵占财产而应承担的责任。那么,两种责任的区别是什么呢?在这两种情形下,占用他人财产的一方当事人将不得不根据陪审团评估的合理价格进行偿付,除此之外,别无他法。从法律的观点来看,对于同样的占用行为,还要区分为正当的和违法的,有什么意义吗?只要涉及强制性偿付这一既定后果,那么,导致这一后果的行为是应当予以赞扬还是予以谴责,或者,法律的目的在于禁止还是许可该行为,就都无关紧要了。如果是至关重要的,依然从坏人的视角来看,必定是因为根据法律规定,在某一种情形下,而不是在另一种情形下,该行为会造成一些更大的损失,或者至少是一些更糟的后果。就我所能够想到的而言,该行为因而可能造成的其他损失,只得从两项稍显无关紧要的法律原则中寻找,并且假如没有过多的干扰,这两项法律原则均有可能被废除。第一项原则是,某项意图实施违禁行为的契约是非法的;第二项原则是,如果在两个或两个以上的共同违法行为人中,有一个人不得不偿付了全部损害赔偿,那么,他将无法从其同伙那里获得补偿。这些原则都是我所相信的。你们也看到了,义务概念的模糊边界是如何缩小的,与此同时,当我们用冷酷的酸液加以清洗,并且剔除我们的研究对象——法律的运作——之外的一切因素时,此一模糊的边界又变得更加清晰了。

  法律观念与道德观念之间的缠杂混淆,在契约法领域表现得尤为显著。与其他情形不同的是,在这里,那些所谓的基本权利与义务被赋予了一种神秘的意义,无从归属,无法诠释。在普通法中,遵守契约的义务意味着这样一种预测,也就是,如果你们不遵守契约,那么,你们就必须支付损害赔偿——舍此无他。如果你们实施了一项侵权行为,那么,你们就得承担支付一笔补偿金的责任。如果你们签订了一项契约,那么,你们就得承担支付一笔补偿金的责任,除非承诺事项得以履行,而这正是全部的区别所在。但是,有些人认为,将尽可能多的道德规范注入法律之中是有益的,而前述如此看待事物的方式会令这样的人感到难受。在柯克爵士看来,这就已经足够了,然而,在这里，与在许多其他案件中一样，我很高兴能与他的观点保持一致。在"布罗米奇诉詹宁案"(*Bromage v. Genning*)①中，一位生活在威尔士边境地区的当事人向王室法院提起诉讼，要求[对方当事人]切实履行一项允诺租赁的契约，因而申请了一项禁令，而柯克则认为，如果法院发布禁令的话，就会破坏立约人的意图，因为立约人的本意旨在其要么选择失去损害赔偿，要么选择出租。代表原告的律师哈里斯(Harris)承认，原告提出这一请求有违良知，但禁令仍然获得批准。这已经超出了我们现在打算讨论的问题，但该案足以说明，我冒昧表达的那些看法自始就是普通法的观点，尽管在那本关于契约的才华横溢的小书中，恰如我的鄙薄之见，哈里曼(Harriman)先生误入歧途，因而得出了一个不同的结论。

  我之所以一直在谈论普通法的问题，是因为存在这样一些案件，从这些案件中可以找到合乎逻辑的正当性论证，从而清晰地证明可以将民事责任当成强制施予的义务。或许，在某些案件中，依据衡平法也可以批准某项禁令，并且可以通过监禁或者其他方式处罚被告来执行禁令，除非被告能遵守法院的命令，只是这样的案件相对较少。但是，我坚决认为，根据例外情形创设出一般理论是不明智的，并且，我还认为，许多责任是依据充斥着不当条款的法律而得以普遍施行，虽然也可以据此来描述我们对那些责任的预测，但相对而言，如果能彻底不再让我们自己纠结于各种基本权利和制裁，将会更好。

---

① I Roll. Rep. 368.

柯 克

法律时常使用源于道德的语词,作为这一现象的例证,我曾经谈论过关于恶意、故意以及过失的问题。① 针对不当行为的民事责任法——我们法律人称之为"侵权法"——使用了"恶意"一词,不仅足以向你们说明恶意在法律与道德上具有不同的含义,而且还足以说明,如何通过赋予那些彼此几乎或者完全没有任何关系的原则以同一名称,来隐藏这样的差异。三百年前,有位牧师在布道时讲述了一个出自福克斯(Fox)《殉教者篇》的故事,也就是,某人因曾经参与拷打过一位圣徒,而内心一直经受着补偿式的折磨,后来他死了。巧合的是,福克斯错了。故事中的那个人还活着,并且偶然听到了这次布道,因而告诉了这位牧师。首席大法官雷伊②对陪审团作出指示,被告不该承担责任,因为他只是在简单地讲述那个故事,并没有恶意。雷伊大法官当时采用的是道德意义上的恶意,也就是某种意图害人的动机。但是,在今天,没有人会怀疑,该被告即使根本没有任何意图害人的动机,或许也该承担责任,因为显然可以预测到那些错误的讲述会造成现时的损害。在起诉状中叙述该案时,我们仍然应该认为被告行为是恶意的;但是,至少在我看来,恶意这个词并不意指动机或者被告对于将来的态度,而仅仅意味着,在众所周知的情况下,被告行为的倾向很明显会对原告造成现时的伤害。③

　　在契约法中,正如我已经部分——但也仅仅是部分——言明的,道德术语的使用也会导致同样的缠杂混淆。道德涉及个人意思的

---

① 参见 Oliver W. Holmes, Jr., *Trespass and Negligence*, 14 American Law Review 1-35(1880); *Privilege, Malice, and Intent*, 8 Harvard Law Review 1-14(1894)。——译者注

② 克里斯托弗·雷伊(Christopher Wray,1524—1592)爵士,英国法官。1524年出生于英国的比代尔,曾经就读于剑桥白金汉学院,但没有毕业。1544—1545年,在林肯律师学院研习法律。1567年,受任皇家律师。1571年,当选英国下议院议长。1572年,受任英国王室法院大法官,两年后,任首席大法官。雷伊是一位强势的法官,非常了解如何维系法官的尊严。1592年5月7日辞世,葬于林肯郡格伦特沃思的圣迈克尔教堂。——译者注

③ 参见 *Hanson v. Globe Newspaper Co.*, 159 Mass. 293, 302。

实际内在状态,也就是,他真实的意图是什么。从古罗马时代至今,这种处理方式影响了关于契约的法律语言,而所使用的这种语言又反过来影响了人们对法律的思考。我们将契约视为当事人达成的合意,因而可以在许多案件中得出如下推论,即之所以不存在任何契约,是因为当事人未能达成合意;也就是,因为当事人的意指不同,或者因为一方当事人并不了解另一方当事人的意思。然而,确定无疑的是,即便在双方当事人均未意指该物,并且一方当事人也不了解另一方当事人的意思时,双方当事人仍有可能会受到某项对物契约的约束。假定按约定形式书面签订一项契约,约定发表一次演讲,但未提及时间。一方当事人会认为,该项承诺应该解释为立刻,或在一周内。另一方当事人会认为,应该解释为在他准备好的时候。而法院则认为,这意味着在一个合理的时间范围内。双方当事人都应当根据法院的解释而接受契约的约束,然而,其中任何一方当事人都不会承认法院所宣布的就是他们自己所表达的意思。在我看来,没有人想要理解真正的契约理论,甚至也没有人能在充分理解的基础上去讨论一些契约理论的基本问题,除非在他的理解中,所有的契约都是正式的,并且,契约的缔结并不取决于双方当事人就某一个意向达成合意,而是取决于[来自双方当事人的]两套外部符号的一致性——并不取决于双方当事人的本意指向同一事物,而是取决于他们的表达指向同一事物。此外,那些外部符号可用以表示不同的意思,因而,契约的缔结应该取决于签订契约时那些符号的性质。如果符号是有形的(例如一封信函),那么在投递承诺信函时,契约便成立了。如果双方当事人的意思达成一致是必不可少的条件,除非对方当事人可以获悉承诺,否则,契约将无法成立——例如,若有第三人从要约人手中抢走了承诺,那么契约即不成立。

雷 伊

现在,还不是详细设计出某一理论,或者根据一般观点回答诸多显而易见的怀疑和问题的时候。我对于那些无法轻易回答的问题一无所知,但是,我现在正要努力去做的,仅仅是凭借一系列微弱的线索来阐明法律学说的狭小道路,并且指明两个陷阱,在我看来,这些陷阱正位于道路两侧,危机四伏。其中,关于第一个陷阱,我已经谈得够多了。我希望,我的阐释已经说明了混淆道德与法律的危险——无论是对于思考,还是对于实践——以及法律语言在我们的道路之侧设下的这一陷阱。就我自己而言,我时常怀疑,如果可以将每一个具有道德意义的语词完全从法律中清除出去,并且采用其他可以传达未受法律之外任何因素所沾染的法律观念的语词,那么,这样做是否就不会有什么好处。尽管我们会失去有关诸多历史的化石记录,以及源于道德观念的最高权威,但通过摆脱某种不必要的[法律与道德的]混淆,我们却可以在思想的澄清上受益匪浅。

关于法律的限度,就谈这么多吧。接下来,我想要讨论的是决定法律内容及其成长的力量。你们或许可以和霍布斯、边沁、奥斯丁一样,假定所有的法律均源自主权者,即使那些最早阐述法律的人是法官,或者,你们还可以认为,法律就是时代精神的声音,或者是你们所希望的什么。就我此刻的目的而言,都是一样的。即使每一项判决都需要经过一位享有专制权力且想法反复无常的皇帝的批准,我们依然会为了预测而致力于探寻某种秩序、某种合理解释以及某种关于其所制定的规则的成长原则。在每一种体系之中,总会找到诸如此类的解释和原则。正是与这些解释和原则有关,出现了另外一个谬误,我认为,揭示这一谬误是非常重要的。

我所提到的这一谬误是这样一种观念,即在法律的成长过程中,唯一发挥作用的力量是逻辑。在最宽泛的意义上,无疑,这一观念是正确的。我们据以思考宇宙的前提条件是,在每一现象与其因果关系之间存在某种定量关系。假如出现了某种缺乏此类定量关系的现象,那将是一个奇迹。这既超出了因果关系的法则,同样也超出了我们思考能力的范围,或者,至少是某种我们无法运用推理得出或据以展开推理的事物。我们思考宇宙的前提条件在于,可以理性地思考宇宙,或者,换句话说,宇宙的每个组成部分都是我们所熟知的,正是在这个意义上,那些组成部分之间也具有因果关系。因此,在非常宽泛的意义上,就像任何其他事物一样,法律的确是一种合乎逻辑的成长物。我所谈及的这一危险,并不在于承认支配其他现象的原则也支配着法律,而在于这样一种观念,既像数学那样,根据某些关于行为的一般公理,就可以设计出一套既定的法律体系,例如,我们的普通法体系。这是那些学派天生的错误,但又不仅限于那些学派。我曾经听一位非常杰出的法官说过,除非他能完全确信那样做是对的,否则他绝不会轻易作出一项判决。因此,法庭上的反对意见经常会遭到谴责,就好像这仅仅意味着一方当事人或者另一方当事人没有做对他们的算数题,并且,如果他们愿意再多费点力气的话,就一定会达成一致意见。

这样的思考方式完全是与生俱来的。法律人的训练是一种逻辑上的训练。那些由类比、识别和演绎构成的过程正是法律人最为熟悉的过程。司法判决的语言主要是逻辑的语言。逻辑的方法与形式迎合了世人对于确定性以及蕴含在每个人心灵当中那份宁静的渴求。然而,确定性通常只是一种幻象,而心灵的宁静也并非人的命运。在逻辑形式的背后,隐藏着一种关于相互竞争之立法理由的相对价值与重要意义的判断,通常是一种含混不清且毫无意识的判断,确实如此,然而,却是整个诉讼程序的根源和命脉所在。你们可以给任何一个结论赋予一定的逻辑形式。你们总是可以在契约中隐含设定一项条款。但是,你们为什么要隐含设定这样的条款呢?这是因为共同体或社会阶层之习惯的信仰,或者是有关政策的意见,或者,简言之,是你们对某一无法予以准确量化因而也无法得出准确逻辑结论的事物的态度。这些问题实际上构成了一个战场,在那里,各种方法并不因那些始终有益的决定而存在,并且,在那里,判决仅仅可以体现出在某一特定时间和地点对于某一特定实体的偏好。我们并没有认识到,我们法律的组成部分在多大程度上有待于对公众思维习惯上的细微变化予以反思。没有哪一项具体命题是不证自明的,无论我们多么愿意接受它,即使是赫伯特·斯宾塞先生的这一观点——只要不妨碍邻人的类似权利,每个人都有权去做自己想做的事情——也是如此。

在提供有关一个雇员的信息时,为什么只要是诚实作出的,即便是错误和有害的陈述,也可以被赋予特权呢?这是因为,人们始终认为,相对于某人应受保护而免于在其他情况下属于可诉之不当行为的侵害而言,自由地提供信息更重要。为什么一个人可以创办一家他明知会使邻人破产的企业呢?这是因为,人们假定公共利益可以通过自由竞争而得到最好的促进。显而易见,此类相对比较重要的判断可以在不同的时间和地点而有所不同。除非雇主存在过失,否则雇主不应因雇员在雇用期间受到的伤害而对其承担责任,为什么法官可以向陪审团作出这一指示,并且,在案件获准移交至陪审团时,为什么陪审团通常会作出有利于原告的判决呢?这是因为,我们法律中的传统政策总是将责任限定于这样一些案件,在这些案件中,一个审慎之人或许原本可以预见到伤害或者至少是危险,与此同时,社会中绝大部分人的倾向是让特定阶层的人为与之交往的那些人的安全投保。自从撰写完这篇演讲稿之后,我就已经看到,将此类保险的必要条件提出以作为某一众所周知的劳工组织的部分计划内容。对于这一有关立法政策的问题,存在一场隐蔽且尚未被察觉的斗争,并且,如果有任何人认为可以经由演绎推理或者一劳永逸地解决这一问题的话,我只能

斯宾塞

说,我认为这样的人在理论上是错误的,而且,我可以确信他们的结论在实践中也永远无法得到大家一致的接受。

  实际上,我认为,即使是现在,我们有关这一问题的理论仍然有待重新思考,尽管我并没有打算说,如果提出重新思考的话,我会如何作出判定。我们的侵权法源自关涉孤立的、具体的不当行为以及侵扰、诽谤等行为的古老年代,在那时,或许可以依据司法判决在恰当的情况下适用损害赔偿。但是,我们的法院现在忙于处理的侵权行为,主要是那些涉及特定知名企业的事故。此类侵权行为也就是诸如铁路、工厂等类似企业对人身或者财产造成的损害。此类侵权行为的责任将会得到评估,并且迟早会转化为由公众偿付的价格。公众实际上支付了这些损害赔偿,如果进一步充分强调的话,这里的责任问题实际上就是,公众应当确保那些为之付出劳动者的安全在多大程度上是可欲的问题。或许会有人说,在此类案件中,陪审团作出有利于被告的裁决的可能性仅仅是一个概率问题,偶尔也会颇为武断地中断正常的索赔过程,这极有可能出现在涉及异常谨慎尽职的原告的案件中,因而可以更好地消除这样的可能性。另一方面,甚至涉及一个生命之于社会的经济价值也是可予评估的,并且,或许还会有人说,没有哪一项索赔应当超出评估的那一数额。可以想象得出,将来某日,在那些特定案件中,我们或许会发现,在某一更高的水平上,我们自己正在模仿着我们从蛮族法典中发现的有关生命和肢体的赔偿价金表。

  我认为,法官自身始终没能充分认识到他们负有权衡考量社会优势力量的职责。此项职责是不可避免的,并且,通常公开宣称在司法上厌恶处理此类考量的结果,仅仅是——正如我刚才所言——使判决的真正理由和依据含混不清,并且经常都是毫无意识的。当人们最初开始谈论社会主义的时候,社会中的富裕阶层就已经相当恐惧了。我怀疑,这种恐惧会影响美国和英国的司法活动,然而,确定无疑的是,在我提及的那些判决中,这尚未构成一个有意识的因素。我认为,类似的情况会导致那些不再希望控制立法机构的人将法院当作宪法的阐释者,并且,在某些法院,人们会在那些法律文件(这些法律文件可能被大约五十年前盛行的经济原则概括接受)以及许多禁令(这些禁令针对的是律师从事的法庭认为不正当的那些事项)之外发现新的原则。我不得不相信,如果这种对法律人的训练可以习惯地促使他们更为明确、更为清晰地考量社会优势力量,并且可以依据这样的社会优势力量来证实他们制定的规则,那么,他们也会间或对他们现在颇为自信之处感到犹豫,并且,他们也会明白,他们实际上始终都会对那些存在争议且通常迫在眉睫的问题心存偏袒。

关于逻辑形式的谬误,就谈这么多吧。现在,让我们考虑一下作为一个研究主题的法律现状及其所通往的理想吧。我们仍然远未触及我所希望达至的观点。迄今为止,尚未有人达至或者可以达至那样的观点。在很大程度上,人们在没有对一些原则的理由进行深思熟虑的、自觉的和系统化的质疑的情况下,仍然想当然地认为这些原则是正确的,而我们现在仅仅处于哲学反思以及重新考虑这些原则的价值的初始阶段。我们的法律的成长,已经持续了近一千年,就像一株植物的生长一样,每一代人都将不可避免地迈出下一步,就像物质一样,精神也只能遵循自发生长的法则。本应如此,这是完全自然而正当的。正如杰出的法国作家塔德①先生在其令人钦佩的著作《模仿的法律》中所阐明的那样,模仿是人类本性的迫切欲求。就我们所做的大多数事情而言,之所以那样做,仅仅是因为我们的父辈曾经那样做

---

① 加布里埃·塔德(Gabriel de Tarde, 1843—1904),法国社会学家、犯罪学家、社会心理学家,主张应当根据人类个体彼此之间微小的心理影响,进行社会学研究,其中的根本力量就是模仿和创新。1890 年出版了《模仿的法律》(*Les Lois de l'Imitation*)一书,1903 年由帕森斯(Elsie C. Parsons)翻译成英文(*The Laws of Imitation*)出版。——译者注

过或者我们的邻人也是那样做的,甚至我们怀疑,就我们思考的事情而言,其中绝大部分也是如此。这是一个很好的理由,因为我们短暂的生命让我们没有时间去寻找一个更好的理由,但这并非最好的理由。因为我们都不得不间接地相信我们的行为与思想均以之为基础的大多数规则,所以,这并不意味着,我们当中的每一个人都不可能试图将自我世界的某个角落置于理性秩序中,或者,我们所有人都不应该渴望坚守理性,直到理性遍布整个世界。就法律而言,进化论者会对其社会理想或者其认为应当体现在立法中的基本原则之普遍有效性犹豫不决,无疑,这是真实的。如果进化论者此时此刻能够证明那些理想或者基本原则是最适当的,那么,他就很满意了。他或许打算承认,他对宇宙中绝对最优之物一无所知,甚至接下来对最适于人类的永恒之物也一无所知。当某一法律体系所包含的每一项规则都被清晰而明确地导向其所促进的目的时,当有人用语词表达或者打算表达欲求实现目的的理由时,该法律体系也就更理性、更文明了,这仍然是真实的。

目前,在许多案件中,如果我们想知道为什么某一项法律规则会具有独特的形态,并且,如果我们或多或少还想知道究竟为什么会有这样的法律规则,那么,我们就要求助于传统了。我们会追寻这样的法律规则,走进《年鉴》,或许还会在超越《年鉴》后,走进萨利克法兰克人的习俗之中,并且,在已往的某个地方,在日耳曼人的森林里,在诺曼国王的需求下,在统治阶层的假设中,在普遍思想的缺失中,我们会发现实际的动机,这样的动机现在仅仅根据人们已经接受且习以为常的事实便可得到有力的证明。对法律的理性研究,在很大程度上,仍然是对历史的研究。历史必将成为法律研究的一个组成部分,因为,如果没有历史,我们就无法了解法律规则的准确适用范围,而了解法律规则的适用范围,正是我们的职责所在。 历史是对法

塔德(左)及其代表作《模仿的法律》

律的理性研究的一个组成部分,是因为历史是通往启蒙怀疑主义的第一步,也就是说,历史是通往对法律规则的价值进行深刻反思的第一步。当你们将恶龙拖出洞穴,置于旷野之中、阳光之下时,你们就可以数清恶龙的爪牙,并且识别它的力量了。然而,将恶龙拖出洞穴仅仅是第一步。接下来,要么就杀死它,要么就驯服它,使之成为益兽。对于法律的理性研究而言,研究历史文本的人或许是现在的主人,而未来的主人则属于精通统计学与经济学之人。就一项法律规则而言,现在竟然找不到比亨利四世时期(1367—1413)制定此项规则时更好的理由,这是令人厌恶的。更令人厌恶的是,昔日制定此项规则时所依据的那些理由早已消逝,而此项规则却仍然仅仅凭借模仿过去而保留下来。我正在思考此项有关所谓的自始侵害行为的法律规则,而我刚刚试图在马萨诸塞州近期的一起案件①中解释此项规则。

让我举一个例子来扼要说明,某一法律规则所指向的社会目的如何被隐藏起来,并且,该社会目的又是如何基于这样的事实——有意识地明确针对所考虑的这一目的,此项法律规则将其形式归因于渐进的历史发展,而不是作为一个整体被赋予新的形式——而仅仅得以部分实现。我们认为,阻止某人的财产被他人盗用,是可欲的,因此,我们将盗窃视为犯罪。无论是因所有者将财产置于他人之手,还是因某人非法占有他人财产而构成盗用,其罪行都是一样的。但是,原始人的法律自身存在缺陷,未能致力于预防暴力行为,而是极其自然地将非法占有——作为一种侵害行为——限定为盗窃罪的一个组成部分。在现代,法官已经作出了这样的判决——如果违法行为人利用诡计或者欺诈而取得对他人财产的占有,那么,该行为就构成犯罪——从而

---

① *Commonwealth v. Rubin*, 165 Mass. 453.

扩大了对盗窃罪的界定。这实际上就是放弃了侵害行为的必要条件,而完全放弃侵害行为的必要条件,本应该更富有逻辑性,更忠实于当前的法律目的。然而,这一做法似乎显得过于鲁莽,不得不留待制定法加以解决。换言之,由立法机构通过制定法,将侵占规定为一项犯罪。但是,传统力量使得侵占罪看起来明显区别于盗窃罪,以至于时至今日,至少在某些司法权限内,为盗贼打开了足以逃避法律制裁的方便之门,那就是,如果被指控犯有盗窃罪,他们就会辩称应当被指控犯有侵占罪,而如果被指控犯有侵占罪,他们又会辩称应当被指控犯有盗窃罪,从而根据这一理由逃避法律制裁。

我们正在重复父辈们曾经的所作所为,相对而言,那些更具根本性的问题仍然需要有一个更合理的解答。除了盲目猜测之外,我们还有什么更好的理由来说明当前这种形式的刑法利大于弊呢?我不会停下来在此谈论刑法对贬抑罪犯以及令其深陷罪恶之中的影响,也不会谈论这样的问题——除了针对罪犯之外,罚金和监禁是否还会更沉重地落在罪犯的妻儿头上。我在思考一些意义更为深远的问题。惩罚是否发挥了威慑作用?我们是否根据适当原则对待罪犯?据称,高尔[①]最早提出了一项刑法原则,也就是,我们必须认真对待的是罪犯而不是罪行,并且,有一个现代欧洲犯罪学派正在进一步研究该原则。尽管此项原则不会带我们走得太远,但那些已经开始的研究却最早尝试根据科学的方法寻找我那些问题的答案。如果典型的罪犯是堕落之人,出于一种根深蒂固——就像诱发响尾蛇咬人一样——的机体必然性,就注定会实施诈骗或者谋杀,那么,谈论通过传统的监禁方法来威慑罪犯,就是

---

① 弗朗兹·高尔(Franz J. Gall,1758—1828),德国神经解剖学家、生理学家。早年在斯特拉斯堡大学学习医学,后来在维也纳取得学位后,开始从事私人执业。虽然一度获得成为奥地利宫廷御医的机会,但他还是决定继续从事私人执业和研究。基于经验的观察与研究,高尔创设了器官学理论和颅相检查术,因而被誉为颅相学的创始人,尤其主张大脑机能的分区定位理论,对后来的应用心理学研究产生了影响。——译者注

高　尔

徒劳无功的。这样的罪犯必须清除;这样的罪犯基于自身的机体反应,既无法改造,也无所畏惧。另一方面,假如犯罪行为像正常的人类行为一样,主要是一个涉及模仿的问题,那么,就完全可以期待用惩罚抑制犯罪了。有一些从事科学研究的知名人士认为,关于罪犯的研究支持了前一种假定。关于在诸如大城市等人口密集的地方(在这里,有极大的就业机会)和人口稀疏的地方(在这里,传染病传播较慢)犯罪率相对增长的统计数据,被强有力地用来支持后一种观点。但是,有分量的权威观点认为,无论情况如何,"社会对于罪犯难免总有反应,为了引导这样的社会反应,构成唯一合理的法律标准的,不是犯罪行为的性质,而是罪犯的危险性"[1]。

正如在刑法领域一样,我从有关盗窃的法律中阐释的对于理性概括的阻却事由,在其他法律部门中也可得以说明。除契约法及类似法律之外,还可以举出侵权法或者民事损害赔偿责任法的例子。是否存在关于此类责任的一般理论,或者,如果这样的理论蕴含在一些案例中,那么,是否可以列举这样的案例,并基于特别理由予以逐个解释?此外,针对诸如侵害或诽谤等众所周知的特定类型不当行为的诉权都有各自独特的历史,如果基于这样的事实,是否可以轻易相信上述一般理论呢?我认为,尽管趋势所致,但仍然有待于发现,而不是创立和承认一般理论。我认为,如果在已为其所知的情况下,按照一般经验,或者如果超出一般经验,就按照他自己的经验,其行为的危害性是显而易见的,除根据特定的政策理由,法律拒绝保护原告或者授予被告某项特权的情况外,法律会将责任人施予即时损害的行为当成是可

---

[1] Havelock Ellis, *The Criminal*, 41, citing Garofalo。亦可参见 Ferri, *Sociologie Criminelle*, passim。比较 Tarde, *La Philosophie Pénale*。

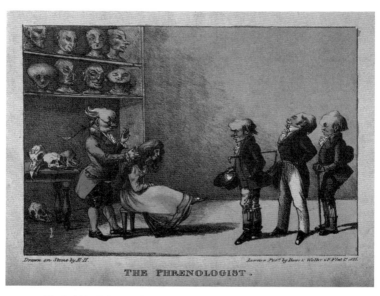

漫画《颅相学家》(一位颅相学家正在检查一位年轻女孩的头颅)

诉的。① 我认为，一般而言，恶意、故意和过失仅仅意味着，在已为行为人所知的情况下，危害性或多或少都是显而易见的。尽管在一些涉及特权的案例中，恶意或许意味着一种意图损害他人的真实动机，此一动机可能会清除某种有意施予损害的许可，而这样的许可则是依据有关主导性公益的这样或那样的理由而从其他方面授予的。但是，当我前几天与一位杰出的英格兰法官陈述我的观点时，他说"你是在讨论法律应当是什么；就法律实际上是什么而言，你必须申明一项权利。一个人不应该因过失而承担责任，除非他负有义务"。如果我们的分歧不仅仅在于语言之上，或许不仅仅在于例外与规则之间的均衡的话，那么，在这位法官看来，某一行为的责任无法归咎于该行为可能造成即时损害的明显趋势——通常作为一种理由充分的解释，而应该归咎于损害的特殊性质，或者应该源自于超出该行为趋势之外的某些特殊情况，对此，根本不存在任何一般性的解释。我认为，这一观点是错误的，但却司空见惯。冒昧地说一句，这一观点在英格兰也被普遍接受。

在任何地方，法律原则的基础都是传统，在这个意义上，我们甚至有过分强调历史作用的危险。前些天，埃姆斯教授撰写了一篇学术论文②，涉及很多内容，其中便阐明了普通法并没有认可在封印契约诉讼中为欺诈行为所作的辩护，而其中蕴含的寓意似乎就是，此类辩护的人格特征应归因于其自身的衡平法起源。但是，正如我刚才谈到的，

---

① 关于法律拒绝保护原告，有一个例证，即原告在少于时效期限的一周内通行于一条重要通路上，并且给他人造成了不利影响，于是，有一个陌生人阻止其使用该条通路。在一周后，原告即将获得一项权利，但现在他仅仅是一个侵害者。我已经举出过一些关于特权的例子。其中，最好的例子之一就是商业竞争。

② 此处可能是埃姆斯教授1896年发表在《哈佛法律评论》上的"封印契约与衡平辩护"一文。参见James B. Ames, *Specialty Contracts and Equitable Defences*, 9 Harvard Law Review 49-59(1896)。詹姆斯·埃姆斯(James B. Ames, 1846—1910)，美国法律教育家，终其一生在哈佛法学院教授法律，致力于在法律教育中推广"案例学习"法。1895年，任哈佛法学院院长，直至1910年去世。——译者注

埃姆斯

形式上的缺陷会妨碍契约的缔结,而在任何我们视之为理性的制度体系中,显然不会考虑错误的动机,除了针对私下了解那些动机的个人之外;如果所有的契约都是正式的,那么,形式缺陷与错误动机之间的差异,就不只是历史上的,而是理论上的了。当然,这并不仅仅局限于封印契约,而是普遍适用的。还应该补充一点,我觉得埃姆斯先生不会不赞同我的建议。

然而,如果考查契约法,我们就会发现它有悠久的历史。债务、封印契约与简式契约之间的区别,仅仅是历史上的。有的法律完全不涉及任何诸如准契约之类的协议,却强制施行某些偿付金钱的特定义务,而对此类义务的划分仅仅是历史上的。约因理论也仅仅是历史上的。关于赋予封印的效力,应该只能根据历史加以解释——约因只是一种形式。它是一种有用的形式吗?如果是,那为什么不要求所有的契约都应该具有约因呢?封印也只是一种形式,并且在古卷和规定(无论有无封印)必须具备约因的制定法中逐渐消失了——为什么只允许历史上的区别对商人的权利和义务产生影响呢?

经由一条独特的路径,传统凌驾于理性政策之上,而且,还是在首次遭到误解并被赋予较其原有含义更为宽泛的全新范畴后,凌驾于理性政策之上。在撰写完这篇演讲稿之后,我偶然发现了一个足以说明此一独特路径的例子。根据英格兰的固有法律,为了避免对自己不利,当事人可以对书面契约进行实质性变更。此一原则与英格兰法的一般发展趋势相悖。我们不会告知陪审团,如果一个人曾经在某一个别情况下撒过谎,就可以推定他在所有情况下都会撒谎。即使某人曾经想方设法进行欺诈,似乎也没有充分理由来阻止其证明事实的真相。一般而言,具有类似性质的反对理由只涉及证据的重要性,而不涉及证据的可采性。另外,此一规则与欺诈无关,也不仅限于证据问题。不仅仅是你们无法利用书面证据,而是该契约已经终止。这意味着什么呢？决定书面契约是否存在的,是要约人与受要约人交换彼此书面意思表示的这一事实,而不是那些书面意思表示的持续存在。但是,在涉及封印契约的情况下,古老的观念却是不一样的。契约与羊皮纸是无法分离的。如果一个陌生人销毁了契约——要么是撕掉了封印,要么是变更了封印——那么,债权人尽管没有任何过错,也无法恢复原状,因为债权人无法以能够约束被告的形式呈示被告的契约,也就是,被告已加盖封印的真实有形的契约。大约一百年前,凯尼恩(Kenyon)爵士曾经根据这一传统来运用自己的推理,有时也用法定损害,但并没有真正理解这一传统,因而,他说他找不到任何一种理由,用以解释为什么适用于封印契约的规则却不该适用于其他契约。在一起涉及本票的案件中,他作出的判决恰好是正确的,在这里,根据普通法,他再一次强调契约与在其上撰写契约的书面文本是无法分离的,但是,这样的推理是一般性的,很快便扩展适用于其他书面契约,并且,各种荒诞不经和难以置信的政策理由被编造出来,意在解释此一被扩大适用的规则。

  我相信,没有人会因为我如此直率地批评法律,而认为我是带着不敬之意在谈论法律。我尊重法律,尤其是我们自己的法律制度,并且将之视为人类智慧最伟大的成果之一。没有人能比我更理解那不计其数的伟大智者,他们皓首穷经地从事一些修补或损益的工作,如果与浩瀚的宇宙相比,即使是其中最伟大的工作也显得微不足道。最终,人们要尊重法律的存在,要尊重法律并不是一个黑格尔式的梦想,而是人类生活的一个组成部分。但是,人们也可以批评即便是自己敬畏的事物。法律是我毕生致力的事业,因此,如果我未能做到本应由我去增益法律的那些事情,并且,当我意识到我心目中法律未来的理想时,如果我在指明并全力实现这一理想时犹豫不决,那么,我就无法说明[我对这项事业的]热爱。

关于历史研究在当今法律的智识研究中必然发挥的作用,或许,我已经讲得很多了。在法学院乃至整个哈佛大学(坎布里奇)的教学中,根本不存在低估历史研究的危险。无论是比奇洛(Bigelow)先生,还是埃姆斯、塞耶(Thayer),都曾经为此作出了无法磨灭的重要贡献,而在英格兰,弗雷德里克·波洛克爵士和梅特兰先生最近撰写的早期英格兰法律史①,甚至使这一主题具有了一种近乎奇幻的魔力。我们必须意识到沉迷于古史研究的陷阱,并且必须记住,就目的而言,我们对历史的唯一兴趣就在于以古知今。将来的某一时刻,历史在解释教义时发挥的作用会微乎其微,并且,我们将全神贯注于对意欲实现的目的以及渴望实现目的的理由的研究,而不是标新立异的研究,我期待着那一时刻的到来。作为迈向那一理想的一步,在我看来,每一位法律人都应该努力追求对经济学的理解。在我看来,当前政治经济学派与法学派的分离,便是一个足以证明在哲学研究领域还能有多大程度进步的证据。实际上,就政治经济学的研究现状而言,我们将会更大规模地再一次面对历史,但是,这就要求我们必须考虑和衡量立法目的、实现目的的方法及其代价。我们已经认识到有所得必有所失,并且,我们也学会了如何权衡利弊得失,以及在作决断时

---

① 波洛克(Frederick Pollock,1845—1937),英国法学家、历史学家。早年就读于埃顿公学、剑桥三一学院,1871年取得律师资格。1883—1903年,在牛津大学讲授法理学,兼任律师学院的普通法教授,还是《法律汇编(1895—1935)》和《法律季评》的编辑。1931年,当选林肯律师学院的司库。值得一提的是,波洛克一生保持着与霍姆斯大法官的通信往来。参见 Mark DeWolfe Howe ed., *Holmes-Pollock Letters: The Correspondence of Mr. Justice Holmes Sir Frederick Pollock, 1874—1932*, Cambridge: Harvard University Press, 1941。梅特兰(Frederic W. Maitland,1850—1906),英国法学家、历史学家、律师,被誉为"现代英格兰法律史之父"。1876年,在林肯律师学院取得律师资格,成为一名称职的衡平法律师,但仍坚持致力于比较法学、特别是英格兰法律史研究。1888年,当选剑桥英格兰法唐宁讲席教授。1895年,梅特兰与波洛克合作撰写并出版了《爱德华一世以前的英格兰法律史》(*The History of English Law Before the Time of Edward I*)一书,该书被誉为"曾经用英语出版的最杰出的英格兰法律史著作"。——译者注

如何选择。

　　注重实用性的人有时会低估另外一种研究的价值,而我却想对这样的研究谈几句溢美之词,尽管我也承认会有诸多拙劣乏味的无稽之谈因此一研究之名而流传。我所指的就是对所谓的法理学的研究。就像我看待它的那样,法理学研究的仅仅是最普遍意义上的法律。每一次将案例简化为规则的努力就是一次法理学的尝试,尽管英语中使用的这一称谓仅限于那些具有最宽泛意义的规则和最基本的概念。成为一位伟大法律人的一个标志在于,他看清了那些具有最宽泛意义的规则的适用。有一个关于一位佛蒙特州治安法官的故事,一位农民因别人弄坏了他的搅乳器,而向治安法官提起了诉讼。在经过一段时间的考虑之后,这位法官说,他翻遍了制定法,也没有找到任何有关搅乳器的规定,因而作出了支持被告的判决。在我们所有普通的法律汇编和教科书中,与之同样的心态随处可见。契约或者侵权领域基本规则的适用,隐藏在铁路法或电报法的项目之下,或者充斥在[法律]历史研究分支领域——例如,航运法或衡平法——论著的字里行间,或者汇集在或许被视为诉诸实用性思想范畴——例如,商法——的任意标题之下。如果有人想要研究法律,就要付出代价,才能成为精通法律之人;如果想要成为精通法律之人,就意味着要透过所有引人注目的事件,洞悉据以预测的真实基准。因此,你们就要准确地理解法律、权利、义务、恶意、故意、过失、所有、占有等概念的意义。我记得有一些案例,在我看来,各州最高法院在这些案件中都有些应对失措,因为他们对这些主题中的一些概念缺乏清晰的理解。我已经阐明了这些主题的重要意义。如果还需要进一步阐释的话,你们可以阅读詹姆斯·斯蒂芬爵士在一部刑法著作中涉及"占有"这一主题的附录,然后

波洛克(左)和梅特兰

再读一下波洛克和赖特合著的启蒙著作。① 有些人虽然想尝试分析法律思想,却困扰于遍及各种制度体系中无用部分的追求,而不是对某一制度体系的精准剖析,这样的作者并非仅有詹姆斯·斯蒂芬爵士一人。奥斯丁的问题在于,他对英格兰法的理解并不充分。但是,充分理解奥斯丁和他的先驱者霍布斯和边沁以及与之相称的后继者霍兰德(Holland)和波洛克,还是具有某种实际利益的。弗雷德里克·波洛克爵士最近的一本小书措辞得体,呈现出那种足以代表其全部著述风格的特点,完全没有受到罗马范式的堕落影响。

年长者对年轻人的忠告很有可能像一份百本最佳书目一样令人觉得不现实。至少在年轻的时候,我也曾经听过这样的忠告,而在那些不现实的忠告中,我最看重的是研究罗马法的建议。我认为,该项建议不仅仅意指收集几条拉丁格谚,借以修饰言词文章——这恰恰是

---

① 詹姆斯·斯蒂芬(James F. Stephen, 1829—1894),英国律师、法官与作家,莱斯利·斯蒂芬(Leslie Stephen)爵士的兄弟,法学家戴雪(A. V. Dicey)的表兄弟。早年就读于埃顿公学和伦敦国王学院,1847年入读剑桥三一学院,与梅因(Henry Maine)熟识,两人性格虽不同,但友谊深久,直至梅因去世。1854年,在内殿律师学院取得律师资格。自1855年始,持续在《星期六评论》上发表文章,后来的著作大多是这些评论文章的汇集。1858—1862年,就职皇家人口教育委员会。1863年,出版了《英格兰刑法总论》(*General View of the Criminal Law of England*),这是自布莱克斯通(William Blackstone)以来英国法律学者第一次尝试用文学形式解释英格兰法律与司法原理。1869年,受任印度殖民地议会法律顾问,接替其前任梅因爵士。1872年,基于家庭原因,重返英格兰,并在旅途中撰写了一系列文章——后来结集而成《自由、平等与博爱》(*Liberty, Equality, Fraternity*)一书,直击约翰·密尔的《论自由》(*On Liberty*),反对新功利主义。1879年,受任英格兰高等法院法官,直至1891年遵医嘱而辞职。1894年3月11日,因病去世,葬于伦敦市郊的肯萨尔绿野公墓。此处可能是指波洛克和赖特合著并于1888年首次出版的《论普通法中的占有》一书。参见 Frederick Pollock & Robert S. Wright, *An Essay on Possession in the Common Law*, Oxford: Clarendon Press, 1888。该书至今仍然作为英美法官的参考书目加以使用,尽管其中一些主张有待商榷,但却为财产法、故意的财产侵权行为、财产犯罪行为以及货物的寄托与销售等提供了一个资料翔实、阐释清晰的知识背景。——译者注

詹姆斯·斯蒂芬

柯克爵士推荐布雷克顿①的目的所在。如果这就是全部,那就可以在一个小时之内读完《论古代法律规则》(De Regulis Juris Antiqui)了。我认为,如果有理由研究罗马法,那也就有理由将罗马法作为一套实际运作的制度体系来加以研究了。这就意味着不仅要掌握一套比我们英美法律体系更复杂、更难理解的专门术语,还要研究另外一种历史,只有根据这一历史,而不是我们自己的历史,罗马法才能得以解释。如果有人怀疑我的话,那就让他读一下凯勒关于裁判官告示的著述《罗马法中的民事程序与诉讼》以及缪尔黑德兴味盎然的《罗马私法历史导论》,并且,最好让他有机会再读一下索姆那部令人钦佩的《法学阶梯》。② 然而,情况绝非如此简单。实际上,获取有关你们研究主题的开放视角的方法,并不在于阅读其他什么著述,而在于深入探究这一主题的本源。做到这一点的方法包括:首先,借助法理学,遵循既有的教义体系,认知该体系最高级的一般性概括;接着,从历史中探寻这一教义体系是如何转变成现有状态的;最后,你们要尽可能地去思考,那些规则试图实现的目的是什么,想要实现那些目的的理由是什么,为了实现那些目的需要放弃些什么,以及为了实现那些目的是否值得付出这样的代价。

我们拥有的法律理论,特别是关于最后这一法律研究部门的理论,不是太多,而是太少了。在谈论法律的历史时,我举了盗窃罪为例来说明,规则想要达到的目的很清晰,但却未能呈现出清晰的形

---

① 亨利·布雷克顿(Henry de Bracton,1210—1268),英国法学家,代表著作《论英格兰的法律与习惯》(De Legibus et Consuetudinibus Angliae)。在诸多著述中,布雷克顿一直尝试运用罗马法的分类方法,重新编排英格兰王室法院的法律,试图将中世纪罗马法的演进融入英格兰法。诚如普拉克内特(Plucknett)所言,"在格兰维尔(Ranulf de Glanvill)之后,经过两代人,我们终于看到了英格兰法学的桂冠——布雷克顿"。参见 Theodore Plucknett, *A Concise History of the Common Law*, Little, Brown and Company, 1956。——译者注

② 参见 Friedrich Ludwig von Keller, *Der Römische Civil Process und die Actionen* (1876); James Muirhead, *Historical Introduction to the Private Law of Rome* (1886), A & C Black, London, 1916; Rudolph Solm, *The Institutes* (1892), Oxford: Clarendon Press, 1907。——译者注

式,法律是如何因此而出现问题的。在这样的情况下,问题应该归咎于某一历史时期的[规则]形式的残留,在那个时期能够考虑到的目的非常有限。现在,让我举一个例子来说明,据我所知,有些规则从未经由任何适当的方式得以解释或者理论阐述,假如有法官依据这样的规则来判决实际案件的话,那么,理解法律的推理,就具有至关重要的实用意义了。我在这里指涉的是关于期限与时效的法律。此类规则的目的是显而易见的,但是,就某一纯粹的恶行而言,因时效而剥夺某人权利的正当理由究竟是什么呢?有时,会考虑证据灭失的情况,但这只是一个次要问题。有时,也会考虑对安宁的渴求,但为什么人们在二十年之后比以前更渴望安宁了呢?如果没有立法的帮助,这样的情况可能会越来越多。有时,人们会说,在某人因疏忽而忘记行使自己权利的情况下,经过一段时间之后,如果法律承认了他的现状,那么,他就无法再提起诉讼了。到此为止,如果就该问题所能谈论的仅限于此,那么,你们或许会对我接下来提出的案件作出有利于原告的判决;如果你们采纳我随后建议的观点,那么,你们也有可能会作出有利于被告的判决。某人因非法侵入他人土地而被起诉,但却根据通行权提出了辩护理由。被告证明,他在未经原告许可的情况下,二十年来一直在公开地使用这条通路,但结果却是,原告授予某人一项许可权,并合理地认为被授权人就是被告的代理人——尽管事实并非如此——因而,原告以为[被告]对该通路的使用是获得许可的,在这种情况下,被告不会获得任何权利。被告是否取得了某项权利呢?如果被告获得某项权利是因为土地所有者在通常意义上的过错和疏忽,那么,就像通常假定的那样,该案中不存在这样的疏忽,因而被告也就不曾取得该项通行权。但是,如果我是被告的律师,我会建议,应该从取得权利者的角度——而不是丧失权利者的角度——寻找因时效而取得权利的根据。亨利·梅因爵士①将古代的财产观念与期限联系起来,从而使这样的做法流行于世。然而,这种联系实际上比最早的历史记载更为古老。这种联系具有人类思想的属性。如果你们将某物视为己有并且长期占有和使用的话,无论该物是财产,还是观念,它都会深深地根植于你们的生命之中,并且,不论你们是如何得到该物的,只要没有经过你们不满情绪的表达以及全力的自我保护,任何人都不得取走该物。除了人类根深蒂固的本能之外,法律不可能再找到任何更为正当的理由了。这仅仅是顺便答复了这样的建议,即你们应该毁灭前述土地所有者的希望,并且指出正是由于他的疏忽而导致其本人与其主张的权利渐行渐远,同时却使得其主张的权利与他人的联系愈益紧密。如果该土地所有者知道有人正在实施某些行为,并且,从表面上看,这些行为恰恰说明其正在试图建立这样的联系,那么,我会认为,为了保证对他人的公正,土地所有者有义务自己负责去查明他人是否曾经在其许可之下行事,查明他人是否曾经受到过警告,以及如果有必要的话,还要查明是否曾经阻止过他人实施那些行为。

刚才,我一直在谈论法律的研究,却对与之相关、通常情况下应有所讨论的问题——教科书、判例制度,以及与学生密切相关的整个系统——只字未提。以后,我也不会谈论任何与之相关的问题。我探讨的主题是理论,而不是实用的琐碎细节。无疑,从我的学生时代以来,教学模式已经有所改善,但依然只有凭借能力和勤奋,才能掌控任何形式的原始材料。就像建筑师是参与建造房屋者中最重要的人一样,理论是法律教义中最重要的组成部分。在近二十五年里,最重要的进步就是理论上的进步。无须担心理论不切合实际,因为,对富

---

① 亨利·萨姆纳·梅因(Henry J. S. Maine,1822—1888),英国比较法学家、历史学家。在其代表作《古代法》(Ancient Law)中,梅因主张,法律与社会经历了一个"从身份到契约"的演进过程。正是基于围绕这一命题而展开的学术探讨,梅因的历史法学理论对现代法律人类学、法律史与法律社会学均产生了深刻影响。——译者注

梅因(左)和莱斯利·斯蒂芬

有才能的人而言,理论仅仅意味着深入探究主题的本源。对缺乏才能的人而言,就像人们所说的那样,对普遍观念的兴趣就意味着特定知识的贫乏,这有时是正确的。我记得,在军旅生涯中,曾经读到过这样一个故事,有一位年轻人因成绩最低而接受审查,当被问及一个关于中队演练的问题时,他回答,他从未考虑过少于一万人的演化问题。但是,一个软弱愚钝之人必定会干蠢事。危险之处在于,富有才能和注重实际的人必定会带着冷漠和怀疑的态度来看待那些与其事业鲜有关联的观念。前些天,我听到了一个故事,某人有一个男仆,他虽然支付给男仆高额薪水,但要因其过错而扣除。他制定了一些扣除薪水的规则,其中一条就是"缺乏想象力,扣五美元"。这种想象力的缺乏并不仅限于男仆。现在,野心、权力通常以金钱的形式体现出来。金钱是最直接的方式,也是欲望的恰当目的。雷切尔(Rachel)曾经说,"财富是衡量智识的标准"。这是把人们从愚人天堂唤醒的警世箴言。但是,正如黑格尔所言,"最终,得到满足的并非欲望,而是观念"。① 对任何范围内的想象力而言,意义最为深远的权力形式不是金钱,而是对于观念的驾驭。如果你们想要伟大的例证,那么,就要读一读莱斯利·斯蒂芬先生的《十八世纪英格兰思想史》②,并且看一看在其死后一百年间,笛卡儿的抽象思想如何变成一种掌控人们行为的实际力量。读一读伟大的德国法学家们的著述,看一看当今世界在多大程度上是由康德而不是拿破仑统治的。虽然我们不可能全都成为

---

① Phil. Des Rechts, § 190.
② 莱斯利·斯蒂芬(Leslie Stephen,1832—1904),英国历史学家、评论家、传记作家,曾经先后就读于埃顿公学、伦敦国王学院、剑桥三一学院。在访美期间,他结识了霍姆斯、洛厄尔(James R. Lowell)、诺顿(Charles E. Norton)等人,并与他们保持了持久的友谊。之后,定居伦敦,成为一名新闻记者。除了撰写评论文章之外,斯蒂芬为哲学史和哲学理论作出了两项颇有价值的贡献:一是出版了《伦理学》(The Science of Ethics,1882)一书,该书被广泛当作伦理学教科书,因而使其成为十九世纪晚期英国家喻户晓的进化伦理学的支持者;二是撰写了《十八世纪英格兰思想史》(History of English Thought in the Eighteenth Century,1876,1881),常被作为一份至关重要的哲学文献,该书第一卷(1876)甫一出版,斯蒂芬便入选了"雅典娜俱乐部"(Athenaeum Club)。——译者注

笛卡尔或者康德,但我们都想获得幸福。我从对诸多成功人士的了解中可以确信,仅仅通过担任某些大公司的法律顾问以及五万美元的收入,是不可能获得幸福的。一位足以赢得赞誉的伟大智者,除了成功之外,还需要其他食粮。法律中比较深远和普遍的部分,在于那些赋予法律普遍意义的方面。正是经由法律的这些部分,你们不仅成为你们事业的伟大主宰者,而且还将你们的主题与天地相连,聆听无限的回音,瞥见深邃的移转,领悟宇宙的法则。

第 36 篇

徽章兄弟会[*]

在第二十军团协会聚会上的发言,1897 年 12 月 11 日

第二十军团的兄弟们：

我没有做任何准备要为你们发表一场演讲。若是我准备了,反而不自然了。在跌跌撞撞的漫长的深夜行军中,我们一起聆听过彼此的咒骂——在只能看见前面一个人的刺刀时,我们一起穿过夏日的烟尘,面对着死寂般的沉默;我们并肩站成一排;我们冲锋、扫荡敌人;我们像兔子一样奔跑;所有的人都在一起。当人们已经彼此看清对方的内心时,其中再有某一个人站起来向其余人发表演说,就显得太晚了。我曾经听一个人说过：你不可能欺骗自己的兄弟。所以,我想要说的一切就是,我很高兴再见到你们。从那些日子开始,时间已经流逝,对那些日子的回忆将我们聚在一起。我们都已经老了,若是还能被称为中年人,就已经颇感荣幸了。如果从某一个方面来看,我觉得,一切都已经过去了,就像

---

* 选自 Mark DeWolfe Howe, ed., *The Occasional Speeches of Justice Oliver Wendell Holmes*, Cambridge, Massachusetts: The Belknap Press, 1962, pp.100 – 101。保存在哈佛法学院的霍姆斯文稿中的一份霍姆斯的亲笔手稿。

一个玩杂耍的人突然抽掉桌布,上面的每一件东西都依然像之前一样纹丝未动。然而,世事不会停滞。亡魂的簿册越来越长。活人的名单越来越短。我对那些激动人心的日子的记忆逐渐消褪,慢慢变成一个模糊的梦境。只有一件事没有改变。当我看着你们的眼睛时,一如既往地可以感受到,年轻时的一场巨大考验将你们变得与众不同——让我们所有人都不同于如果没有那场考验我们可能会成为的样子。它让我们感受到了人与人之间的兄弟情谊。它将我们变成了世界公民,而不是一个小镇居民。最重要的是,它让我们相信,除了尽力为我们自己做到最好以及赢得所有的面包和鱼之外,还有其他一些东西,值得我们全力以赴。我不喜欢听老兵们总在讲他们曾经是多么的英勇。我们只是做了任何其他美国人都会做的事,如果把他们放在我们的位置上,上一代人会做,下一代人也会做。但是,我很幸运早早就上了这样一课,给生活带来了不同的感受。我们已经学会相信,恪尽职守优于面包和鱼,名誉荣光胜过安然无恙。要知道,用烈焰点燃人的内心,除了战场,在任何地方都不可能学会这一点。那些战死沙场的人,就像一位士兵几百年前所言,随风而逝时,心中有一只鸟在歌唱。我们幸存了下来,一旦听过来自超然之境的旋律,我们当中那些听过同样乐曲的人,后来又历尽了千辛万苦,就一定应该会记住。

第 37 篇

爱德华·艾弗里与伊拉斯塔斯·沃辛顿[*]

对律协决议的回应,1898 年 5 月 2 日

律师协会的先生们:

早年的经历中,在离开一个像风平浪静的港湾一样的律师事务所后,我见识了公海里的狂涛巨浪,其中便包括与艾弗里先生的相遇。那是一次获益良多的经历,我会永远记得他是我所遇见过的一位真正精明能干的律师——一个真正敏感而深刻的才智超群的人,从不会依循某些先前判例或者预设观念所确定下来的常规行事,而是会深入到事实之中。在被誉为精明能干的论辩中,很大一部分人都遵循着传统路线,沿着多少有所准备的渠道前进。这是一种独特的思维方式,只会得到知识的巩固,不会被知识所束缚,而它所思考的是事

---

[*] 选自 Mark DeWolfe Howe, ed., *The Occasional Speeches of Justice Oliver Wendell Holmes*, Cambridge, Massachusetts: The Belknap Press, 1962, pp. 102–105。保存在哈佛法学院的霍姆斯文稿中的一份霍姆斯的亲笔手稿。

爱德华·艾弗里(Edward Avery, 1828—1896)是萨福克律协的负责人之一,因精于陪审团审判的高超技艺而闻名,也是一位民主党中声名显赫的人物。伊拉斯塔斯·沃辛顿(Erastus Worthington, 1828—1898)担任诺福克郡法院书记官三十年。像此前他的父亲一样,他也是一位博古通今的地方历史学者,还撰写了一部关于诺富克郡法院与律师的有用的历史书。——原编者注

物，而不是语词——也就是说，它甚至仅仅是部分地认识到那些无可争辩的事实，语词也只是代表那些事实的符号。我们当中，最优秀的人做得也并不完美，大多数人只是简单地传承了我们从小养成的习惯，就像植物一样机械生长。这也是一种独特的思维方式，只会赋予你个人的反应，既有所保留，也异常聪明，将过去司空见惯的东西看成理所当然。如果从他的职业道路以及少数几次与之偶然却非常令人愉悦的交谈中，我们可以从艾弗里先生身上学到一些东西的话，就可以恰当地推断出，他是我在律师界所认识的最聪明的人之一。我还可以补充一点，尽管我对他并不熟悉，但无论是在这次会议，还是以前的会议上，我都听到一些与他熟识的律协会员表达出对他强烈的个人偏好和友善，这给我留下了深刻印象。

  在我担任法官超过十五年的大部分时间里，沃辛顿先生一直担任法院的书记官。然而，鉴于事务的偶然性，在这一整个时间段里，我几乎没有遇见过他。曾经有一次在法庭上，我瞥见他是一个危险的对手，但也只是瞥了一眼。因此，我对他几乎没有什么个人印象，而个人的印象和判断才是据以证明言论之正当性的理由。我相信他应该是一个超人。我认识到了他热情的能量。我意识到了他并不是那种个性被抹掉一半的人，而我们都是有太多个性的人。当想到我们国家的未来时，我并不担心国家的机构，只要我可以确切地感受到，国家将会创设一个受过良好教养的种族——一个由勇敢的且固执己见的人构成的种族，他们偶尔也会变得很狂野。沃辛顿先生，我对他的了解还不够，他之所以是给我未来带来希望的人，是因为他证明了我们依然可以从古老的北方佬的压力中塑造出一种恰切的人物典型——纯粹的诚实，勇敢，专注，就像一个人应该让自己的意志占据主导地位，同时又总是将自己的意志投向他在灵魂深处相信是正确的目标。

  令人欣慰的是，艾弗里先生和沃辛顿先生留下了继任者，他们继承了父辈们在法庭上的善意和友善——如果没有付出劳作,就无法传承这样的善意和友善。

兄弟们——我们从"不知道从哪里来"的险境走进"不知道到哪里去"的深渊,当我们每一个人依次离开光亮时,总会有爱他的人发出呼喊,然后巨大的沉寂再次袭来。教会明智地为那些众所周知的至高之事准备好礼拜仪式,然后据以用普遍的方式解决普遍性问题。我们没有这样可以随意提供的服务。我们也没有军队在埋葬死去的士兵时奏唱的挽歌和枪声。我们在这里——几个人在一个房间里,无人帮助,只是暂停下来,审视面前最伟大的事实,致敬死者,然后像士兵一样重返前线,参加战斗,直到我们跟上我们的兄弟们。我们纪念的这两个人,都是一直在战斗的人,因而帮助教会我们如何进行战斗——帮助我们记住,当战争开始时,任何事由都是恰当的,生命就是战争,人在战争中的作用应该是坚强。我们不该很快忘记他们,我们应该努力恪尽职守。

你们提出的决议,将被载入法院的记录。

法院现在休庭。

第 38 篇

艾伯特·维恩·戴西*

在一次塔文俱乐部晚宴上的发言,1898 年 11 月 4 日

三十多年前,两个年轻的英国人来到美国,从那时起,英格兰就出现了许多关于他们的传闻。一个是詹姆斯·布赖斯(James Bryce)先生,至少我们都非常熟悉他的名字。另一个就是我们今晚欢迎的这位客人。从那时起,我就和他们两人开始了一份友谊,这份友谊一直温暖而诚挚地持续至今。因此,令我高兴的是,俱乐部对我这位高贵的朋友给予盛情款待。令我高兴的是,作为一种并不经常出现的补偿,一个如此致力于艺术的社团,应该间或地向法律界致敬,因为它会经常向法律界索取支持艺术的颂扬。

生活中,没有什么更能吸引我——在由各行各业的人构成的俱乐部里,也没有什么更能吸引我——除了在有不同追求的人中,彼此之间近乎刻意为之的含混其辞。如果我可以冒昧地说,这样的特立独行就是艺术家

---

* 选自 Mark DeWolfe Howe, ed., *The Occasional Speeches of Justice Oliver Wendell Holmes*, Cambridge, Massachusetts: The Belknap Press, 1962, pp. 106–108。保存在哈佛法学院的霍姆斯文稿中的一份霍姆斯的亲笔手稿。

特有的标志。画家、音乐家或者诗人,对商人或者律师无话可说,而敬意有时也会得到回报。如果一个人认为,他的兴趣在于美、和谐,或者表达不可言说的东西,而另一个人则认为,自己的兴趣在于金钱、法律或者抽象的真理,那么,两个人都会觉得他们之间存在着一道鸿沟。然而,实际上,所有人的兴趣都是一致的。人的兴趣,不在于金钱、美或真理,而在于对金钱、美或真理的追求。所有的人都会体验到同样的生命愉悦——生命的一大乐趣和目标——也就是,无论运用什么样的方法,他们都能意识到自己天然的能量,并且将其释放出来。不止如此。在他们的活动中,存在着一种智识因素,就此而言,那个伟大的根基——隐藏在权力的诸般表象背后,与之相比,想像力,那个言过其实的词,显得有些肤浅——完全是这样一个词:洞察力。它可能是对某一景观的重要特征的洞察;它可能是对人类历史的伟大脉络的洞察;它可能是对大量经济事实与人的想象之间的相互作用的洞察;它可能是对个人性格的洞察——但说到底,总归是对完全一样的超凡天赋的洞察。

因此,那些在某些方面表现出自己杰出天赋的人,自然而然、恰如其分地向在另一方面呈现其杰出天赋的人——不是当作陌生人,还是看成兄弟——表示敬意。

我不想过高地赞扬我的朋友戴西,因为有几个我们存在分歧的小问题,对此,当然是他错了。但是,他创作了一些优质的高尚作品,并以一种全新的形式创作了那些作品。他比其他任何人都更多地将其引入了当代法律作家中流行的时尚之中。

哈佛大学因曾经得到过他的指导而表示祝贺,波士顿的居民因有机会聆听根据他的研究提出的更普遍的观点而值得庆贺,而俱乐部则因我们与最快乐的人和最杰出的健谈者之间的个人会面而值得庆祝。

第 39 篇

科学中的法律与法律中的科学[*]

在纽约州律师协会年会上发表的演讲，

1899 年 1 月 17 日

时尚的法则即生命的法则。人类兴趣的波峰始终是流动变化的，就对一百年前的文学、音乐、绘画特征或者风格的伟大而深刻的认知而言，若能确信此时它们不再那么深刻，便已足够了。我愿意推论认为，艺术家与诗人不会就永恒问题庸人自扰，他们若能激发起一代人的情感，便可获得更大的满足，然而，这并不是我的主题。在我看来，更应该提及的是，我对艺术的评价，在关于智识问题的可能限度内是真实的。当我们谈及对事物的解释时，我们意指为何？一百年前，人们通过表明他们对特定目的的适当性，以及证明他们依据神学体系将之设定为终极原因的事物，解释了构成宇宙的任何一个部分。在当前科学优于神学的时代，我们通过追寻其始于某一预设起点的成长和发展的次序与过程，来解

---

[*] Oliver Wendell Holmes, *Law in Science and Science in law*, 12 Harvard Law Review 443–463 (1899).

释某一客体。

这一历史解释的过程,已经非常成功且异常热切地被应用于我们的专业问题,特别是近些年来,还伴随着这样一种情感,即当你们坚持这一真实的历史信条时,你们就已经——不仅是现在,而且对紧接的未来而言——掌握了永不过时的话语,在此之前,我已经确定拒绝了下述警告,即历史的延续只是一种必然,而不是责任。只要立法机构想要废除一个简单契约的对价条件,在没有极度轻视历史延续性的情况下,如果它认为那样做是明智之举,那就可以完全自由地废除对价条件。历史的延续性,恰恰限制了我们想象的可能性,同时又界定了我们将被迫据以思考的术语。

历史解释有两个方向或两个方面:一个是具体实践的,另一个则是抽象科学的。我绝不是想与诸位分享那种从遥远的实践中寻找哲学以及具有哲学上的正当性的道德。我并不认为,我们必须要证明我们以社会福利为动机的追求的正当性。如果我们能够自我满足于我们的追求有益于社会,或者至少无害于社会,那么,我认为,就像作为其自身之目的的艺术一样,我们可以为了追求快乐及其结果而追求科学。我与那位剑桥数学家对他的下述定理的赞许略有同感,"该定理的全部优点在于,它绝不可能是由那些因任何事对任何人的丝毫用益所构成的"。我认为,人的诸多荣耀之一在于,他既没有播种,没有织衣,也没有创造其他经济手段,以维持和增加其他播种者和纺织者接着可能增加的收益等,而恰恰相反,他将其一部分经济手段用于非经济的目的——也是他从自身之中而非他处寻找的目的。在生产食品和衣服一段时间后,他便不再生产,而是去看演出,或者画一幅画,或者追问一些关于宇宙的无法回答的问题,从而愉悦地消耗这个世界的一部分食品和衣服,尽管他仅仅虚度了这段完全值得的时间。

若用这种方式思考,你们就能欣然理解我为什么认为关注法律学说史的学生不应局限于既定的实践目的。如果将法律仅仅视为一份伟大的人类学文献并加以研究,那将是十分恰当的。通过诉诸法律来揭示何种社会理想有足够的影响力以实现最终的表达形式,或者揭示诸多世纪以来在诸多占据支配地位的理想中发生了何种变迁,这是恰当的。将法律作为一种在人类观念的形态与变迁中的实践来加以研究,这是恰当的。在最严格的意义上,这种追求此类目的的研究就成为了科学。谁会面对经由祭司的真理标准[①]、神判的奇迹、士兵的战争、决斗的战场而至民主的陪审团裁决的变迁而了无兴趣呢! 或许,鉴于无需陪审团审判的案件日益增多,我还可以补充一个晚近的变迁——一个受过训练的人据以做出判断的商业与理性标准。

至今也只有少数人意识到我称之为流行法则的重大变迁甚至如何在道德王国中盛行起来。前几天,我正在阅读布拉德福德的历史——巴雅德(Bayard)先生作为礼物从朗伯斯(Lambeth)[②]送至马萨诸塞州议院的一本书——当读到该书详细描述一个人因某一罪行而被用恐怖的仪式执行死刑时,我被深深地震撼了,当然,依据法令全书,那是一项严重的罪行,但在法庭上却不再经常听到,并且许多人则认为,这仅仅是依据正常人的厌恶而施予的最好惩罚,而只有少数人认为,这一罪行仅仅是一种主要是病理学家对其感兴趣的心理学上的异常行为。同样在该部书中,我发现,是那些牧师担任法律的最终诠释者,并且旁征博引地论证:那种我们现在将之视为仅仅需要医生建议而非其他约束的行为,属于应受死刑惩罚且应通过探究被告的良知而查明的犯罪行为,尽管在商讨之后,他们认为,应当为国家庆典保留此类严酷刑罚。

可以进行一种不太令人厌恶且较少暴力的比较,当我们在那些古

[①] 我没有忘记,废除了神判(the ordeal)的正是教会。——作者原注
[②] 通常意指伦敦的坎特伯雷大主教的官邸。——译者注

老的书籍中读到,某人的义务在于从事一项依据要求和运用合理技能来完成工作的普通职业时,我们可以看到,这位先生处于控制地位,并且打算为了他的方便而让普通人维系这一标记。我们认识到这种命令的语气,在我们这个时代,这种命令语气却变换了方位,经常可以从酒店职员而不是从顾客那里听到。

我曾经谈及对人类法律观念的形态与变迁的科学研究,或许这种观念并未令你们所有人留下熟悉的印象。我觉得从未有人系统地进行过这种研究,但我可以举出一些曾在我的著作中提到的例证,或许我现在可以通过阐释来提及一些(据我所知)其他作者尚未探究的例证。在《萨利克法典》①——萨利克法兰克人的法律——中,你们可以追溯至公元 5 世纪,发现一个非常神秘的人,后来②被命名为萨尔曼——商人——在特定情况下被请来帮助完成财产交易的第三人。赠与人赋予他一个象征性的权杖,而他在适当时候可以庄严的形式将之交付给受赠人。如果我们可以相信达雷斯特(Dareste)先生并采用间接信息(丰富的错误之源),那么,看起来对第三人的类似使用似乎也为埃及人和其他古代民族所熟知。但能确定的是,我们可以发现迄至现代英格兰仍用于不动产交易的同一形式。我敢说,关于向领地的领主或管理者奇怪地交付一柄权杖(作为向他人转让经过登记的土地的第一步),你们当中许多人面临着和我做法律学生时一样的困惑。正如维诺格拉道夫(Vinogradoff)先生在其关于英格兰隶奴的著作中最后所提及的,这实际上仅仅是《萨利克法典》古老形式的遗迹。在那里,你们可以从《萨利克法典》的原初形态中看到萨利克人的行为方式。但是,我希望引起你们关注的是它经历的变迁。对[庄园]管理人的返还被表述为购买者或受赠人的使用。现在,尽管凯内尔姆·迪格

---

① Merkel, ch.46.
② A.D. 1108, Beseler, 263, n.

比(Kenelm Digby)先生在《不动产法律史》(History of the Law of Real Property)中提醒我们这与用益权学说无关,但我依然冒昧地认为,此种用益权学说从博学的德国人对萨尔曼在欧洲大陆发展情况的研究中获得了收益。我此前曾表明,萨尔曼在英格兰变成了用益权的受托人,因而当萨尔曼接受不动产返还时,他与庄园管理人之间的关系是显而易见的。但是,遗嘱执行人最初只是用益权的受托人。继承人就是偿付祖先债务并取得其财产的人。遗嘱执行人并不处于继承人的地位,而是完全代表处分个人财产并承担责任的立遗嘱人,直到布雷克顿撰写了关于英格兰法的伟大著述之后。无疑,正如花不同于叶,颅骨不同于脊椎,就我们所知,遗嘱执行人早已远离了它的原型——《萨利克法典》中的萨尔曼。我承认,诸如此类的演化令我兴趣盎然,不仅对其本身,而且作为一种你们透过法律所见之图景——人类原初观念的缺失,以及人类从初始状态至文明生活的复杂与人为概念的缓慢而曲折的行为方式——的例证。这就像是表现为其他形式无甚价值的自然的非创造性,没有什么味道、色彩或表征,也没有什么构成要素,沿着同样缓慢的从复合物至复合物的方式运作,直到极其复杂的合成物(我们称之为有机生命)的深刻印象使它们表面看来呈现出不同于它们所源自的那些构成要素,特别是当处在与其直接对立的相反方向时。

在一本我多年以前出版的书中,我曾经试图确立另外一个关于观念的形成与变迁的例证。古代法体现了对任何直接伤害来源的仇恨,这源于观念与不完整分析的结合,蕴含在针对动物与无生命物的诉讼程序以及致害物所有者据以提交该致害物并免于任何其他责任的损害投偿之中。我试图说明,我们现代的所有者对他的动物以及主人对他的仆人在其雇用范围内的责任,船舶所有者依据允许他们提交其船舶而免责的法律而应承担的有限责任,以及1842年英国财政法院据以宣布没收一台蒸气机的奇怪的赎罪奉献物法,至少部分地来自于这种原始的观念来源。① 我不得不在稍后指出,它在契约的发展过程中同样也发挥了某种作用。

诸如此类的例证引导我们超越了观念的转变,进入我们更具一般意义的法律概念的更宽泛的成长领域。我们在此一有意识的思想与行动的范围内的进化,并不亚于在较低级的有机进化阶段的进化,但又是一种必须在其自身领域加以研究的进化。我敢说,此项研究尚未完成。以契约的起源为例。自 1875 年索姆发表《婚姻权利》(Das Recht der Eheschliessung)一文以来,有一种单身观点经过略微修改后占据了优势。但是,时尚,无论在科学领域还是在其他领域,都是强劲而有力的,不是因为索姆突破了他的前辈们,并且不大可能出现一个将会对其产生影响的后继者。索姆遵循了一种先是(我认为是)由萨维尼阐明、随后又由梅因在《古代法》一书中使之举世闻名的思想,然后从中止销售中发现了契约的起源。在晚近的法律中,普通法上的债,表达了这样的思想,并且发现债务人承认对债权人负担的对价。据此,经过一个由不同作者的不同构想而成的过程,就形成了正式契约——《萨利克法典》的"象征缔结契约的正式行为"②——即我们所熟知的契约条款。此种二分法穷尽了这一问题。我并不认为,这样的解释无法被证明是终局的、正确的,但还有其他一些我想要以一种较为概括的方式提出的考量因素。我们不一定要和索姆一起假设,他的法兰克人祖先的头脑中有那么一套理论。该种假设的结果是,引出更进一步的假设,虽然是静默的,但却能感觉到它就在那里——某一种

---

① Regina v. Eastern Counties Railway Co., 10 M. & W. 59.
② 象征缔结契约的正式行为(fides facta),在法兰克人的法律中,以交付树枝作为正式缔结契约的象征。例如,在封地授予仪式上,通过交付象征权利的树枝或者木棍来表示土地权利的转让已经完成。参见薛波主编:《元照英美法律词典》,北京大学出版社 2013 年版,第 549 页、第 559 页。——译者注

契约理论从一开始就在那里,只要你能发现它是什么。在我看来,可以很好地认识到,从一开始就根本没有懂理论的人,也没有那种对契约的归纳概括。他们从特别案例开始,甚至在已经开始归纳概括时,他们也时常与稍晚一点的终局概括相去甚远。迄至本世纪,就像你们从蒂德(Tidd)的《约定俗成》或者布莱克斯通那里[《英格兰法释义》]所看到的①,通过列举方式来描述约因的内容,只是在最近几年,才凝练出对损害受约人的一般表达。同样地,在过去,寄托止是寄托,直到现代才有了更多的意涵。它以前也不是契约。同样地,在过去,担保仅是担保,不过是法律赋予卖方的一项义务,仅此而已。② 信托至今仍止是信托,尽管按照正统说法,信托仅仅是创设了一项个人债务。

  好吧,我已经在其他地方提醒大家注意这样一个事实,即以交付人质为线索,可以追溯到普通法历史的起源,就像追溯买卖一样,从人质中衍生出了担保人,这完全独立于债或者正式契约的形成。按照一个据其起源来解释的似非而是的推论,在早期法律中,经常出现没有主订约人的担保人,如果作为唯一受到约束的当事人,担保人的债务为其他类型的担保提供了类比,那么,我们就永远都不会有约因理论。如果根据从买卖中形成的法律类比来规范其他类型的担保,那么,担保人就必须要么是收到了对价,要么是签订了封印契约。竞争思想之间存在着冲突,因而,随着商业逐渐替代战争,买卖交易中的儿童便将作为人质的儿童逐出了战场。在爱德华三世时期,人们决定,如果没有封印契约,提保人就不受约束,除非在某些特定的城市中,当地的习俗依然维系着古代的法律。同样地,土地的担保也要

---

① 1 Tidd, ch. 1; 2 Bl. Comm. 444, 445.
② Glanv. x, ch. 15; Bracton, 151; 1 Löning, Vertragsbruch, §14, p. 103; cf. Sohm, Inst. Rom. Law, §46, §11, n. 7.

求,进而变成一种封印契约,虽然对于动产买卖的所有权担保仍然保留着自身古老的特征,只可惜现在也被当成了一种契约。①

但是,人质并不是唯一争夺主导地位的竞争者。宣誓②也同样可以追溯我们民族悠远的历史。③ 宣誓的起点不一样,并且,如果暂不讨论可能存在的制裁差异,它或许可以涵盖整个承诺领域。证人如果违反自己承诺的誓言,至今仍然会以伪证罪论处,而且,以前陪审团如果被判定类似罪行的话,也会被施予严厉的处罚,例如褫夺法权。④ 庄严仪式的使用有许多其他目的,例如,教会就有自己的方式,宣誓——在与之近似的约誓的辅助下——极有可能会达到目的。在亨利三世时期,诚信、宣誓和文书——也是一种封印契约,都是民众普遍熟知的承诺形式。在结婚仪式上,众所周知,男人许诺的诚信或者约誓依然普遍适用,与此同时,教会法庭则声称对约誓和宣誓同样拥有管辖权。我曾经在其他地方提醒大家注意,早期的宗教大法官有一些细微的倾向,意图在其他的法院继续享有教会的管辖权,并且强制施行古老的债务形式。埃姆斯教授对我的观点提出了反驳,但我不能不认为这非常有意义,直到后来,我们仍然可以发现,教会法院用神罚来惩罚违反诚信或者违背承诺的誓言。我们知道,曾经存在一种普遍适用的特定形式的承诺,并且由神职人员在他们自己的宗教法庭上负责执行,这时,即便是微少的证据也足以使我们相信,在一个同样由神职人员主

---

① Y. B., 13 & 14 Ed. III. 80.
② 宣誓(oath),指向神、上帝或者令人尊敬的人或物庄严表示某人的陈述是真实的,或者某人将遵守自己的承诺。如果陈述是不真实的,或者违背了承诺,宣誓人必将受到惩罚。因此,宣誓的法律效果就是,如果陈述人的陈述是虚假的,将因其伪证行为而受到惩罚。参见薛波主编:《元照英美法词典》,北京大学出版社2013年版,第990页。——译者注
③ Cæsar, B. G., iv, 11; Ammianus Marcellinus, xvii, 1, 13, jurantes conceptis *ritu patrio verbis*.
④ Bracton, 292 *b*。褫夺法权(attaint),根据古代英格兰法,陪审员也被当作证人;如果大陪审团的裁断与小陪审团的裁断相反,不仅小陪审团的裁断会被撤销,而且陪审团成员还会丧失民事权利并受到其他惩罚。参见薛波主编:《元照英美法词典》,北京大学出版社2013年版,第114页。——译者注

持的、没有自己的实体法的新法庭上，或许始终保留着有效执行承诺的观念，特别是考虑到市民权对教会的限制。但是，宣誓和约誓，除了作为一种间或的庄严仪式之外，没能在世俗的法庭上保存下来，而我之所以提到它们，只是为了呈现出一个鲜活的例证，旨在证明诸般竞争思想之间的生命竞争，以及强者赢得最终的胜利和生存。在胜利之后，关于契约和债务的法律依然存续，以众所周知的方式巩固和发展它们的帝国，直到因新的竞争对手——简式合约——的兴起而失去了一些原有的权力与威望。

还有其他一些种子，虽然在早期的法律中被弃置一旁，现在或许会被称为契约关系的萌芽，例如歃血盟约，人们通过歃血盟约将他们连结在一起，或者通过饮食新宰动物的血肉而使他们合成一体。这便是家族关系之拟制，恰如埃杜维人①据以表征他们与罗马人的联盟。② 也许是从这样的联系中意识到，我觉得，教会贡奉③或者早期日耳曼人的监护就是我们现代保证制度的起源，尽管——如我所言——担保人（制度）有不同的起源。我之所以提到这些，只是为了进一步澄清我刚才提到的诸般竞争的思想与形式之间适者生存的竞争。在一些事例中，被征服的竞争者已经消逝。在一些事例中，他们变成了征服者的仆人，而在形式和表相上，仅仅是一个关于封印契约或者简式合约的例证。

另一个重要问题是，在各种债务具结立保之后，如何赋予其约束力。违背誓言当然会引起神灵的不悦。或许恰如所料，我们从其他一些案例中发现有迹象表明，那些属于更原始类型的责任已经延伸适

---

① 埃杜维人（Aedui）是一个属于凯尔特人的部落，曾经居住在高卢北部的索恩河与卢瓦河之间；在恺撒时代，他们保持着与罗马人的友好交往，甚至互称"兄弟"。——译者注
② Strabo, iv, 32.
③ 教会贡奉（*mundium*），在法国古代法中，是指由教会或者修道院交给其所属领域的辩护官和主教代理官的贡品，以作为接受其保护的对价。——译者注

用到替代法律承认的新方案上。在罗马法中,未予支付购买价款,似乎可以根据盗窃之法律类比适用。在世界各地,都可以看到债务奴役,表面看来,此一情况所支持的似乎并不是我们首先想到的纯粹实践层面的考量,而是一种类似于交出侵权行为致害人身体的损害投偿观念。有诸多证据表明,在我们自己的法律从中演化而来的法律体系中,各种不同的早期契约都含有为缔约当事人提供保证的观念——我们也可以从对债务人身体的扣押或者分割的极端形式中看到这样的观念①,而且此一观念似乎还出现在"债务人天然负债"这样的格言中。

我并不打算依次追溯我们每一个法律部门的发展历程,但是,如果转向我们所关注的侵权法,或许比契约法——赫伯特·斯宾塞先生以整合之名令其众所周之的另外一个进化过程——更为显著。侵权行为的第一阶段几乎不包括那些简单的暴力行为,在这一阶段里,对于人命、伤害或重伤、纵火等行为的诉求已经取代了自助行为,应该会被称为侵害之诉的变体所替代。但是,当间接侵害之诉将那些为现代法律所熟悉的书面诽谤、口头诽谤以及所有其他不当行为引入民事法庭时,诸多世纪以来,每一种公认的侵权行为都有其独特的历史、自身的先例,据我所知,没有人会认为,那些不同的责任案件在整个历程中实际受到——或者应该受到——同样原则的支配规范。正如贾杰德(Jaggard)先生在该书序言中所言,"将《侵权行为》一书当作一个清晰独立的主题,在几年以前,还是一件令人啼笑皆非的事情"。你们可以通过比较希利亚德(Hilliard)的《侵权行为》——该书用连续几章列举了意图伤害与殴击、书面诽谤与口头诽谤、妨害、侵害、侵占,等等——与弗雷德里克·波洛克爵士的"导言"来了解那些已经发生的变化。

---

① See, e.g., Three Metrical Romances, Camden Soc. 1842, introd. Page xxvi and cantos xii & xxii; Bocccaccio, Bohn's tr. Page 444 n., referring to an old English ballad.

波洛克在"导言"中指出,他的书的目的"是要表明,确实存在着一部侵权行为法,而不仅仅是一些关于各种不同的侵权行为的法律规则,这是一个真正有生命力的普通法的分支,而不是一个形形色色的事例混杂的集合"。或许,可以胆地说,这样的整合是完备的,并没有在某些部分受到偏好的影响。在我看来,近来在上议院引起诸多讨论的"艾伦诉弗勒德案"(*Allen v. Flood*)表明,在老一辈甚至是有能力、有学问的人看来,责任的基础在某种程度上依然悬而未决,而传统与列举在当前仍然是最优的指南。然而,我毫不怀疑,归纳概括原则之所以将会占据优势,就像归纳概括实际上经常占据优势,甚至领先于证据,是因为它会带来心情的舒畅和慰藉。

任何一个和我一样思考世界的人,都不需要证明对世界任何一个部分的科学研究与对任何其他部分的研究具有同样的兴趣。如果我所举的例子还不足以阐明这样的兴趣,那么,我说的再多也没有用,因而我将转向我的主题的另一部分。但是,先让我再补充一句。从事对法律的科学研究之人,不仅仅是书斋里的人。为了从微观视角观察细节,他必须整合成一种洞察力,这种洞察力会告诉他哪些细节是至关重要的。真正有影响力的,不是每一个可以从事精确研究的人,而是可以将研究导向关键问题的人。但是,我怀疑,是否有那么一种比伟大的抽象思想家更高尚的生命形式,沉浸在全心致力其中的对问题的成功研究里,并不是为了某种无私或者自私——在那些语词的通常意义上——的目的,而仅仅是为了满足灵魂深处的深切渴求,发挥精神品性的伟大天赋。

然而,毕竟一个能完全发挥其全部能量的地方,就是奋斗。教授,学者,放弃了一半的生命,为了让其受到呵护的才华得以安静生长,然后开花结果。但是,如果为了行动的目的,对一个现实问题冒险做出决定,就要激发出你全部的天性。我相信我已经表明,我欣赏迄今我所讲过的东西,就好像它是法律的科学研究的唯一形式,当然,和其他人一样,我也认为,此一主题的主要目的都是实践性的,从实用的视角来看,迄今我所谈到的历史,仅仅是一种掌握工具的手段,而且是其中最起码的手段之一。从实用的视角来看,就像我在另外一个场合所阐明的,法律的科学研究(历史)的运用,主要方面是消极的和怀疑的。它或许可以帮助我们了解某一学说的真实界限,但它的首要益处在于打破那些言过其实的夸张解释。每个人都会本能地意识到,当前,已经无法从我们父辈始终遵循法律的事实中寻找法律之于我们的正当性。法律只是为了达到共同体的统治力量决心想要实现的某种目的而提供某种帮助,我们只得在这样的帮助中寻找法律之于我们的正当性。当一位律师看到一个现行的法律规则时,他很容易就会编造——如果他没发现——一些作为法律规则基础的政策依据。然而,事实上,有些规则仅仅是法律残留的痕迹。还有许多规则可能是不同的,历史是我们衡量统治力量的手段,也可以说,正是凭借这样的力量,过去通过强制施行不再符合其初始目的的传统,不由自主地统治着现在。历史既能赋予我们自由,也可以使我们冷静地判断,当残存的规则不再适应旧的目的时,我们强制施行这样的规则能否满足新的目的。尽管我一直在进行比较,但法律的实践研究,也应该是科学的。真正的法律科学,主要不是源于教义的神学研究,或者像数学那样的逻辑推演,或者仅仅是一种从外部[观察者的]视角对人类学文献的研究;更重要的是,证实那些从内部[参与者的]视角对可以准确度量的社会欲求——而不是传统——的前提预设。我现在想要讲的就是后者,先举一两个借助历史清扫垃圾的例子——也是源于我自身经验的细节实例。

去年秋天,我们法院不得不考量这样一个问题,即根据哪些理由,可以采信一名被强暴的女人据以提出全新诉求的证据,纳入指控强奸的政府案件。所有人都同意,允许证人利用在没有宣誓的情况下、在其他地方说过同样的话来证实案件事实,仅仅是一般证据规则的例外情况,除非在特殊情况下可能遭到对方当事人的反驳。然而,也有例外,几乎与规则一样确定,法院与律师一旦发现有应得认可的法律,就会着手运用他们的智慧来对其加以解释。我们得知,此种暴行如此严重,以至于人们会自然而然地推定良家妇女会在第一个合适的时机揭露暴行。我承认,我认为这大概是可以做出如此推定的最后一种犯罪,一个被偷窃的或者沦为谋杀未遂的受害者的男人,或许比一个敏感的女人更有可能揭露那段可怕的经历。如果我们探究历史,无需太过久远,只是在黑尔(Hale)的《国王之诉》①中便可先找到这样的学说,那么,我们就会得到真正的理由和简单的真相。在对强奸的指控中,对该涉案女人来说,第一步就是要高声呼喊。② 在陈述此一事实后,黑尔爵士接着提出,在对同一罪行的指控中,该女人可以作证,如果她提出新的诉求,并追诉该罪犯,那么,她的证词将会得到验证。这就是再一次高声呼喊。那时,几乎没有什么证据规则。后来,我们的证据法才得以系统化并逐渐发达。然而,由于黑尔爵士的权威影响,使得他的格言作为法律在此一特定案件中存续下来,与此同时,其必得据以证实的原则已经遭到了破坏。质言之,此种例外是一种纯粹的历史残存,除了习以为常,完全没有或者几乎很少有据以

---

① 国王之诉(Pleas of the Crown),在古代英格兰,是指国王对之拥有金钱利益的诉讼,如在刑事诉讼中课以罚金等;刑事诉讼是国王之诉的重要组成部分,因为除了对极少数特别严重的犯罪要处以身体刑外,大部分犯罪都可处以罚金。诺曼时代,对"国王之诉"给予了明确界定,不仅指国王对之享有金钱利益的诉讼,也指针对国王的犯罪行为,格兰维尔列举了此类犯罪的种类:叛逆、违反和平、杀人、放火、抢劫、强奸、伪造王玺或货币等。此外,盗窃罪在某些郡也属于国王之诉。国王之诉均由王座法院管辖,区别于郡法院管辖的郡长之诉以及普通的民事诉讼。参见薛波主编:《元照英美法词典》,北京大学出版社2013年版,第1059页。——译者注

② 高声呼喊(hue and cry),在早期英格兰的法律中,有一条重要规则,即当发生抢劫或者其他重罪时,犯罪发生地的百户邑居民有义务高声呼喊民众追捕罪犯,并在40日内将罪犯抓获;否则,他们应负责赔偿受害者的损失或者被处以罚金。参见薛波主编:《元照英美法词典》,北京大学出版社2013年版,第652页。——译者注

支持它的理由。①

在一起略早一点的案例②中,我尝试说明,从一开始,侵害原则就在涉及一项原始证据规则的特定类型案件中以类似方式存续下来,该项证据规则根据法律推定从后果行为中判定行为意图,后来,该项规则支离破碎,作为一个整体被遗忘殆尽。自该案判决以来,埃姆斯教授提出了一些建议,这些建议可能会、也可能不会修改或者扩大我的观点,但同样使该原则得以存续,尽管理由早已消失不见。

在"布劳尔诉费希尔案"(*Brower v. Fisher*)③中,被告是一名聋哑人,他将不动产和个人财产转让给了原告,并且获得了一项责令原告支付价款的判决。原告提起诉讼,请求查明该财产转让是否合法,并获得了一项诉讼中暂缓执行判决的禁令。根据原告的诉求,[法院]发出了一份精神鉴定委托,旨在查明被告精神是否健全。鉴定结果显示,被告精神健全,除非他天生聋哑的事实使其精神不健全。于是,肯特大法官驳回了该案诉求,但裁定该项调查公道合理,故而不收取任何费用。英格兰的历史文献充分证实了他的观点;为什么呢?历史再一次给我们提供了真实的理由。罗马法非常恰当地规定,哑巴乃至于聋子不得缔结所谓的要式口头契约,因为该契约的实质是一个正式问答,而哑巴无法说话,聋子也无法聆听。布雷克顿援引了罗马法,并且重申了那些真实的理由,即哑巴和聋子无法表达同意的意思;但也表明,由于暗示或许可以通过手势或者书写来表达,他也无法理解承诺的意义。弗莱塔援引了布雷克顿,但看起来,他似乎是认为问题在于哑巴和聋子不具备表达同意想法的能力,因而,根据罗马法的解释,该项规则不适用于只是听力存在障碍的人,弗莱塔似乎认为,这实际上

---

① *Commonwealth v. Cleary*, 172 Mass. 172.
② *Commonwealth v. Rubin*, 165 Mass. 453.
③ 4 Johns. Ch. 441.

表明了天生聋哑人与后天聋哑人之间的差别。① 在珀金斯(Perkins)的《利图论》中,对于这一点进行了改进,要求这个人必须是天生的盲人、聋子、哑巴,随之衍生出这样的理由,即"天生失明、失聪、失语的人,因无法拥有理解力,故而不得赠与或者转让"②。在伍德(Wood)大法官主审的一起案件③中,强判断力占据了主导,并且规定,在涉及聋哑人的情况下,对精神健全的推定没有例外。

其他一些案件,我认为都被做了夸大的、不真实的解释,一触及历史便会崩塌,这些案件涉及主人对仆人在雇佣期间的侵权行为而负担的责任,之前我也提到过,迄今为止,我认为始终没能为其找到一个合理的支点;公共承运人的责任,在我看来,是另外一种源于早期法律中受托人绝对责任的变形残存,与我提到过的那些从事公共职业者的责任存在交叉。我希望,这些例子足以表明我的意思,并且指出,无论我们从法律中找到了怎样的既有规定,为之随意编造理由都是危险的。这些例子引发了我对其他一些问题的整体思考,在思考过程中,历史没有发挥作用,或者发挥了微不足道的作用,但我的目的是为了表明法律制定的实质过程,以及存疑案件判决的真实意义,因此,就像我之前说过的,旨在帮助用科学的基础替代空洞的语词。

在从不真实的解释到不真实的规则和不充分的概括后,我还会提及与目前我们不得不应对的问题特别相关的一两个例子。我想到的第一个例证,尤其是基于刚才我所说的,是由另外一个关于时尚力量的例子引出来的。当看到一种学说、一种歧视甚至一句话,如何在一两年间风靡整个英语世界时,我对人的盲从倍感震惊。最近,我们不是都快被"损害不及同意者"和大法官鲍温爵士(Lord Justice

---

① But see C. 6, 22, 10.
② Pl. 25; Co. Lit. 42 *b*.
③ Harrod v. Harrod, 1 K. & J. 4, 9.

Bowen)关于是"同意"而不是"科学"的说法烦死了吗？如果你们发现在哪一个州的判例汇编中没有重复使用的格言及其限定条件,我都会对其表示赞赏。我要惭愧地说,我和其他人一样都是负有罪过的。我们每一天都在承担冒险的后果——直到几年前,我们才听到这样的说法——难道不是吗？我们时常会受到邀请,然后身陷困境——即便不是此刻在这里的大多数人,在许多人的记忆中,这已经变成了一种时尚——难道不是吗？上帝禁止我利用一种(因为是新的)说法,或者无论基于什么理由,利用上次提到的说法来找麻烦！法官通常都是年长之人,一看到自己不习惯的或者扰乱宁静思绪的分析,他们多半都会讨厌,而不是热爱新鲜事物。每一个鲜活的语句,只要足以表明一种对自身有影响的思想,都是值得接纳的。我正在谈论的,不是对那些不恰当的警句格言的第一次使用,而是令人厌烦的反复运用——那些语句原本应该发挥重要的作用,却因它们太过贴切,而将更进一步的分析延迟了五十年。这与厌恶新奇事物——知识分子的懒散或者懦弱——同出一源,都属于一种在对精确严谨的永恒追求中的懈怠。

教育的成长是测量知识的增长。为了使用适于逻辑和科学解释的语词,就要用定量判断代替定性判断。如果是对一件艺术品进行评鉴,在一个完全凭感知、从未受到专业训练的人与一位从事专门工作的评论家之间的差异,便足以表明我的想法。在看到一座雕像时,第一个人会说"它很奇怪",这只是一个定性判断;第二个人会说"那座雕像太高了,不是正常高度",他的判断就是定量判断。在聆听贝多芬的《第九交响曲》时,第一个人会说"多么绚丽的喷薄而出的阳光啊！"——第二个人会说"是的,将第三大调放在那段的想法,美妙绝伦,不是吗？"同样地,在法律领域中,我们也只是偶尔才会做出绝对终局的、定量的决定,因为彼此竞争的社会目的分别要求支持原告或者被告的判断,而那些社会目的的价值无法简化成计数和精准定位。价值,也就是竞争欲望的强弱程度,随着时代理想的变化而变化,如果欲望是恒定的,那么,我们就不可能超越此大彼小的相对判定。但是,我们应该尽可能做到精准,这才是进步的本质。现在,再来谈一谈诸如"自担风险"和"损害不及同意者"这样的表达,如果这样的表达第一次从伶牙俐齿中说出来,仅就这一次而言,是很好的,但是,我反对将这样的表达作为公认的法律定理反复运用,理由是,它们不代表终局分析,而只是用华丽的修辞回避困难和责任。当我们说一名工人因受雇用而自担风险时,我们的意思是,基于一些盲目感受到的或者清晰呈现在我们头脑中的一般政策理由,我们在合同中附加了一个他从未想到过的条款;在每一个案件中,真正的问题在于,那些理由是什么,以及它们的适用范围有多大?以此种形式提出的问题,显然立刻就变成了一个有待科学判定的问题,也就是,需要利用我们掌握的任何测量手段进行定量比较。当我们谈论在合同之外的自担风险时,我认为,我们只是在表达过失具有怎样的法律意义。出于这样或那样的原因,我们希望能以一种调和的方式进行表达。

在追求精准性的过程中,我们不断地计算出清晰确定的经纬或者赤道,从而将我们最先注意到的区别标记为两极的差异。从一开始就可以看出,未成年人与成年人的法律地位必定存在差异。最终,我们将二十一岁定为分界点。从一开始,在昼夜之间也存在着明显的区分。马萨诸塞州的法律,根据平均时间之判定,将日落后一小时和日出前一小时设定为分界点。如果有人发现,差异就是程度上的区分,在两个鲜明的极端之间存在一个半影区域,在这个区域内,一端逐渐变向另一端,那么,一个初学者会向你提出感到为难的问题,就是应该在什么地方划定界线,而一位经验丰富的律师则会将案件放在非常靠近界线的这边或者那边,据以说明提议划定界线的恣意性。但是,就此种关于行为的法律理论而言,之所以存在这样的界线,是因为任何可能的行为，要么是合法的，要么是非法的。由于这种差别不存在任何等级划分，所以，当适用于彼此非常接近的行为变动区间时，它就会呈现出一种恣意的样态。我们想要掩饰这种恣意性，我们想要为自己省却因细微而难以预料的区别对待而造成的麻烦。在某些特定行为领域，我们不得不先了解一下我们不知道的事实，然后才能明智地划定界线，因此，当接近分界点时，我们就会召集陪审团。从开始说我们将问题留给陪审团到说这是一个事实问题，仅仅一步之遥，并且结果是，在今天，过失不仅是一个留给陪审团的问题，还是一个事实问题，这已经成为一种普遍学说。我听说，律师强烈要求，教授冷静坚称，除了他们对劳工的不当行为之外，法院在对过失案件做出裁决，甚至在以不显眼的形式裁定没有任何足以证明存在过失的证据时，是在侵犯陪审团的职责。

另一方面，我冒昧地认为——现在，就像我二十年前就任法官之前所认为的——每当法官拒绝裁定特定行为是否存在过失时，他就是公开承认无力阐明法律，并且将细微问题留给陪审团的意义在于，如果法律问题非常清晰，我们就可以做出判决，因为这是我们[法官]的职责，但如果是一个疑难问题，那就最好由从大街上随意选取的十二个人来判定。如果有一个人在空旷无边的大草原上开枪，或者穿过一条他向每个方向都可以看清一千码远的铁路，那么，他就不具有过失，也就是说，他在第一种情况下免于承担法律责任，而在第二种情况下，如果他被撞倒，那么，作为法律问题，他就会因自己的行为而无法获得赔偿。如果他向人群拥挤的街道开枪，或者试图在一列时速60英里的特快列车前10英尺处穿过铁轨——假设这些是案件的全部事实——那么，他就要承担责任，或者，同样作为法律问题，他就无法获得赔偿。如果开枪的地点介于大草原与拥挤的街道之间，或者特快列车行驶到200码、100码或者50码之外，又会带来什么新的事实问题呢？我不想重复很久以前发表过的论点，主要的教科书已经或多或少地引用了那些论点。我只想坚持主张，在日常的[法律]实务中，不应该依赖虚假的理由和错误的类比。人们很容易接受"没有任何足以证明存在过失的证据"这句话，然后——就像英国上议院以及泰耶（Thayer）教授在他那令人钦佩的、显然是在这句话写完之后发表的《证据初论》（*Preliminary Treatise on Evidence*）中所推论的——据此推论认为，在种类上，此一问题与任何其他关于是否存在事实证据的问题是一样的。

当我们对过失证据做出裁判时，我们是在判定一个行为标准，我们认为各方当事人事先必定了解这一标准，从理论上讲，相同事实适用相同标准，而不是取决于某个陪审团的心血来潮或者某位律师的口若悬河。或许，我可以说，再一次回顾历史，类似的问题原本——在某种程度上至今依然——是被作为法律问题来处理的。关于恶意控告中的合理事由问题，过去和现在均是如此。① 关于婴儿用品问题，也是如此。② 关于什么是合理的问题③，也是如此——例如合理的罚款④、方便的时限⑤、适宜的时限⑥、合理的时限⑦、合理的拒绝兑付通知⑧。

---

① *Knight v. Jermin*, Cro. Eliz. 134; s.c. nom. *Knight v. German*, Cro. Eliz. 70; *Paine v. Rochester*, Cro. Eliz. 871; *Chambers v. Taylor*, Cro. Eliz. 900.［恶意控告（malicious prosecution），指没有合理根据而恶意对某人提起刑事或者民事诉讼，将以败诉告终。合理事由（probable cause），指极有可能是确实的根据，其可信程度大于怀疑、但小于确切无误。从合理调查所获知的准确无误的事实，足以使明智而审慎之人相信刑事案件的被告人犯有被指控的罪名。参见薛波主编：《元照英美法词典》，北京大学出版社2013年版，第888页、第1097页。——译者注］
② *Mackarell v. Bachelor*, Cro. Eliz. 583。关于已婚女士，参见*Manby v. Scott*, 1 Siderfin, 109, 2 Sm. L. C.。
③ *Caterall v. Marshall*, 1 Mod. 70.
④ *Hobart v. Hammond*, 4 Co. Rep. 27 b.
⑤ *Stodder v. Harvey*, Cro. Jac. 204.
⑥ *Bell v. Wardell*, Willes, 202, A.D. 1740.
⑦ *Butler v. Play*, 1 Mod. 27.
⑧ *Tindal v. Brown*, 1 T. R. 167, A. D. 1786. 在该案中，为商业票据划定了一条严格界线，并且确定了一项恣意规则。

关于契约诉讼中的间接损害①,也是如此。起初,在恶意控告中,合理事由,不是在书面陈述(declaration)中被否定,而是先由被告提出申辩,然后法院再对控告事由的充分性做出判定。著名的"韦弗诉沃德案"(Weaver v. Ward)②提出了同样适用于过失的处理方法。我引述如下:

> 正如被告声称原告在卸货时撞到了他的货物,或者详细陈述案情细节,就是为了在法庭上呈现出,造成伤害是不可避免的,并且被告对造成的伤害不存在过失。

但是,大约在上世纪中期,当行为规则因实际细节而变得异常复杂时,法院便开始将其中一些问题留给陪审团处理。然而,斯塔基(Starkie)先生这位有智慧的人没有被一些语词所蒙骗,几乎看到了那样做的理由,并且对其进行了纯粹实用意义上的区分:当案情太过特殊和复杂而无法制定一项堪当适用的一般规则时,就可以召集陪审团。但是,很显然,某一种行为标准,并不因为适用标准的事实不可能经常复现而不再是法律。

我不认为,陪审团有任何历史的或者先验的权利来判定任何一种行为标准。我认为,相反观点的逻辑是,法院对此类问题的每一项判决都是对陪审团权限的侵犯,而对于所有的法律,他们都胸有成竹。然而,我只是将此一话题当作另外一个问题,其中,语词已经替代了真正的理由;而且,我之所以竭力主张在审判过失案件时应当允许一定的路径自由,并不是因为我想要反对既有的、固定的惯例。我认为,对于斯塔基先生的理由而言,惯例或许是一种恰当的路径,因为它肯定

---

① *Hobbs v. London & Southwestern Railway*, L. R. 10 Q. B. 111, 122; *Hammond & Co. v. Bussey*, 20 Q. B. D. 79, 89; *Johnson v. Faxon*, Mass. Jan. 9, 1899.

② Hobart, 134.

是方便实用的。在许多情况下,如果不审查证据、不关注行为,任何人都不可能明智地制定一项行为标准。虽然不能因而断定如此证据即由陪审团裁处,就像立法机构是否通过某一特定法律这样的事实问题一样,但陪审团依然是一个方便实用的特别法庭,而且,如果将制定一项法律规则的证据也留给陪审团,那么,将从该证据中得出的结论也留给陪审团,似乎也是自然而然的。我承认,根据我的经验,我并没有发现陪审团为了发现真相而受到什么特别激励。我不认为陪审团能比一个明智的、训练有素的法官看得更远,或者形成一个更理智的判断。我不认为陪审团能比一个普通法官更没有偏见。实际上,我之所以相信我们将过失问题留给陪审团的做法,其中一个原因正是——从其理论上的功能视角来看——陪审团最重大的缺陷之一:陪审团会将一些——在我看来,大量——民众的偏见注入他们的裁决,从而根据社会的意愿与情感施行法律。如此论证可能有一点像多年前一位杰出的英国律师告知我据以区分出庭律师与初级律师的理由。实际上,如果想要从事法律执业,那么,就必定有人会受到诅咒,而他宁愿另有其人。

  我的目的,与其说是指出在我看来属于特定案件中的谬误,莫如说是根据诸多事例在不同的实际应用中强制要求审查那些支持我们所遵循的规则的理由,也不需要仅仅因为在此一联合体的两极之间经常使用且不断重复那些语词,就一定要符合空洞的语词形式。我们要思考的是事物,而不是语词,或者说,如果我们不想偏离现实与真相,至少要不断地将我们的语词转译成它们所代表的事实。我有时会告诉学生,法学院追求的是一种兼具启发性与逻辑性的方法,即不需要探究那些假定预设的价值,理所当然地将其当作权威,然后把逻辑作为形成结论的唯一工具。为了传授教义,这是一种必要的方法。但是,既然论证法律规则的真正理由——如果存在的话——是它有助于实现我们所欲求的社会目的,那么,那些创制和阐释法律的人,也同样必然清晰地记得那些目的。我并不期望法官会致力于革新法律,或者也不认为那是值得欲求的。那不是法官的职责。事实上,正是因为我相信,即便生活在与我们的法律存在诸多差异的法律之下,这个世界也同样会离开;也因为我认为,我们的特别法典对于尊重的要求仅仅是它存在,它是我们习以为常的法则,但我不认为它代表一个永恒的原则,所以,我迟迟不同意推翻先例,并且认为我们最重要的职责是确保司法决斗以惯常的方式进行。但是,我认为,如果出现一个疑难案件,两边存在不同的特定类推,在这种情况下,最重要的是,记住真正摆在我们面前的是一场介于两种社会欲求之间的冲突,其中每一种欲求都试图拓展自己的疆域,掌控案件,而这两种欲求不可能同时实现。此一社会问题在于,哪一种欲求在冲突点上是更强势的。司法问题或许显得有些狭隘,因为逻辑要求我们假定某一种欲求在我们面前的案件中居于主导地位,在这个意义上,先前的判决或许已经表达了这一种或者那一种欲求。但是,如果案情如此清晰,那就不是疑难案件。在存在疑难的情况下,仅有简单的逻辑工具是不够的,即便有所掩饰或者是潜意识,法官也要行使至高无上的独有的选择权。

举个例子,在我看来,在"承担风险"这样的表述中,那些对语词绝无教益且惰息的使用旨在减省严密思考的麻烦;另外,在将每一个留给陪审团的问题称作事实问题时,我认为,这样的使用很容易造成误导。让我举一个关于过度概括的例子,或者,举个例子来说明,如果你们没有考虑到那些概括所包含的细节情况,概括推理就存在风险。一般而言,概括通常是空洞的。概括的价值取决于其向言说者和聆听者提供的特定细节的数量。因此,任何一个未能充分掌握经济事实的人,在围绕经济问题进行论辩时,都是徒劳无功的。不久前,英国上议院对"艾伦诉弗勒德案"(*Allen v. Flood*)做出判决,该案涉及被告恶意诱导工人放弃原告的雇佣。除了零散的引证之外,陪审团获知的内容似乎并不构成恶意干涉,这就更难说摆在上议院面前的究竟是什么问题了。据我推断,陪审团得到的指示与在"坦珀顿诉拉塞尔案"(*Temperton v. Russell*)①中一样,他们的裁决就是被告在明知和理解其行动若成功会造成[什么样的]损害的情况下实施了该行为。或者说,即便再加上一个给原告造成损害的意图,而不提及任何给被告带来的直接利益,我依然不理解陪审团为什么裁决被告据以实施行为的是漠不关心的恶意动机,而不是在市场竞争中超过被告协会的愿望。如果对此一问题的裁决符合我的推断,那么,本案就证实了我曾经在司法过程中表达过的意见,并且赢得了我全心的赞同。但是,在进行过的详细——尽管在我看来,仍不够充分的——讨论中,杰出的法官们暗示,一个人有权做的任何事,无论其动机如何,他都有权做,而且,这被誉为外部标准原则——我竭力倡导和支持的一项原则——在法律领域中的胜利。现在,这里的推理是从"权利"这一模糊的概括开始的,人们随即便可问自己,这样的推理是否足够清晰确凿,经得起推敲。如果权利的范围已经划定,确凿无疑,无需考虑动机,那就再没有什么值得争辩了。那么,是否所有的权利都有那样的范围。但是,如果不同的权利有不同的程度范围,如果不同的权利基于不同的政策理由,拥有不同的历史,那么,就不能因为一种权利是绝对的,而推论另一种权利也是绝对的——如果你仅仅是说所有权利都应该如此,那也只是一种教皇或者帝王禁止探讨的方式。出售财物的权利,大概是我能想到的最绝对的权利,尽管至少在制定法中,即便是这样的权利也可能受到动机的影响,例如在涉及意图赋予债权人以优先权的案件中。但是,主人有权向正打算雇佣其仆人的人介绍该仆人的品行特征,这也是一种在限度范围内的权利。这样的权利是否也同样宽泛

---

① [1893] 1 Q. B. 715.

呢？据我推测，这样的权利会拓展到出于对可能雇主的偏爱，为善意举荐而做出的错误陈述。这样的权利会不会扩大到那些仅仅出于对那个人的厌恶而自愿发表的声明呢？在我看来，在这里，概括比无用更糟糕，解决提出的问题的唯一方法，就是尽可能权衡那些主张特定权利的理由以及免受诽谤的竞争权利的理由，然后再判定哪一种权利胜出。在我看来，任何一种普遍的解决方法，都是缺乏分析能力的表现。

先生们，我尝试通过举例来说明对科学的兴趣的重要意义，不仅在于[科学]在法律领域的应用，还在于指明我们在解决法律领域中的实际问题时某种可能的进步。对于后一种尝试，毫无疑问，有许多人并不愿意赞同我。但是，在这一领域，就像在其他领域一样，我也意识到了某种对科学的终极依赖，因为最终要——尽可能地——判定我们不同社会目的的相对价值，并且，就像我试图提示的那样，这实际上正是我们对那些社会目的之间的比例所做的估测。这样的估测现在通常是盲目和无意识的，但却促使我们坚持并扩大某一项原则的适用范围，同时又导致另一项原则逐渐萎缩退化。极有可能的是，在统计学及每一种现代[科学]应用能够给我们带来的帮助下，永远都不会出现一个科学无处不在、至高无上的共和国。但是，这是一种理想，如果没有理想，生命的价值何在？它们给我们提供了观察的视角，让我们看破了苍穹。恰恰是理想的价值，常常无法企及。也正因如此，才使我们面前始终有更多的事情要做，使我们免于对单调乏味的完美的厌倦。至少，理想美化了枯燥沉闷的琐碎细节，振作和支撑了疲惫不堪的艰辛岁月，借用乔治·赫伯特（George Herbert）经常被引用但永远激动人心的诗句：

> 谁为你的事业扫清了房间，
> 使房间和行动都变得悠然。

第40篇
法律解释理论*

在塞耶教授近期出版的经典著作《证据初论》①中,再版了沃恩·霍金斯(F. Vaughan Hawkins)先生的"法律解释原理"一文,这篇文章使我想起了在我看来属于我们的规则解释理论——我认为,如果对于他们和他的意思理解正确的话,这是一种支持温斯利戴尔(Wensleydale)爵士和霍金斯先生引证并反对的其他人的理论。

理论上,声称重要并具有法律效力的任何文件均有且仅有一种意思,因为众所周的目的在于实现某种确定的结果,这是真实的。实际上,某一特定语词甚或某一特定词汇有且仅有一种意思(但我并不知道理论与实际不一致的原因),这是不真实的。某一语词通常都有几种意思,即使是在辞典中。你将不得不仔细考虑这样的判决,即在该判决中,坚持确定某一语词或词汇在特定情况下那些意思中的某种含义,并且你极有可能看

---

* Oliver W. Holmes, *The Theory of Legal Interpretation*, 12 Harvard Law Review 417(1899).
① James B. Thayer, *A Preliminary Treatise on Evidence at the Common Law*, Boston: Little, Brown & Co., 1898.

到,在那里,它具有比辞典中所注明的更为精致的意义差别。但是,首先,你至少不要让自己困扰于作者的个性,而仅仅考虑语言的通常用法。因此,当你将无论源自该文书其余部分的任何惊人趋势贯穿于该判决时,那你仍然是在做同样的事。当你承认有关环境的证据并据以阅读文件时,情况会如何呢?难道这就是设法发现个人的特别意图、了解其思想并令其所说符合其所愿了吗?没有人会认为这一过程还会有所进展,但是,在我看来,我们在那一方向上尚未开始。这并非一个划分上的策略问题。我们正在寻求一个不同的问题。这就是发生了什么。当整个文件的言词通过口头证据转化为其原本指代的事物时,人们将会发现该文件在转承之处发挥着某种特定的作用。这并非根据语言规则来最终揭示出一种意思。因此,我们不会问这个人的意思是什么,而会问当一个正常的英国说话者在通常使用那些语词的情况下使用它们时,他所表达的那些语词会是什么意思,而这才是回答我们采纳有关环境为何的证据这一问题的目的。但是,可以说,正常的英国说话者仅仅是关于我们的老朋友审慎人的一个特殊种类、一种文雅形式。他是对于特定作者的外化和参考,因为这一标准仅仅是法律外部性特征的另一个例证。

但另一方面,据称,这被视为一个难题:在关于布莱卡科(Blackacre)捐赠约翰·史密斯(John Smith)的那个案例中,当赠与人有两个布莱卡科而名录中又有两个约翰·史密斯时,你可以提供有关赠与人意图的直接证据,但无法在每个案件中均提供同样的证据,这仅仅是一种反常规则。相反,我认为,此种例外规则正是确立该规则的那些法官本能洞察力的证明。我将再次提及有关我们语言的这一理论。依据有关我们语言的这一理论,当其他语词可以意指不同的事物时,一个适当的名称将意指某人或者某物而非其他。如果语言可以完全发挥其功用,正如边沁想要做到的那样,它将会在每个案件中指明该人或者该物。但是,在我们的随意性体系之下,你的名字在发音上与我的相同,甚至在拼写上也一样,这种情况时有发生。但是,它绝不会不加区分地意指你或者我。在语言理论中,你的名字即指你,我的名字即指我,这两个名字是不同的。它们是不同的语词。虽然是不同的人,但也可以拥有同样的名字。① 我们采纳了有关意图的证据,该意图并不是为了有助于解决理论将什么视为语言的不确定性,而是为了理解作者想说却未能说出来的意思是什么,但我们承认他是带着理论上的确定性而发表意见的,在这种情况下,我们调查他的意思是什么,以期查明他曾说过些什么。这是基于如下理由,即当一方当事人使用某一适当的名称意指一艘船,而其他人也使用那一名称意指另一艘船时,并不存在任何契约。② 纯粹意图上的区别同样是无关紧要的。在普通名称和语词的使用上,对于源自被法院所采纳的那一名称的不同意思的诉求将会是不利的,但是,在那里,当事人指明了不同的事物,并且决不会表达出某项契约。如果赠与人(不再说"布莱卡科")曾经说过"我的金表"并且拥有不止一块,由于这些语词(尽管单一)意在描述属于说话者的任何一块这样的表,我认为,不会有任何关于意图的证据得到认定。但是,我敢说,足以说明正常的英国说话者通过那些同样的语词意指特定某块表的环境证据将会被采纳。

我已经表达了我所认为的我们的一般解释理论。还要说几句话来证实这一理论。当然,书面文书的目的在于表达那些撰写者的某种意图或者精神状态,如果文书得以适用,只要可以,实现这一目的是可欲的。问题在于法律应当在多大程度上支持那些作者。在有关契约的案件中,首先,显而易见的是,契约不是表达一个人的意愿而是两个人的

---

① Bract. 190 a.
② *Raffles v. Wichelhaus*, 2 H. & C. 906。参见 *Mead v. Phenix Insurance Co.*, 158 Mass. 124; *Hanson v. Globe Newspaper Co.*, 159 Mass. 293, 305。

意愿,而且是两个对立者的意愿。如果该契约可以证实一个人意指某一物而另一个人意指另一物,通常而言,立法者唯一可能的选择,或者是在我所解释的意义上让双方当事人遵守法官对于那些语词的解释,或者是允许该契约归于无效,因为根本无法达成一致意见。后一过程不仅会大幅提高对败诉方强制执行契约的难度,而且还会违反普遍的正义/司法原则。因为契约的每一方当事人已经注意到,在此类情况下,对方当事人将会根据正常的英国说话者的习惯用法来理解自己的语词,因而,如果他的语词是在那种意义上被理解的话,那么,他将无可抱怨。[1]

　　或许,我们会为不同种类的书面解释令人信服地制定不同的规则。在有关某部制定法的案例中,为了从契约转向对立的极端措施,或许可以说,当我们面对统治者的命令时,唯一可做的事就是查明统治者需要什么。如果最高权力掌握在一位暴君手中,当你做错事时,他会砍断你的手或者你的头,人们或许会采取所有可能的适用手段以查明所需之物为何。因而,实际上,我们并没有以不同于处理契约的方式来面对制定法。我们无需寻求立法机构的意图是什么;我们只需追问该部制定法的意图是什么。在这个国家中,如果不是基于其他原因,而是至少基于宪法原因,如果通过某部制定法的同一立法机构将会稍后宣布该部制定法具有在法院的法律意见书中那些语词所不具有的含义,那么,我认为,此项解释性法规不会对干预交易产生法律效力,除非是在具有溯及力的立法获得准许的空间和情况之下。除了在形式上之外,作为具有溯及力的立法不会通过解释得以适用。

　　在有关遗嘱的案件中,也是如此。立遗嘱人在有限范围内就是一位对于自身财产的暴君,但是,依据制定法的规定,他必须通过书面

---

[1]　在"纳什诉明尼苏达州产权保险和信托公司案"(*Nash v. Minnesota Title Insurance and Trust Company*, 163 Mass. 574)中,我认为,相对于法院多数方意欲执行的程度而言,此项原则应当得到更进一步的执行。

方式表达他的命令,那就意味着,他的语词必须足以实现此一目的,而该目的则是在那些语词由正常的英国说话者在其所处环境下予以使用的意义上得以实现的。

我还想补充,我认为,我们应当比我所表明的更为深入地贯彻此项外部解释规则。我并不认为,为了进行解释以区别于废除令、某项口头诉状甚或某项协议,你可以证实(正如它们所具有的)某件具有决定性意义的文书中那些语词具有某种不同于普通文书的含义。例如,契约双方当事人口头达成协议,即当他们写 500 英尺时,那就意指 100 英寸,或者在邦克山纪念碑就意指在南方老教堂。① 另一方面,当你确信某一地方或阶层的风俗或语言习惯时,或许可以认为,作者遵循了他所处地域或阶层的习惯用法,即一个正常人在其所处情况下将会做的事情。但是,这些案例远离了我开始发言时所依赖的那一理论观点。

最终,或许问题就是,在这种情况下,具有权威性的法律得以确定,并且不同的人们将会依据可令其最为满意的那种理论来解释法律,而这就如同这一古老的争辩,即已被所有者抛弃之物的发现者是依赠与而获得一项有利害关系的所有权,还是因放弃而取得一项新的所有权?没有人否认他得到了一项所有权。但是,尽管实践者通常宁愿让他们的大前提模棱两可,但即使是基于实际目的,理论通常最终也会证实此一极具权威性的法律。我绝不会说,在我所提及的此一古老问题上,理论或许是无关紧要的。

---

① *Goode v. Riley*, 153 Mass. 585, 586.

第 41 篇

海军上将杜威[*]

准备在一场宴会上发表的演讲,
1899 年 10 月 14 日

整个国家热血沸腾,表达出前所未有的敬意——向谁,为何事?向一位斗士,为一场令人惊叹的胜利。我们并没有因为成长而不再需要陆军和海军,此时此刻,我们都会向他们表达他们值得的敬意。有谁能比一位法律界的代表更能感受到这样的敬意呢?因为法律所意味的,不是你可以选择忽视的表示赞同的建议,而是严厉的传票,也就是,如果你越过了既定的界线,那就会有准备好棍棒和刺刀强迫你走进监狱或者套上绞绳。有谁能比各州的代表更能感受到这样的敬意呢?因为国家在海外赢得的尊重,应当归功于国家的战斗力,而不是任何其他事物。在我们的客人功成名就之后,整个世界对美国都愈加谨慎。随着公共力量愈益组织化和整全化,实际要求公共力量发挥作用的需求却相

---

[*] 选自 Mark DeWolfe Howe, ed., *The Occasional Speeches of Justice Oliver Wendell Holmes*, Cambridge, Massachusetts: The Belknap Press, 1962, pp. 109-111。保存在哈佛法学院的霍姆斯文稿中的一份霍姆斯的亲笔手稿。标记显示这份事先准备好的评论实际并未发表。——原编者注

应地有所减少。但是,公认权力的沉默与混乱无序的失语,却判若云泥。

在战场上,不得不面对死亡的可能性,在整个历史上,始终都深嵌在男人的人生观的背景之中,同时又赋予了今天我们在男人身上最看重的价值以具象与光彩。英格兰的男人,因时常发生在边境的小规模冲突而振作勇气,期待着以一种高尚而英勇的方式奉献生命。和其他人一样,他们也非常热衷于金钱和个人利益。但是,为了维系大英帝国,他们也会毫不犹豫地默默抛却自己的生命。

当我听到有人谈论平民生活也需要和培养人们与战时同样的勇气时,我就会非常确信我正在聆听一位从未参加过战争的人,他根本不知道三十秒后肚子里有一颗子弹或者驾驶铁皮船越过水雷区意味着什么。

人们沉浸在战争的悲伤之中。我知道什么是悲伤。我年轻时在波多马克军中亲身分享过那样的悲伤。我对悲伤不寒而栗。我痛恨那种好战情绪。我愿意尽一切可能去努力体面地避免。但是,毕竟要完全经受战争的恐惧、财产的损失、生命的逝去,还有对精神造成的更糟糕千百倍的损害。变成一个懦夫,比丢掉一条手臂更糟糕。宁可战死沙场,也不能苟存一个懦弱的灵魂。真实的生命教义是一种温柔的冷酷,超越同情,要求每个人都能屈从自己的命运,就像自己能决定命运一样。

我将这些对我们这位海军上将的赞颂当成一首战歌,发自人们内心深处。他们带着那些壮举所由来的信仰歌颂英雄和壮举。他们再度致敬于传统与(绝不卑微逃避的)生死预言——联合与权力的预言——的象征,那是一面旗帜,我们现在生于其下,而杜威(Dewey)却曾经准备为之赴死。

第 42 篇

瓦尔布里奇·艾伯纳·菲尔德[*]

对律协决议的回应,1899 年 11 月 25 日

律师协会的先生们:

很难代表法官对类似我们遇到的事件加以评论。我们法官被如此紧密地安排在一起。我曾经在很长一段时间里——将近十七年——紧挨着已故的首席大法官,以至于法官席的间隔之间总有一些值得谈论的私密话题。长期的合作建立了友谊,同时也可以创造财富,树立信仰,作为我们生命的一个组成部分。与我们的分离之痛降临时,就像树根被拔出折断,鲜血流溢。然而,当我们要缅怀一位杰出人物时,尽管他是兄弟,我们也不能保持沉默。我们必须将个人损失浸于公共损失之中,才能完全理解。

首席大法官菲尔德(Field)卓异寻常,自幼年时起就引人注目。大学期间,非凡的声望预示了其后来的职业生涯。或许,无论已经消失的卓越品质在现代的对应物

---

[*] 选自 Mark DeWolfe Howe, ed., *The Occasional Speeches of Justice Oliver Wendell Holmes*, Cambridge, Massachusetts: The Belknap Press, 1962, pp. 112–118。

是什么,仅仅凭借记忆力、习得知识的能力以及某种很容易接受指引和教导的温驯心灵,一个人就可能成为班上的第一名。虽然我很怀疑,但赛场上总有人可能在长跑中超过夺标的热门选手。有时,也会出现这样的情况:年轻人不在乎自己的未来,在那些——无论怎样——仅仅属于准备而非目的的事情上耗尽了生命。但是,有一种伟大天赋的存在,并不能证明其他天赋的缺失。一个在大学里位居前列的人,很有可能在之后的生活中成为一个领导者。那些将一个人推至预定轨道前的力量,也很有可能会伴随着必须在整个世界的飞速发展中至少给他提供一席荣耀之地的力量。首席大法官菲尔德通常也会如此。他始终总是一个至关重要的人物,无论是在律师界,还是在后来的法官席上。我很高兴依然记得,我自己办理的第一起案件就是在[马萨诸塞州]最高法院由洛德(Lord)法官审理的,当时菲尔德先生从另一个角度论证了该案,后来我就在这里继任了法官职位。很高兴能回想起当时融洽的对话和愉快的合作。但是,那些回忆当然也或多或少湮没在此处长久交往的回忆之中。

  他的思维异常奇特。在早期[法院的]磋商会上,聆听他的发言时,在我看来,他似乎是在自言自语——或许甚至有些过分,并且,如果不提醒的话,就无法通过那些硬塞给他的大量附加建议。大量的附加建议使得他的工作越来越困难。无论是否可能变成一条"死胡同",对他而言,也很难忽视边缘地带存在的诸多可能性。他想要先弄清道路通向何处,然后再走过去。如果我们的未来是永恒的,那么,这样做就是正确的,甚至是必不可少的。但是,因为生命只有很短暂的工作时间,我们就不得不做出选择,自担风险;我们就不得不根据我们目前掌握的知识——关涉什么样的道路最有可能通向渴望实现的目标——所提供的前提预设而采取行动。如果我们去研究伊斯兰教、唯灵论或者培根是否给莎士比亚写过信,那么,我们就会减少很多细致研究哲学、宗教或者文学的时间。因此,在判定一个法律问题时,我们就不得不考虑时间因素。我们就不得不设法击中要害,舍弃其余。我认为,首席大法官做了大量从未显露出来的工作,一方面,抚慰了他的良知,另一方面,他也不愿意冒险漏掉一些关键问题。你们可以从他判决的事实陈述中发现同样的特征。其中,有一条就是关于事实陈述细节的详尽描述,足以说明他的思想旨趣。如果说这种充沛的热情也算是一种缺点的话,那么,随着时间的流逝,它也渐渐减弱了。他不是减弱了自己的谨慎,而是逐渐学会了舍弃。

在法律之外,丰盈的心灵使他成为一个饶有趣味且令人愉悦的伙伴。他很少谈论旁人,且从无恶意,但却无拘无束地漫游于普遍的思想领域。他善于思考,诙谐幽默,生性多疑,但他执守的信念使他的思想坚定而稳固。他拥有一种敏锐驳辩的非凡天赋,我过去总是很乐意把自己的机会让给他,让他展示这样的天赋,因为他的答复必定妙趣横生,并且绝不会刺伤旁人。在天性中,没有人会有比他更少的悲伤。没有人会有比他更温柔的性情。我不知道为了抵达这样的境地,他可能付出了多少代价,然而,不管他可能遇上了多么令其恼怒的事由,不管他可能多么的疲劳和痛苦,只要一看到他在和蔼友善的姿态中始终保持着冷静,就真的足以让人潸然泪下。他那缓解情绪的幽默和机智,不仅映照在磋商会议室里,而且在其他地方也熠熠发光。我从未听说过,在几乎或者根本没做准备的情况下,还有比他更精彩的脱口而出的餐后演讲。

我曾经说过,他虽然生性多疑,但却执守信念。此一事实使得他对已决案件的权威性形生了一个奇妙的看法。我不知道他会如何表达,甚至也不确定他心中是否有那么一种清晰的观念,但在我看来,他似乎认为法律(至少)在理论上反映了绝对权利。假如有一起案件,在他看来,违背了他认为属于或者应该属于法律之构成部分的某项基本原则,那么,判决该案的事实似乎就不会给他留下什么印象。他会毫不犹豫地对这样的判决表示怀疑,或者弃之不顾。我觉得,他不愿意将法律看成是历史的经验产物,而此种经验产物的特殊形式之所以受人尊重,主要是因为它们是经验的产物,因为,实际上,正是这样的形式,而不是其他什么东西——只要世人适应了,似乎就是好的或者更好的——奠定了我们走到今天的基础。或许,正是这样的观点,让他比其他一些法官更愿意对社会的习惯做法进行更严格的控制。如果有一项契约让他以为是以赌博为目的的,无论他的拒绝履行与整个经纪人公会的常规做法存在多么严重的冲突,他都不会履行该契约。他对政策有自己的看法,并且他坚信法律一定会支持他的看法。

若是在将方便的类比用于全新的案件时,他就会自由创新,这也属于同一种一般的思维习惯。在我看来,有时想要伸张更完美的正义时,他就不仅会超越、甚至还会触犯传统。他感兴趣的,并不是作为先例的对象的法律发生学,而是确保每一项利益都应该在法庭上得到维护,并且——对于确确实实的过错,如果真有过错的话——要给予实用的救济。他非常了解法律的现状,掌握了许多关于我们本地历史的稀奇古怪、实用有益的信息,为此,我常常很羡慕他。我怀疑,在我所认识的法律人中,除了他受人尊敬的前任(在另外一个法官席上,我们依然可以向他学习),是否有人在这方面堪与之媲美。

我提到的那些个人特征,仅仅是为了纪念一个人。那些不过是每一个强者都有且必须有的特征。它们都服从于良好的判断力、自制力及洞察力。他有时会沉湎于某个想法或者案件的某个特别之处,以至于在一段时间里无法提出建议,直到热情散尽;但是,没过多久,如果不是当天的话,也是在两三天内,他就会完全理解并且公正地对待另外一种观点。通常而言,他都会非常迅速,甚至在转瞬之间便可接纳一个想法。

人们总会将自身特征表露于外,尽管我们并不总是能一眼就看出来。如果是随意看一眼首席大法官,你或许只能看到一个像其他强者一样的强者。但是,在更专心的观察中,就会发现他散发着自身独有的魅力,才华横溢,神采飞扬。坐在他身边时,我曾经一次又一次地发现自己喜欢凝视他的侧影,欣赏他全神贯注的眼神中透出来的精微敏锐。

他是有英雄气概的。这是我能说出的最极致的、最伟大的赞词。我曾经注意到,即便是在细微琐事中,他也总是直面自己的行为举止,不推诿,不辩解,不掩饰。我无法看到——因为太隐蔽了——但我知道,他在以同样伟大的方式履行自己的职责。很难意识到,或者很难相信,在生命终止前很长的一段时间里,他经历了怎样的痛苦。即便他忍受灼心之痛,整夜无法入眠,但在清晨出现时,他却从未表露出任何迹象,除了沉默。他努力工作,正如我所揭示的,但他从未说过,他就像一个勇敢的战士,坚持战斗。

先生们,对我们所有人而言,这是一个庄严的时刻。对我而言,这是一个近乎压抑的庄严时刻。如果我仅仅是为了铭记那些由我继任其职位的伟大的、天才的、善良的人,应该足够庄重了。但这是一个令人悲伤的——是的——极其庄严的时刻。此时此刻,我意识到,在我就任法官时的那些同侪法官中,我们敬爱的首席大法官是最后一位离我而去的,这让我意识到了那倏忽而单调的生死循环。有时,我们会怀疑人类对于陈词滥调的兴趣。这是因为认识到的真理即是重新发现的真理,随着年岁渐长,我们每一个人都会从个人的经验中认识到自己一直承认但以前从未感受到的东西。莽撞无忧的少年承认人生短暂,却觉得大学里的每一个学期、每一个暑假、每一天都很漫长。我们这些白发苍苍之人,在耳畔听到生命洪流的轰响时,就知道已经临近终点了。宇宙命运震彻天宇的回响几乎淹没了个人悲痛欲绝的呐喊。对我们而言,更容易想象的甚至是这样一个时刻,洪流波澜不惊,人类不再竞争,伟大的静谧充溢天地之间。我们对意义和价值总会有一些判断,那么,这些判断的价值可能是什么,我不知道。但是,我坚信,如果那些判断本身可能不是所有生命存在的界限和统治,那只是因为它们淹没并且消融在其所源生的某个无法想象的、更加宏大的存在之中。我们关于这个神秘莫测的宇宙的定论,必定是依思想而言的。如果我们相信任何事物皆是如此,那么,我们之所以必须相信它,是因为我们无法继续前行。我们可以接受真理的标准,即便承认我们不知道自己是否了解真理的真相。如果接受了真理的标准,我们就接受了自己的命运,为了理想的目标而劳作、战斗、抛却生命。在一位为了理想而奋斗终生的英雄的墓前,终止我们纪念的,不是因无法避免的损失而悲伤,而是英雄气魄的浸染,是我们因重返战场而生的那种孤注一掷的愉悦。

第 43 篇

韦尔·米切尔博士[*]

在一次塔文俱乐部晚宴上的发言,1900 年 3 月 4 日

主席先生:

对于我们的贵客在科学与文学领域的双重成就,只要与他的谦逊品质相符,是由其他人来给予赞赏的。我们这里有杰出的医生和创作出成功作品的作家。应该由他们根据自己的职业来谈一谈我们的客人在各自领域中的成就。因为我怀疑,是否会有人自己来承担米切尔博士的哪怕一小部分职责,足以支撑其尝试公正地对待[科学与文学]两方面的成就。另外一位医生,在他那个时代——鼓励我相信——为他的职业付出了代价,并且在文学领域也并非不为人知,我以这位医生代表更恰当的身份来说几句欢迎的话。能称米切尔博士为朋友,是他晚年的荣幸和骄傲。他的儿子,若是不能全心全意地参加这一场合,就显得缺乏人情味了。

---

[*] 选自 Mark DeWolfe Howe, ed., *The Occasional Speeches of Justice Oliver Wendell Holmes*, Cambridge, Massachusetts: The Belknap Press, 1962, pp. 119-121。

赛拉斯·韦尔·米切尔(Silas Weir Mitchell,1829—1914),费城医生、神经病学家和小说家,是霍姆斯博士(霍姆斯大法官的父亲)的老朋友。——原编者注

我暂时告别一下个人的感想。在我看来,从某种意义上说,文学的疆域正在变得越来越狭小。艺术与宗教,尽管存在亲缘关系,但长久以来都是各自独立生长。法律摆脱了牧师的掌控,甚至渐行渐远。今天,关于看得见的世界的真理,完全属于科学的范畴。之所以有人在一定程度上反感关于宇宙的时有时无的知觉,是因为他发现那些知觉是一种真实的或者可能存在的科学的碎片。除了浅薄之人,任何人都不可能再重复布朗宁夫人(Mrs. Browning)关于诗人的故作姿态的感叹:"我所谈论的,是当下留给上帝的唯一讲真话的人。"我们知道,上帝并不像她声称所认为的那么无所事事。我们只是有一点同情丁尼生的炫耀:

  不要用你浅薄的心智
  来扰乱诗人的思绪

  我们知道,划时代的思想不是来自诗人,而是来自哲学家、法学家、数学家、物理学家、医生——是来自解释缘由的人,而不是来自凭借感觉的人。我们认识到,解释和感觉处于智识生活的相对两端,依赖且源于截然相对的趣味和天赋。我们不再要求纯文学变成马修·阿诺德(Matthew Arnold)所谓的"生活之批判",或者不再奢求它们能帮助我们修正对待世界的态度。我们阅读小说,不是为了进步或者受教。我们不需要"鸡汤文学",借用我曾经对我父亲说过的话,我们想要的,仅仅是消遣、感动、振奋和着迷。

  在我看来,伟大的现实主义运动与我所言说的完全一致。艺术的终点就是扣动情感扳机的那一刻。但是,由什么来扣动扳机,则取决于观赏者。如果他们见多识广,以至于连半个小时的鬼故事都不会相信,那么,给他们讲再多的鬼故事也于事无补。如果瞬时照片足以让他们更准确地注意到动物的运动方式,那么,那些旧时的赛马照片——其中,马蹄向前,腾跃而出——就不会再给他们带来风驰电掣的感受,因而也就错过了终点。现实主义之所以更追求真实,不是因为真实是艺术的目的,而是因为当下艺术家想要让我们体验的情感状况更真实。

因此,我认为已经出现了进一步的职业分化;艺术不再仅仅属于某一位会造房子的工匠——从事传授有用知识的一般业务——而是越来越肯定地变成并且会限定于某种功能,那就是让我们去感受其他人证明、主要是发现的东西。大多数思想家都属于相对的阵营。实际上,很少有人能在任何不同的程度上将揭示真理的力量和使真理得以信仰的力量整合在一起。很少有人能同时既解开真理的奥秘,又赋予真理诱人的魔力。

我之所以提出这些一般性的思考,部分是因为每当我一想到文学时,这样的思考就自然而然地出现在我脑海中,也是因为虽然任何一般性命题都不名一文,但是人类的首要目的仍是创设这样的命题,主要是向我们的贵客致敬,他塑造了一个在[科学与文学]这两个截然相对的领域如此异乎寻常的成功范例。实际上,一个人必定要指挥大规模军事力量,迂回至敌军两翼,而不是将自身剖离,一分为二。

第44篇

晚宴上的演讲[*]

波士顿律师协会为首席大法官霍姆斯举办的晚宴，
1900年3月7日

萨福克律师协会的先生们：

此番款待透出的善意，几乎令我无法承受，在被渲染上一层此刻我能感受到的庄严情绪时，更令我感到震撼。就像一个溺水者，往事凝结成一个瞬间，曾经的片断全都同时浮现在脑海中。就在前天，我还在法学院读书，刚刚离开军队，在一个小俱乐部里与古尔丁（Goulding）、比曼（Beaman）和彼得·奥尔尼（Peter Olney）一起讨论案例，和另一位退役军人亨廷顿·杰克逊（Huntington Jackson）一起谋划设置一些特定的喷洒，试图压制诉讼请求的扬尘。就在当天的晚些时候，在鲍勃·莫尔斯（Bob Morse）的办公室里，我看到了一份真实的令状，获得了一种对损害赔偿诉讼与动产侵占诉讼之间存在区别的实践信念，并且，对一位事务专家在关

---

[*] 选自 Mark DeWolfe Howe, ed., *The Occasional Speeches of Justice Oliver Wendell Holmes*, Cambridge, Massachusetts: The Belknap Press, 1962, pp. 122–126。

停业务时的即刻决断感到惊讶。

昨天,我又回到法学院,是站在讲台上,而不是坐在听众席间,那时,我亲爱的合伙人沙特克(Shattuck)跑来告诉我,如果我同意的话,州长将会在一个小时后向州议会提交我的法官提名。那是一道划过夜空的闪电,改变了我的整个人生轨迹。

前天,先生们,是三十五年前,而昨天,大约在十八年前。我始终觉得自己还很年轻,但我发现,我几乎见不到要向其表示敬意的长者了,近来听到有人说我们是一群老法官,这令我大吃一惊。好吧,我接受此一事实,尽管我觉得很难意识到——并且我也问自己——半生已过,还有什么值得炫耀的东西吗?我查看了一下自己的记录本,其中保留着一份记录法院合议庭交由我撰写判决意见的备审案件表,大约有一千起案件。一千起案件,其中大多涉及一些微不足道、转瞬即逝的琐事,却意味着近乎半生的时间!一千起案件,如果有人想要一探究竟,想要对法律曾经提出的每一个问题谈一谈自己的看法,那就可以据此继续发明一些应该成为法律学说检验标准的新问题,然后再加以概括,并且用连贯的、逻辑的、哲学的论述方式撰写出来,对全部法律汇编及其历史渊源、真实或者假定的权宜事由进行详细的阐释!

唉,先生们,这就是生活。我时常想象莎士比亚或者拿破仑怎样概括自己以及他们的想法:

"是的,我曾经撰写了五千行纯金的文字,以及大量铺垫的赘语——我,要用亮过繁星的语词覆盖整个银河!"

"是的,我曾经在意大利和其他地方击败了奥地利人:我打过几场烜赫辉煌的战役,人到中年,我在一个死胡同里结束了生命——我,曾经梦想建立一个世界性君主国和亚洲强国。"

我们无法实现自己的梦想。如果我们可以呈现一个最优的范例,如果我们发自内心地承认这是一种高尚的行为,那我们就已经足够幸运了。

在这一过程中，会出现一些变化，但与其说是性质上的变化，不如说是我们关注重点的变化。我的意思并不是说，我们想要谋生或者获得成功——当然，我们都想要这些——但我所指的是我们隐秘的智识或者精神层面的旨趣，是理想的部分，如果没有这些，我们就只是一群蜗牛或者老虎。

首先要先寻找一个概括观点。过了一段时间，他找到了这样一个观点，然后暂时专注于检验，旨在设法让自己确信这一观点是否真实。但是，经过多次试验或者调研，都可以找到一条路径，从而在心中证实和确信自己的理论，于是，他一旦预先知道下一个案例仅仅是另一个证实，那么，急迫的求知欲的刺激也就消失了。他意识到，知识的分支只是呈现了更多关于普遍原则的例证；他就会将这一切看成是关于同样陈旧的百无聊赖或者同样庄严的神秘莫测的另一个案例——因为你们用什么样的称谓描述这一切，无关紧要，它们仅仅是你们自己的判断。在这一阶段，或许，快乐并未减少，但这是工作本身——无需考虑下一步的目的——的纯粹快乐，当你们走到这一阶段时，在我看来，你们就找到了将快乐、责任与生命的目的融为一体的方法。

马勒伯朗士①曾经说过，如果上帝一手握着真理，另一手握着对真理的追求，那么，他会说"主啊，真理属于你，赐我以追求吧"，彼时，他就是那么想的。生命的快乐，就是将自己的力量以某种自然的、有用的或者无害的方式发挥出来。舍此无他。真实的痛苦做不到这一点。旧世界文学的苦境会耗尽一个人的全部力量。当意识到自己的力量被剥夺了机会时，这个国家就以故事的形式呈现出——我想，是因为在生活中经历过——一个智识窒息或者生命倦怠的更深的深渊。

---

① 马勒伯朗士（Nicolas de Malebranche，1638—1715），法国哲学家和神学家，法兰西科学院院士，是十七世纪笛卡尔学派的代表人物，代表作品包括《真理的探索》（1675）、《论道德》（1684）、《关于宗教和形而上学的探讨》（1688）等。——译者注

马勒伯朗士

在我看来,快乐的规则与责任的法则都是一样的。我承认,在我看来,利他主义的谈话与愤世嫉俗的自私谈话同样是不真实的。我谦卑地认为"无论你的手触碰到什么,都要全力以赴",这比徒劳地尝试爱邻如己要重要得多。如果想要打一只鸟的翅膀,你就必须将全部意念集中在一个焦点上,不能想自己,同样也不能想你的邻人,你必须一直盯着那只鸟。每一个成绩就是打中鸟的翅膀。

快乐,责任,以及——我敢说还有——生命的目的。当然,我只是在谈论这个世界,以及这个世界的教义。我并不想侵入精神导引的范域。但是,从世界的视角来看,生命的目的就是生活。生活就是行动,就是对自身力量的运用。将力量发挥到极致,就是我们的快乐和责任,因此,生活就是证明自身合理的唯一目的。直到晚近,除了盲目接受宇宙秩序之外,我能想到有助于塑造文明的最优路径,就是使艺术家、诗人、哲学家和科学家成为可能。但是,我认为这还不是最伟大的。现在,我认为,最伟大的是直接令我们所有人为之感动的事物。当有人说我们太过忙于谋生的手段而失去生活时,我的回答是,文明的首要价值恰恰在于,文明将谋生手段变得更加复杂;文明要求人们付出伟大的、共同的智识努力,而不是简单的、毫无协作的忙碌,旨在让人们得以足食、丰衣、安居和迁徙。因为更复杂、更紧张的智识努力,就意味着会有更充实、更富足的生活。智识努力意味着更加丰富多彩的生活。生活本身就是目的,至于是否值得度过,实际上是一个你是否值得拥有生活的问题。

我只想再补充一句话。我们所有人都近乎绝望。帮助我们漂浮在波浪上的救生衣,是由希望、对无从解释的奋斗的价值和笃定的信念,以及因我们力量的施行而产生的深层的、潜意识的心理共同整合而成。借用一首感人的黑人歌曲,其中,有两句话:

有时升浮,有时沉降,

有时我几乎趴在地上。

但是,这些想法驱使着我,就像我希望它们也能激励那些听过我演讲的年轻人一样,穿过经年累月的怀疑、缺乏自信和孤寂。现在,确实如此,因为,尽管看起来开庭期已经结束,但实际上每天都在更新。你们对我的善意,使我在幸福的时刻依然敢于相信,漫长而激昂的奋斗绝不会徒劳无功。

第 45 篇

孟德斯鸠*

"太阳之下无新事。"这是某一个人对于世界的判断,从他的观点来看,这完全是真实的。他在一个国家看到的情况也正是在另一个国家看到的,并且他从一开始便对此感到了些许厌倦。但是,从科学或者哲学的观点来看,这一判断却完全是不真实的。从伯里克利(Pericles)时代至今,在含摄于人类智识史的整个时期里,某一个世纪的科学或者哲学必定不同于之前一个世纪,并且在某种意义上,比前一个世纪更为深刻。我们根据很容易导出的推论,可以得出这样一个悖论,也就是,那些仍然具有现代意义的著作以及那些至今仍如其形成时般激烈的思想,就是那些饱经世故之人的著作与思想。《传道书》、贺拉斯以及罗什福科(Rochefoucauld)赋予我们与其带给希伯莱人、罗马人或者路易十四的臣民们同样的欢愉。在这个意义上,它们仅仅是仍然存续的二流作品。然而,即便是最伟大的智识作品,除了历史意义之外,不久便佚失殆尽。前一个世代的科学将被下

---

* 该文系霍姆斯为重印的 1900 年版《论法的精神》(*Esprit des Lois*)撰写的导言,选自 Oliver W. Holmes, *Collected Legal Papers*, New York: Harcourt, Brace and Company, 1920, pp.250-265。

一个世代的科学所驳倒或者涵盖;前一个世纪的哲学将被下一个世纪的哲学所替代或者超越;同理,柏拉图、圣·奥古斯丁、笛卡尔,并且我们还可以说,康德与黑格尔,并不比希波克拉底、居维叶或者比沙(Bichat)能获得世人更多的解读。

孟德斯鸠既是一位科学家,同时也是一位饱经世故之人。作为一名科学家,他撰写了一部划时代的著作。也正是因为他的书是一部划时代的科学著作并仅限于此,遂与那些经典作品一同死去。这部书所努力开启的后来的研究替代了书中真实的内容,并且驳倒了那些需要驳斥的观点,在不需要论辩的情况下,这些研究通过公诸于世而终结了许多苍白的虚幻萌芽与不甚充分的认知。对一个初学者而言,希望通过阅读孟德斯鸠以期理解社会存在的法则,就像一个十八岁的年轻人希望通过阅读柏拉图来找到破解生命之谜的答案一样天真。他会从莱基(Lecky)那里受益良多。为了将他自己的语词用于不同的用途,孟德斯鸠被埋葬在他自己的成就之下。

但是,孟德斯鸠还是一个饱经世故和才华横溢之人。那种处理日常生活问题并且以两三种方式提出简明解决方法的心智,是一种危险的天赋。此种心智很难与伟大的艺术相容,福楼拜在他的文字中对它的抨击并非绝无道理。对于伟大的思维,对于那种——怀疑作为逻辑工具的两难问题,并且可以辨别某物既不是 A,也不是非 A,而是垂线,或者更直白地说,真理可能会摆脱特定思想水平的限制,而进入更高的思想境界——深刻而持久的洞察,此种心智依然是危险的。孟德斯鸠曾经说过,伏尔泰太过才华横溢,以至于很难被世人理解。然而,孟德斯鸠有足够的才智来维持《星期六评论》,当时,梅因与菲茨杰姆斯·斯蒂芬(Fitzjames Stephen)或者维纳布尔斯(Venables)都是《评论》的供稿者,而作为一个才华横溢的人,他始终是一个充沛而愉悦的阅读者。当一个人读完《波斯人信札》时,就像读完斯威夫特的《风雅

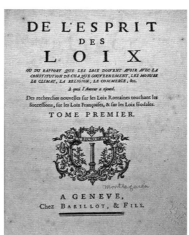

孟德斯鸠与《论法的精神》

的谈话》一样,他可能会因为其中讲述了那么多事情而对自己感到满意,但却对那些事情感到羞愧,而其中讲述的那些事情早在两百年前就已经闻名遐迩、家喻户晓了。他身之所属的范域,既是古老的,也是全新的,那些适中的经验公理,尽管自社会形成伊始便已创设出来,但是,每当有人在现实生活再一次认识到那些经验公理时,总还是会给每一代人都带来了新鲜的愉悦。事情远不止此,因为孟德斯鸠不只是一个胸怀世界的人,但在这一方面,我们摆脱了真正伟大事物初级的枯燥乏味。

我们在《论法的精神》中发现了同样的问题,并且人们或许会很高兴而简单地将之视为文学作品。人们可以将阅读这部作品当作研究的第一步,以便在以后的日子里展开深入研究。但是,要想读到作品本该有的内容,要想领悟作者伟大而多面的才华及其在思想大祭司的经典传承中的位置,就必须在知识渊博和年龄成熟的时候再回来重新阅读。用聪慧的欣赏眼光去阅读历史上的伟大作品,是勤奋人生最终的成就之一。但是,我要将对这本书不得不做的更多评论暂时放在一边,先要介绍一下作者的个人生平。

夏尔·德·色贡达(Charles de Secondat),拉布莱德男爵(Baron de la Brède),1689 年 1 月 18 日出生于波尔多附近的拉布莱德堡。无论在身份地位上,还是在法律上,他的家族均赢得了盛誉。他父亲曾经是一名地方法官,并且希望儿子将来也能成为法官。他母亲是一名虔诚的教徒,无疑也希望儿子能像她一样。然而,这两个愿望均未能实现。

在他出生时,有一个乞丐来到拉布莱德堡,声称他或许是这位年轻贵族的教父,并且使其一生铭记穷人是他的兄弟。他是由农民抚养成人的,他终生保持着加斯科涅的语言风格,诚如这位法国人所言,在他的文风中具有加斯科涅人的元素。他早年受到的教育是传教士施

孟德斯鸠

予的,但在二十岁时,他通过撰写意图证明异教徒不应受到永久谴责的论文而显示出思想的发展趋势。这篇文章没能保存下来,但或许可以从《波斯人信札》第三十五篇中找到作者的沉思折射而出的回声。就在这篇文章中,郁斯贝克(Usbek)——被当成代作者而言者,并非毫无争议——问"崇高的苦行僧"杰姆齐德(Gemchid),他是否认为基督徒应该因没有接纳他们从未听说过的真正宗教而受到永远的诅咒。

他研习法律。"当我离开大学时",他说,"他们将法律书籍放在我的手中。我试图发现其中蕴含的精神"。《论法的精神》即是他研习法律的结果,但并非直接的结果。直接的结果是,1714年1月24日,他25岁时获准就任波尔图高等法院的法官。1716年7月13日,他以接受孟德斯鸠爵位之名为条件继承了伯父的官职(高等法院庭长)与遗产。与此同时,他初为人夫,并于同年有了一个儿子,之后又有了两个女儿。作为一名地方法官,他似乎并没有什么不称职之处。1722年,他被委托向国王递交一份撤销对酒征税的谏文,并且暂时获得了成功。作为一个丈夫,他的言行也不失端正得体。然而,无论是地方官职,还是婚姻,似乎均未能使他的生活丰盈而充实。

在他那个时代,他得到了一份恰宜的爱情。我并非全部意指1715年以前。无论他是否会说女人使男人变得"敏感而不诚实",但他确实说过,女人败坏了男人的道德,又塑造了男人的品味。我还在猜想,这是否在写作时为他的文字平添了一份凄美的哀伤,因为这无疑给他在论述两性问题时带来了自由以及兴趣的戒备。他很容易激情四溢。他说,一旦不再相信一个女人爱他,他就会立刻与她分手,而在其他地方,他又很笼统地告诉我们,他从来没有经过一个小时的阅读仍未驱散忧伤。有时,他的冷漠疏离显得太过明显了,同时又有一位女士责备他在社会交际中撰写书籍。或许是胆怯,他说这曾经是他一生的困扰。他与女人的家族关系和其他关系,大多如此。至于职位,他在

1726年就辞去了地方法官。他发现很难掌控诉讼程序问题,并且,每当看到他恰好看不起的人在其力不所及的事情上长袖擅舞时,都会令他感到不适。

大约在继承其伯父[职位与财产]的同时,他加入了波尔多的一个协会,在那里,他暂时投入到科学研究之中。他做了一些实验,撰写了一些科学回忆录,拟订了一份关于地球物理史的研究计划,并且在1719年发布了调查研究通告,但幸运的是,这一切都没有结果,这样的失败,加上外部观察的不足与内心省思的局限,反而有助于将注意力转至他的同类身上。他患上了"图书编纂症",早在1721年他就发表了《波斯人信札》。借一个聪明的外国人之口表达他自己对时代的批判,以及通篇浓郁的东方色彩,在今天看来都显得有些暗淡。但是,这些仅仅是后续一系列文章的构架或者理由——有点像差不多现在的《观察者》①上登载的那些文章——涉及社会题材以及与社会利益相关的题材,从上帝到时尚,一路延伸展开。

几乎在每一封信中,都有一些经常被引用的段落,以至于总有人担心重复使用。在一封信中,他对自杀问题做了一些难以回答的思考,有鉴于骇人听闻的法律状况,这些思考是有实用目的的。在另一封信中,他同样直言不讳地谈及离婚问题,并且不无道理地提出,法律原本想系紧,却松开了绳结,非但没有按其意图凝结人心,反而使人心永远隔离。在亚当·斯密(Adam Smith)之前,他就评论了异教徒的活动,他极其坦诚地指明了异教徒在改革既有信念的滥用方面发挥的作用。

借用郁斯贝克这个人物,他指出:"每一件事都吸引着我,每一件事都刺激着我的好奇心。我像是一个身体尚未发育成熟的亟待获得无关紧要的事物激励的孩子。"孟德斯鸠在这些信札中证实了这一点。

---

① 《观察者》(*Spectator*)创刊于1828年,是一份历史悠久的英国周刊,内容主要涉及政治议题,也包括一些书籍、音乐、歌剧、影视评论等内容,但从不追随流行文化。——译者注

除了上述这些严肃的探讨之外,他还有一些人物描写,或者更确切地说,还有一些人物类型,依然生动鲜活。身为暴发户的包税人,聆听告解的神父,无法指望优待的老兵("因为我们"[非常明智地]"相信,一个人如果在三十岁时还不具备当将军的品质,就永远都不会再有了"),有头发、没脑子又傲慢无礼的富人,诗人(孟德斯鸠看不起诗人,至少是看不起那些他看到的诗人)——诗人,总是一脸怪相,语词异于常人,能经受挫败,却不能容忍微不足道的批评——还有总是装扮自己的大领主。"他非常傲慢地吸了一点鼻烟,冷漠地擦了下鼻子,镇定地吐了口痰,以有些侮辱人的方式抚摸了一下他的狗,这一切令我惊叹不已。"决策者:

> 在一刻钟时间里,他判定了三个道德问题、四个历史问题,还有五个物理问题……他们将科学搁置一旁,谈起了今天的新闻……我觉得我可以说服他,于是谈到了波斯。但我几乎还没说到四个字,他就反驳了我两次……哦!老天爷!我自言自语,这是一个什么样的人啊?很快,他就会比我更熟悉伊斯法罕的街道。

那一封讨论风尚的信,应该被全文引述。他在下一封信中提到,异域的物事在法国人看来都显得愚蠢可笑,当然,他只是意识到一个关涉宇宙法则的例子,但他却让我们牢记,利特尔·佩德林顿(Little Pedlington)无处不在。时至今日,除了悠闲的巴黎文人之外,已经没有更具利特尔·佩德林顿风格的人了。诚然,孟德斯鸠将他的评论局限于琐事上。他说,如果你允许他们衣着华美,他们就会轻易承认其他人更聪明。他关于西班牙人的谈论同样也很精彩。他说,那些被有被烧死的西班牙人似乎特别偏爱宗教裁判所,以至于剥夺他们对宗教裁判所依凭,都是心存恶意的。然而,最终,他还是给他们报了仇。他设想了一个身处巴黎的西班牙人,并且让他说他们在那里有一栋房子,他们

索雷尔

将几个疯子关在里面,意在劝服世人相信其他人都没有发疯。在谈论完这个故事后,再翻两页,我们就会读到,最完美的政府就是以最小的代价实现目的,因此,如果可以引导人们以最符合自己意愿的方式行事,那这样的政府就是最优的。两百年来,又有什么增益呢?除了契合社会中真实力量的平衡——也就是,遵守主导力量的意愿——还能发现什么检验优秀的近似标准吗?当然,此种遵守也有可能导致毁灭,只能期待[社会的]主导力量是明智的。然而,无论明智与否,检验一个好政府的近似标准是,该主导力量得以自己的意愿和方式运转。

基于对殖民地、人口、君主政治的考量,书中做出了一个令人震惊的预言,即新教国家会越来越富强,而天主教国家则越来越贫弱。简言之,本书对于社会秩序中的几乎每一件事物几乎都有零散的批判,尽管有一些是怀疑的、激进的,但总体上还是温和的、理性的,既包含着作者未来工作的预示和萌芽,也夹杂着许多对人性的普通欲求不甚明亮或者善意的微词,其中有一些非常著名,例如,"有时,需要改变某些特定的法律,尽管这样的情况很少,一旦发生,人们就只得用颤抖地手去触摸它们";或者,"大自然总是缓慢地运动,也可以说是,谨慎地运动;大自然的运动从来都不是剧烈的"。索雷尔①认为最后一句话代表了《论法的精神》的整个哲学,并且这句话还蕴含着一种更宽泛的哲学思想,无疑,这种哲学思想已经或多或少地流传开来,在稍晚一点林奈的"自然不会突变"中也有所表达②,时至今日,我们以其更成熟的形式称之为"进化"。

---

① 索雷尔(Georges Eugéne Sorel,1847—1922),法国哲学家,在整合柏格森与尼采思想的基础上,提出了一种认为神话和暴力在历史过程中发挥创造性作用的历史哲学理论,代表作品有《暴力论》(1908)。——译者注

② 林奈(Carolus Linnaeus,1707—1778),瑞典生物学家,曾任乌普萨拉大学教授,创立了"动植物双名命名法",被誉为"近代植物学的奠基人",代表作品包括《自然系统》(1735)、《植物属志》(1737)、《植物种志》(1753)等。其中,"自然不会突变"这句话出自《植物学哲学》(*Philosophia Botanica*)一书,虽然在手稿中删掉了这句话。晚年思想有所变化,但并不影响其对生物分类与进化理论的杰出贡献。——译者注

林奈和他的学生

从表面上看,《波斯人信札》一书是在阿姆斯特丹匿名出版的,当时孟德斯鸠刚刚三十出头,第一年就发行了四版。作者的名字很快便家喻户晓。他来到了巴黎,经常参加一些社交活动,那些参加社交活动的男人和女人的名字,对我们这个国家和这个时代的人来说,不过是从遗忘海漂来的泡沫,但在那时却都是出类拔萃的人物。在那里,为了取悦那些女士们,或者某一位女士,他在1725年撰写了《尼德的神殿》以及《塞菲斯与爱情》,这不会耽误我们的时间。他说,只有发饰精美、妆扮漂亮的头脑才会理解那些作品。1728年初,他入选法兰西学院,像其他法国人一样,他曾经嘲笑过、但又希望能入选法兰西学院。此前,他也曾当选过,但被国王拒绝了。这一次他的运气比较好。伏尔泰和达朗贝(D'Alembert)揭露了法兰西学院的实际运作情况。法兰西学院的入口,往往会沦为某一方或者另一方恶意肆虐的场所;在那场欢迎致辞中,提到[孟德斯鸠]没有足以证明可堪当选的公认作品,但公众肯定会给予其聪明匿名者的声誉,[致辞者]以赞扬之名对他进行了嘲讽。基于这个原因或者其他原因,他并不经常去法兰西学院,不久,他就开启了一场欧洲之旅。他去了维也纳,在那里遇到了欧根亲王。① 他申请了一个外交官的职位,但让整个世界幸运的是,他再一次失败了。他先是访问了匈牙利,然后是威尼斯,在那里他遇到了著名的约翰·劳(John Law),并且成为切斯特菲尔德爵士(Lord Chesterfield)的朋友;随后,沿着莱茵河,又访问了瑞士和荷兰。离开荷兰后,他和切斯特菲尔德爵士一起去了英格兰,他在那里停留了近两年时间,至1731年8月,他回到了家乡拉布莱德,重新开始写作。

---

① 欧根亲王(Price Eugene,1663—1736),奥地利哈布斯堡王朝杰出的军事统帅,出生于法国巴黎,但生活在奥地利,近乎戎马一生,被誉为"十八世纪早期最为杰出的军事指挥家",他的功绩"奠定了哈布斯堡王朝的统治基础"。——译者注

伏尔泰(左)与达朗贝

1734年,他发表了《罗马盛衰原因论》。他距离自己伟大的作品越来越近的;他开始逐渐从零散的概述转向系统的论述。世人常说,男人会在三四十岁时抵达巅峰,这话很有道理。或许,这句话从表面看来似乎比实际意义更大,因为,一般而言,男人在三十岁之前就已经安顿好自己的稳定职业,在接下来的十年间,很有可能就会找到自己打算寻找的首要和主导的观念;余生所作,就是解决细节问题了。对于这一规则,孟德斯鸠和康德,要么是例外,要么就是证明了刚才提出的限定。如果向前追溯,你们就会发现,《纯粹理性批判》和《论法的精神》中的思想在他们早年就已经萌生,但直到六十岁左右时果实才完全成熟。① 至1734年,孟德斯鸠已经四十五岁了。

　　从他那个时代开始,罗马的历史就被尼布尔(Niebuhr)及其继承者改写了。但是,孟德斯鸠依然给我们提供了认识其思想模式并理解其关于历史主题的全部丰硕思想的钥匙,诚如其所言,

> 在每一个君主政治中,都有一些实际发挥作用的普遍原因,无论是道德的,还是客观的,那些原因要么是巩固和维系着君主政治,要么是致其衰落;所有的意外事件,都是原因的结果;如果一场战争的偶然发生——也就是,一个特殊原因——毁灭了一个国家,那么,就会有实际发挥作用的普通原因,让这个国家万事俱备,只差一场战争,即可使之灭亡。概言之,主流用一场战争即可带动所有不同寻常的意外事件。

　　孟德斯鸠,是集女士们的万般宠爱于一身的男人,是科学的学生,是现实的和虚构的旅行的爱好者,既是古典文学的饱学之士,也是(长久以来,在法国被当成是真实存在的)古代风物的崇拜者——所有

---

① 孟德斯鸠出生于1689年,至1748年正式出版《论法的精神》,时年59岁。康德出生于1724年,至1781年发表《纯粹理性批判》,随后又于1788年、1790年发表《实践理性批判》和《判断力批判》,也就是在57岁至66岁之间发表了"三大批判"。——译者注

这一切，都被孟德斯鸠整合在《论法的精神》之中，恰如法盖（Faguet）兴高采烈指出的，就在写下这句话时，我读懂了他对作者多面而微妙的赞赏。他说，这本书被命名为《论法的精神》；其实，它应该称为《孟德斯鸠》（Montesquieu）。或许，此一事实部分是因为该主题还没有成为一个专业。同样地，亚当·斯密的《国富论》中也有许多意趣盎然且极具洞察力的评论，可惜的是，即便作者拥有撰写它们的风趣才智，那些评论也很难在现代政治经济学领域被接受。无论怎样，在[完成]他的罗马史之后，概言之，孟德斯鸠的后半生可以被视为致力于这部著作的撰写。在序言中，他声称耗费了二十年的劳作。该著作1748年问世。在完成最终几卷的撰写之后，他不仅头发变白了，眼神也变得黯淡无光。"在我看来"，他说，"留给我的光亮，不过是我永远闭上双眼时那一天的曙光"。1750年，他发表了一篇为其著作辩护的文章，致力于自己的葡萄园生产的葡萄酒的销售，并且高兴地注意到自己的著作在英格兰的销售量持续增长，直到1755年2月10日在巴黎去世，即便不是像被悲伤的诸王后所环绕的亚瑟王一样，至少也是在埃吉永（d'Aiguillon）公爵夫人和一群挤满房间的关爱和仰慕他的朋友的凝视之下。根据莫佩尔蒂（Maupertuis）的说法，他身材匀称，不修边幅，举止谦和，言辞坦率，生活简朴，在社交活动中受到普遍欢迎。勋章上赋予了他一张受人尊敬的面孔。

若是要对一本摆在读者面前的书进行一番分析，这是不够的，还需要有一部更厚重的书来囊括其所暗含的所有思想。由于论述封建法的章节迥异于其他章节，以至于有人认为将那些内容加进来是孟德斯鸠犯的一个错误。现在的学生自然会转而求助于罗斯（Roth），或者后来者可能据以替代罗斯的任何内容。关于这部书的主体内容，可以说，它表达了一种关于可以感知的经验体系的可持续性理论，即在彼时，由于作者绝无过错，那些事实在很大程度上依然是不可思议的。

他无法将历史看成是一种进化,而是将所有的事件都看作是同时发生的。孟德斯鸠笔下的罗马,是不加批判而接受的寓言中的罗马。他的人类学是由趣闻轶事构成的。他的民主观念所暗含的,是一种古罗马时期的市镇会议,而不是后来在美国和法国的衍生物。他让整个世界意识到气候与自然环境的影响——在我们这个时代,为已经被遗忘的巴克尔(Buckle)提供了一个启示性的章节——但没有数据材料,而仅仅是一个预兆。

他笔下的英格兰——立法、行政、司法三权分立的英格兰——是他虚构出来的一种拟制,还误导了布莱克斯通和德洛姆(Delolme)。且听白芝浩(Bagehot)在他的著作中关于此一主题的说法:

> 英格兰宪法的高效秘奥,可以说是紧密的联合,也就是行政权与立法权几乎完全融合。

再者,

> 美国宪法的制定基于极为审慎的论证,而此一论证的多数内容都假定:国王就是英格兰宪法的监管者,而国王的非世袭替代者——即总统——则是绝对不可或缺的。因为生活在大西洋彼岸,受到公认学说的误导,那些敏锐的《联邦宪法》创制者,即便经过热切的关注,依然没有意识到首相是英格兰宪法的首席执行官,而君王仅仅是宪制中的一个齿轮。

值得关注的是,尽管孟德斯鸠对世界运作的必然性有着深刻的感知,但他对立法权拥有一种或许夸张的信仰,对抽象正义的现实持有一种同样强烈的信念。然而,妄图详细地批评这部书,是徒劳的。实际上,理解这部书与前人往事的关系,比批评更重要。由于篇幅所限,未能指明它播撒下多少颗种子。再次重申,在许多方面,孟德斯鸠都是一位先行者。他是政治经济学的先驱。在刑法领域,他是贝卡里

白芝浩

亚(Beccaria)的先驱。他是伯克(Burke)的先驱,彼时看似伯克已领先其所处的时代一百年。法国人告诉我们,他是卢梭的先驱。对于《联邦党人文集》的作者而言,他就是权威。他影响了科学理论——在很大程度上,开始将科学理论用于社会研究,并且,他同样也影响了立法实践,从俄罗斯到美利坚。他的著作在当时赢得了光彩夺目的成就,自彼时起,他的著作对世界的重构可能不亚于18世纪的任何一个成就,后者开辟了众多荒地,播撒了许多种子。

这是一部坐在图书馆里的孤寂学者的作品。像笛卡尔或者康德一样,他从书斋里指点着未来,甚至超越了王座上的拿破仑。与此同时,他非但没有矫饰威严的君权,反而还赋予我们少许朴素的个人感动,其间,充溢着一种荡气回肠的魅力——"意大利!意大利!",完成了漫长一天的工作,作者在暗夜浸近之前看到了自己的目标;在第二十章的开篇,对神灵的乞求遭到了遏抑;在扉页写下了那一句引以为傲的题词,"无母而生之子";尤其是序言,是对其他孤寂的灵魂永恒的激励。这是一个伟大人物在完成一件大事之后发出的一声伟大的慨叹。这最后的话语就是在结束此篇导言时要用的话语:

> 假如这部著作碰巧获得了成功,我会在很大程度上将之归功于主题的宏大庄严。然而,我认为,我并不完全缺乏天赋。当看到如此众多的法国、英国与德国的伟大人物在我之前撰写的著作时,我仰慕不已,却也没有丧失勇气。我会借用柯勒乔的话说:"我也是一名画家。"

【附录】马克斯·勒纳(Max Lerner)对本文的评介①

这篇关于孟德斯鸠的评论文章,尽管非常流畅且极富洞见,但却

---

① 参见 Max Lerner, *The Mind and Faith of Justice Holmes: His Speeches, Essays, Letters and Judicial Opinions*, Boston: Little, Brown and Company, 1945, pp.369-370。——译者注

缺乏政治上的深度。霍姆斯似乎更关注作为文学家与饱经世故者的孟德斯鸠,而非作为思想家的孟德斯鸠,并且更在意孟德斯鸠的情事和《波斯人信札》而非《论法的精神》。对于作为思想家的孟德斯鸠,霍姆斯首先谈及了他对法律与制度的相对主义的感受。霍姆斯认为,孟德斯鸠对英国权力制衡的评论自始便是虚构的。对这一评论,波洛克给霍姆斯写了一封信表示异议。霍姆斯回复:"你是在谈及一种我不愿效仿的有关孟德斯鸠及政治权力制衡的知识。我以前就对之所知甚少,我担心,现在已经完全遗忘了。所以,我在充满尊敬的沉默中接受你的评论。"[1]此处可能的情况是,孟德斯鸠考虑的政治因素——他一个带有对社会复杂性的强烈感知的传统主义者——相当于霍姆斯思想中的类似因素。正基于此,霍姆斯觉得孟德斯鸠并未提出太多在今天看来感到新鲜的内容。他的评论文章会为外行读者描绘了一个全新的孟德斯鸠;然而,它既没有太多的学术增量,也不是充分认知十八世纪欧洲思想史的结果。

---

[1] 霍姆斯致波洛克的信(1930年6月9日),载《霍姆斯—波洛克书信集》(*Holmes–Pollock Letters*)第二卷,第267页。

第 46 篇

威廉·克劳宁希尔德·恩迪科特 *

对律协决议的回应,1900 年 11 月 24 日

律师协会的先生们:

现在是十一月,那些一度遮蔽着我这一代人的双眼、无法望及天空的最后的叶子正在纷纷飘落。当我开始我的执业生涯时,恩迪科特先生正是埃塞克斯律协的主席。在我就任法官那一年,稍早一点,他离开了法院。我目睹了他在法官和律师两个职业身份上的风采。在我很年轻的时候,出于某种——除了他的仁慈,我完全无法解释的——原因,他让我作为他的初级律师,参与到他要去波士顿出庭的一起案件之中。如果我没有记错的话,那是一起涉及建筑商与承包商的交易活动的案件,那些交易活动足以令人费解,或者至少让比我当时更老练的头脑感到困惑。恐怕我从未理解过,我对他也没有太大帮助。但是,这教会了我不止一个道理。他在

---

* 选自 Mark DeWolfe Howe, ed., *The Occasional Speeches of Justice Oliver Wendell Holmes*, Cambridge, Massachusetts: The Belknap Press, 1962, pp. 127-130。

资料来源:177 Mass. 612。

威廉·克劳宁希尔德·恩迪科特(William Crowninshield Endicott),曾经在 1873 年至 1882 年间担任马萨诸塞州最高法院大法官,之后就任克利夫兰内阁(1885—1888)的战争部长。

准备案件时的事无巨细,他在区分和梳理纷乱线索时的沉着冷静,他在向陪审团陈述案件时的激情洋溢,这一切都足以用热情激励一个初涉律政之人。然后,他对我的体贴关照,对所有人的彬彬有礼——与当时得到容忍的事情形成了绝妙的对比。我很高兴地认为,他的言行楷范已经普遍盛行,现在的规则是,律师在出庭办案时,要像一位绅士,不该放弃任何一次努力和一丝干劲。

当我再一次看到他时,是在法庭上,他又一次赢得了我的钦佩赞赏。他坐在法院广场那所古老的衡平法庭的法官席上,记得我当时在想——就像我现在仍在想——在至高的程度上,他代表了我对法官举止得体的看法。他为人高贵,面孔上呈现出来的种族特征,在不止一个方面类似于马萨诸塞州应该万般感谢的该家族的第一位恩迪科特;他坐在法官席上,从未考虑个人得失,甚至没有无意识的傲慢或者冷漠,这看起来似乎是——不,实际就是——他的权利。他沉静地专注于正在处理的问题——呈现出一幅不受个人情感影响,却又彰显人性的鲜明的正义形象——反复权衡天平上的因素是否毫无意义,却在一个崇高而柔软的心灵的帮助下识别和收集那些因素。哦,我!我多么希望能有一个他的继任者可以抵达其所看到的他本人的完美无瑕!那个极富魅力、令人印象深刻的形象,曾经多少次出现在我眼前,激励而警醒。

在履行法官的其他职责时,他也一样卓有成就。一般认为,他对陪审团具有重大的影响力——相对于现在而言,在当时的法院里,这是一个至关重要的问题,因为那个时代,在这里会审理更多的陪审案件。直到我来这里就任法官之后很久,除了其他原因之外,[马萨诸塞州最高法院]仍然保留着对侵权诉讼的审判权限,谋杀案也依然由本院的两名法官负责审理。即使根据我们不合时宜的立法,以先提出不同的预设前提、再依据陪审团裁定陈述法律的模式,法官也不可避免地会采用这样的指令和强调,以提醒陪审团关注法官认为的本案的重点要素,并据此在一定程度上帮助引导陪审团得出法官认为恰当的结果。我从未听到恩迪科特法官抱怨这样做多有僭越,但我认为,已经得到公认的是,陪审团更有可能以他认为恰当的方式做出裁定。

  作为一名代表全体法庭撰写判决意见书的人,我无法像我期待的那样准确地评价他,因为我的其他职责使我没有时间以一种批判性评价的视角去研究他的著述。如果一个人以公务方式审读案件,那么,他想要做的,就不是展示那个碰巧要宣布法庭判决之人的个性,而在其他。我认为,法官不应该回避案件的疑难之处,不应该寻求安全的空泛之论,而应该清晰阐释,乐于审读。舍此之外,我本不该再说什么了。据我猜测,他觉得撰写司法意见的工作太过繁重,这或许是他辞职的原因。那属于个人性情问题。法院的工作会让那些认为太过辛苦的人感到痛苦。但是,从恩迪科特法官的行事风格来看,我不认为他不会觉得那是一份轻闲的工作。

  我不会谈论他离开法院后的重要政治地位,因为我对此几乎一无所知,但我却想要说的是,当我在法官席上看到并且了解他时,在那些至今唯有停留在记忆中的众多有趣的、极富影响力的、令人印象深刻的人物中,他的尊严与魅力别具一格。

第 47 篇

约翰·马歇尔[*]

对于法庭 1901 年 2 月 4 日马歇尔就任首席大法官 100 周年纪念日休庭动议的答复

当我们沿着法院大街穿过和我们一样关注着今天以及各自事务的熙攘人群时,我们的目光或许会落在位于麻省大街尽处的那座深色小楼之上,那座小楼像一块不祥的礁石,割开了涌向那些高耸的峭壁般灰色大厦的商业人流。无论我们是谁,我们都有可能停留片刻,暂时忘掉我们的匆忙,因为我们会记得,曾经预示革命风暴即将来临的第一波浪涛即破碎于这块礁石之侧。但是,如果我们是法律人,我们的记忆与敬畏会愈加深邃。我们会记得,在这座古老的麻州建筑之内,詹姆斯·奥蒂斯(James Otis)为协助令状案而辩,在该辩论中,便已奠定了美国宪法性法律的基础之一。今天,在某种程度上,巨大建筑群成为了小楼的背景,但这座小楼并未消失,其名望反而得以提升和颂扬,与之类似的是,无论在

---

[*] 选自 Oliver W. Holmes, *Collected Legal Papers*, New York: Harcourt, Brace& Company, 1920, pp. 266-271。

战场上,还是在法律中,我们国家生命中的那些起点,相对于此后岁月中的所有奇迹而言,均未曾失去其任何伟大之处,除此之外,从表面上看,即使在数量和程度方面,那些奇迹也还是太渺小了。对于我们这些参加过南北战争的人而言,美国独立战争中最伟大的战役似乎仅仅是在执行一次侦察任务,列克星敦和康考特战役也不过是一些在报纸中也不会提及的小型军事冲突而已。但是,我敢说,相对于那些告诉我们很快就不会再有战争的开明商家子弟而言,了解现代规模战争的老兵们决不会意识不到那些小规模战斗的精神意义。

如果我仅仅依据抽象的数量和程度来思考约翰·马歇尔的话,那么,我或许会对用"最好的"这个词而略感犹豫,正如如果我抛开布兰迪维因河战役在历史因果关系中的地位来思考该战役一样,我也会感到犹豫。但是,这种思考的空洞性是与其抽象性成正比的。将一个人与其周围的环境——事实上就是其所处的环境——割裂开,是极其无聊的。当然,在想象当中,将一个人与其财富割裂开要比与其性格割裂开更为容易。然而,这是毫无意义的。移除一小片声带,男高音将无法引吭高歌。移除一小块大脑,演说家就会哑口无言;或者,一个勇敢、慷慨而深情的人,就会变成一个怯懦且喜欢抱怨的浪子。一位伟人则代表了社会神经网络的伟大中枢,或者,换句话说,代表了历史运动中的战略要塞,并且,他的伟大之处部分就在于他曾经置身于此。我无法将约翰·马歇尔与下述此一幸运的境况割裂开,即当时是由约翰·亚当斯(John Adams)来任命首席大法官,而不是一个月后由杰斐逊(Jefferson)来任命,并且前者又将该项职务交给了一位联邦党人和宽松的法律解释者,从而启动了美国宪法的运作,这就如同你无法将肖上校与他用以向福特·瓦格纳(Fort Wagner)发送电报的黑线割裂开一样。我们既是在赞美马歇尔,同时也是在不可分割地颂扬这样一个不可避免的事实,即通过此一令人敬畏的法院的判决和裁定,从而宣告了以国家的统一和联邦宪法的至高无上来治理人与人之间的交互关系。

当然,我并不是说,个人评价一无是处,或者对于我们毫无裨益。无庸置疑,今天,人们将会从那些能干称职的人那里听到对于马歇尔的此类评价。但是,我不会侵犯他们的工作领域。现在,我只是被要求对于向本法庭提出的一项动议做出答复,并且在座许多人是打算聆听今天下午那位经常研究这位法官个人的成功教师的演讲的,之后还打算在今晚聆听一位天生便来分享这位人物的传统的先生的演讲,我在此越俎代庖是不合适宜的。我的个人印象仅仅是我在从事法律教育和法律实务的共同进程中逐渐积累起来的。在那些印象当中,我意识到或许有些印象与我们纯粹地方的或者国家的评价略有区别,也意识到某种根据更为超越狭隘观念的标准来审视事和人的希望。从实践角度而言,人注定是狭隘的——为了其扎根于斯的地方奉献一生,甚至如果死亡是必要的话,也要献出他的生命。但是,他的思想应当是越超狭隘观念的,是不偏不倚的。他应当有能力批判其所敬畏和热爱的一切。

多年以前,当我阅读《联邦党人文集》时,在我看来,该书的确是那一时代极具原创性并且精彩异常的杰作。然而,当我想起《联邦党人文集》及其作者对我的一位杰出的英国朋友仅有有限触动之时,我不相信这一判断没有被修改过;并且,我感到更加怀疑,在汉密尔顿(Hamilton)和《美国宪法》之后,马歇尔的工作是否已经证明了他不仅是一位才智非凡、风格独特并在法院具有个人威望的人,而且还是一位勇往直前、公正无私并坚信其政党的人。激起我最强烈兴趣的,并非那些所谓的重大问题和重大案件,而是一些渺小的裁决,这些决定一般的编选者都会放过,因为那些裁决并不涉及宪法问题或者某家大电话公司,然而,在其中却孕育着某种更为宽泛的理论的萌芽,因而也是导致这一法律组织体中深刻局部变化的细胞。我试图纪念的那些人均为那些转型思想的原创者。他们通常是若隐若现的,因为这个世界所关注的是判断,而非原创思想。

然而,我所说的这一切并不意味着,我不热衷于参与此次庆典或者在法庭之前批准此项动议。我不仅要重提我开始所说的话,记住你无法将一个人与其所处的位置割裂开,我还要记住,马歇尔所处的这一位置或许是一位法官所可能填补的最伟大的位置;但是,当我考虑到他的力量、公正和智慧时,我完全相信,如果要用一个人物来代表美国法律的话,那么怀疑者和崇拜者同样都会无可争议地赞同,这个人物只能是一个人,那就是约翰·马歇尔。

我还想再说几句曾经说过的话。我们是依赖于象征而活着的,而某一视觉形象将会象征什么,则取决于看到这一形象之人的精神。除了纪念一位伟大的法官外,对于一位弗吉尼亚人而言,这个日子的背景也许代表了其光荣的弗吉尼亚州的荣耀;对于一位爱国者而言,则代表了这一事实,那就是,时代站在了马歇尔这一边,并且,汉密尔顿为之争辩、马歇尔为之裁决、韦伯斯特(Webster)为之演说、格兰特(Grant)为之战斗,而林肯则为之献身的此一理论,如今已经成为了我们的基石。对于法律人较为抽象但更为深远的思考而言,它代表着一种崭新法理学的诞生,正是依据该种法理学,有一些指导性原则被提升至制定法和国家的范畴之上,并且,还赋予了法官们一种神圣的、前所未闻的权威和义务。对于一个在其看来似乎生活在孤独思考中的人而言,这个日子——因为标志着他那个时代的一些总统都不得不执行其可能做出的判决之人的成功——这个日子标志着下述事实,即所有的思想都是社会性的,都正在转变为行动;也就是,借用一位法国作家的表达方式,每一种观念都倾向于首先成为一种问答,然后再成

约翰·马歇尔

为一种代码;并且,根据其价值,他无助的沉思或许有一天会登上王座,并且无需武力,甚或在武力支持下,此种沉思或许会将某种无法抵抗的专制权力闪电般射向整个世界。如果你愿意的话,所有的一切都构成一种象征,国旗也是一种象征。对于一个缺乏诗意的人而言,国旗只不过是一小块布而已。然而,由于马歇尔和他那一代人的存在——我们之所以纪念他和他们,首先也正是有鉴于此——我们的热血化作国旗上的鲜红,我们的土地化作国旗上的群星,我们的天空化作国旗上的湛蓝。国旗统御着我们的国土。为了它,我们不惜献出自己的生命。

第 48 篇

伊普斯威奇*

纪念碑揭幕式,1902 年 7 月 31 日

有学者告诉我们,古代希腊人和罗马人,在崇拜祖先和关照逝者幽暗需求的基础上,建造了他们的城市与文明。那种古老的宗教已然消逝,但世人依然保留着对神圣庄严传统的敬畏。在触手可及之处,我都可以感受到那种敬畏,只是从个人的、家族的故事,变成了一种更宏大、更隐微但依然激动人心的信仰,那就是,我们行走在一片神圣的大地上。我一直忙于表明自己的感受,没能停下来对我们的祖先有所诠释。我读过安妮·布雷兹特里特的诗篇,那是我们第一个春天暗淡的激情之花,但我并不是经常读那些诗;而关于达德利总督①,我只能说,我曾经误认为他的画像——以一种谦逊端庄的姿态——就悬挂在我家里。然而,我热爱着马萨诸塞州那些古老城镇里的每一片砖石瓦块,他们曾经在那里劳

---

* 选自 Mark DeWolfe Howe, ed., *The Occasional Speeches of Justice Oliver Wendell Holmes*, Cambridge, Massachusetts: The Belknap Press, 1962, pp. 136–138。

① 安妮·布雷兹特里特(Anne Bradstreet, 1612—1672),北美最早的清教徒女诗人,代表性作品是诗集《美洲的第十位缪斯》(1650)。托马斯·达德利(Thomas Dudley),安妮的父亲,1630 年与家人一起乘坐"阿贝拉号"移民至北美,后来担任马萨诸塞湾殖民地总督。——译者注

作、祈祷,无论什么事,我们都可以用书写的文字、铸造的青铜和雕刻的石头来完成,从而保存我们的记忆、我们的敬畏以及我们的热爱,然后再将它们传递给很容易遗忘这一切的新一代人。我认为,这是一项崇高而虔诚的事业。

或许,我们也会被其他种族所替代,那些种族带着不一样的传统来到这里,而在他们看来,马萨诸塞的伟大过往——就像他们有时所宣扬的那样——似乎仅仅是一小撮穷乡僻壤的异教徒在偏远一隅的所作所为。但是,我却大胆地期待,渗透在合众国创建者心中的巨大潜力依然会发挥效用,甚至以改变了的形式发挥效用——后继者会维系着创建者所创造的此一合众国的样态,那是圣火的炉石。

我们这些最没有信仰的人,却凭着信念一路走来。我们劳作,我们生活,不仅仅是为了发泄和实现我们内在的力量,而是怀着盲目而颤抖的希冀,期待着无论怎样这个世界都会因我们的奋斗而变得更好一些。我们的信仰不应该局限于我们个人的事务,也不应该局限于当下,甚至未来。我们的信仰应该涵括过往,应该将过往、当下和未来整合在连续的单个统一体中。我们为这些纪念碑举行圣祭仪式,目的是为了——并且也希望——几百年后,那些读到如许简单文字的人们,以迥然不同的过往为背景,会发现他们的生活更丰裕,他们的意志更坚强。

早年岁月伊始,在埃塞克斯郡的那些港口里,就有一些建造的或者是从毗邻市镇拖曳而来的船舶,要从那里启程穿越荒茫的大海去寻找新的港口。因此,在不断变换的外表之下,或许始终与我们相伴。或许,现在一如既往,真实的情况就是:不仅是作为坚忍的先辈创建者之后代的我们,还有许多远道而来、意图发挥技艺的人们,都可以向全世界的避风港传播新的思想和投身伟大事业的冲动。为了实现此一祈望,即认定我们拥有一段历史,有诸多世代的人让世界——是

安妮·布雷兹特里特

的,正是在这里——铭记那些扣人心弦的往事。现在,那些揭开帷幕的纪念碑,谦卑端庄地矗立在那里,但在我看来,它们是号角,两百年后,可能会吹响伟大的生命之战,就像两百年前那些被纪念的人们在心中听到的号角。对众多英勇的灵魂来说,两百年后与两百年前一样,伊普斯威奇(Ipswich)的白沙,既像萦绕在墓地周围的恐惧,又像是仙女墙上的猫眼石映射的愉悦,在地平线上隐约闪烁,那是人类神秘莫测的理想图景。

第 49 篇

在西北大学法学院的演讲*

西北大学法学院大楼落成典礼,1902 年 10 月 20 日

主席先生和各位先生们:

大自然对[人类的]不当行为仅有一种判决——如果你们可以称之为一种判决的话,看起来似乎与行为本身无涉——死亡判决。这就是因过度浪费的无益损耗而带来的判决或者后果。若浪费太多的食物,你就会受饿;若浪费太多的燃料,你就会受冻;若消耗太多的神经组织,你就会倒下。如此看来,生命的法则即是种群的法则;人类应该生产食物和衣服,以使其得以继续生产食物和衣服,直到生命的尽头。然而,难道没有人反感这样的结论吗?即便接受这样的观点,但我还是想说,每一种赋予生命以灵感的愉悦,都处在通往死亡的旅程之中,尽管也可以明智地在抵达目标之前止步。艺术,哲学,慈善,北极探险,人类经验的每一个伟大时刻的极度亢奋,都一样意味着无益损耗——意味着浪

---

* 选自 Oliver W. Holmes, *Collected Legal Papers*, New York: Harcourt, Brace, and Company, 1920, pp.272–278。

费——意味着迈向死亡。艺术的正当性既不在于奖励那些经济竞争中的优胜者,也不在于奖励那些在经济意义上产量最高、进而通过间接方式增加酒油供应的人。无论经济效果如何,正当性都在艺术本身。它满足了一种在高贵精神层面比食欲更强烈的欲求。人们或许会进一步修正此一原则,还有可能发现它为艺术提供了一种法则。可以说,就像我常提及的,甚至我高兴地发现,也正像那位真正的诗人考文垂·帕特莫尔(Coventry Patmore)所阐释的一样,有一个证明审美快乐的理由,即是浪费。我无需再提及查尔斯·兰姆(Charles Lamb)对"凡事适可而止"的谬见的著名评论。在幽静的小巷里,他发现了某一镌刻在中世纪教堂上的艺术珍品——领悟到艺术家的仁慈与伟大,而且洞察到艺术家并没有将最好的作品限定于看起来最有利的地方——此时此刻,还有谁会不理解他渐增的喜悦之情呢?有谁会辨别不出在足以发挥功用的边缘处安置的顶梁之上的方形横梁的超凡魅力呢?暂且不谈艺术,南森赴北极探险,若是以科学上一点点微不足道的收获为借口,从理想的满意程度上看,有些得不偿失,但有谁会感受不到南森此举的价值所在呢?如果想要得到你的赞许,我或许会问,在机遇随处可见的优雅环境中,会错过一些机遇,生活是否从那些错过的机遇中得到了充实。然而,我在这里不是强调一个悖论。我只是想坚持认为,对每个人来说,那些没有收益的活动就像今天真实感受的一样至关重要。你可以像哲学家一样将闲暇的荣耀当作一种生存;如果愿意的话,你可以像我听到的一样,用同样的方式来描述我们心中燃烧的理想。尽管如此,它们依然降临。它们是绝对命令。它们能抵抗饥渴;它们不屑于被归类为仅仅是我们身体所需的间接支撑,因为这是它们不愿意接受的;我们的朋友,那些经济学家们,如果能将人当作人一样来对待,就像塔德先生这类伟大作家所做的一样,也可以很好地考虑它们。无疑,你们已经觉察到了我为什么坚持此一双重人生观的原因。大学的独特价值在于,它朝着我所描述的人之欲望的两个方向发展。我曾经饶有兴趣地聆听过一些精明商人的谈话,他们主张并且论证,大学的训练可以使人能更好地适应在实践竞争中获得成功。我绝不会否认这一点。毫无疑问,这样的训练可以使人能更好地掌握工作时必须遵循的自然法则,能以更宽阔的视野观察科学与事实的世界。如果大学的训练能让每一个学生养成科学的观点,如果教育能让人意识到你不可能无中生有,能让人及时觉察到当下每天的谈话中都充斥着无中生有的虚伪矫饰,那么,我认为这便已物超所值了。如果大学的训练能让人形成对环境法则良好的初步认知,然后再将其推向社会,那么,我认为那就更有意义了。我认为,没有什么东西更有可能实现世间繁华,除非在每一个思想领域都普遍接受科学的前提。然而,除却世间繁华,还要考虑人的幸福,这不是一回事。大学培养人们获得幸福的能力的可能性,并不亚于提升人们赢得收益的能力。我承认,在这一点上,就像人的其他每一个志向一样,在我看来,最重要的问题是,人的先天素质是什么?

　　罗斯金(Ruskin)先生对学习绘画的第一项规则,你们应该记得,就是——要有天赋。这也是其他一切事务的首要规则。如果一个人拥有足够充沛的原生力,那么,无论命运如何,他都有可能体会到极至深沉意义上的幸福。但是,我们也不能低估勤奋的价值,即便它仅占较少一半的比例。大学肯定会为所有理想化的倾向创造机会——我敢说,大学应该为富于浪漫色彩的生活提供机会——从而使之成为优于所有其他机构的圣火守护者。我们的品味即是最终的定义。自罗马时代伊始,人们就已经认识到,关于品味偏好的争辩没有多大用处。如果有某一位教授声称,他想要的是一个严格意义上的经济世界,那么,总是有些人轻视我们归之于战争的理想。我认为,与那位教授争辩,就像与这样的人争辩一样,没什么太多的用处。然则,当下大多数人依然站在支持大学的一方。他们想听故事,他们想看表演。他们想要了解——如果可以的话——如何绘画,如何写诗。无论是不是因为他们的原因,从长远来看,精神食粮的产量渐次增长。他们想将哲学推至语言表达的极边缘处,总是想追寻光谱序列之外的某一种精神之光,藉以从现象背后给他们带来启示。他们喜欢勇敢的冒险,哪怕是没有任何看得见的回报。我想这就是我最了解的那所大学的荣耀所在,无论他们将其隐藏在怎样的审慎行止之下,在它的毕业生心中,都满怀着浪漫的激情。

但是,先生们,你们的大学有一个学院,请一定要允许我特别提及——我之所以能荣幸地站在这里,应该感谢这个学院。当然,我说的就是法学院。在我坐下之前,请让我先说一句。在那一代人中,我相信,有一个人享有当之无愧的荣誉,那就是已故的首席大法官库利(Cooley),他已经证实了这一点,即法律实际是并且也应该是普通的。无疑,这一看法自有道理。与其说法律是怪异的,不如说法律是普通的。无疑,对于一个渊博的头脑来说,无论在哪一方面,它都会显得很普通。但是,这恰恰是所有真理的弱点。如果你们想象自己已经完全掌握了真理,而不是永恒追求的愉悦,你们就会发现自己陷入另一种选择,要么是发现与四元数或者实在论具有极远关联的成就——简而言之,整个宇宙体系——确实乏味,要么是带着永恒的愉悦,对二乘二等于四这一命题进行扩张解释。在我看来,对于真实的人来说,法律可以保留自身的普通属性,也可以变成理解奇迹的对象和灵光乍现的场域。今天,我之所以很高兴地来到这里,来表达我对未来的良好祝愿以及对你们法学院过往的赞赏,有一个原因是,正是在这里,以及像这里的一些地方,点燃了这样的奇迹,可能从中迸射出火花,释放某一位天才一触即发的启示。

我并不是在泛泛而谈。我所表达的是对一所法学院的良好祝愿,不仅仅因为它是一所法学院。实际上,我有点担心,优秀学院的智识酵母可能对年轻人有太过强烈的吸引力,因而将许多更适合其他领域的人引入法律这一行业。但是,我此刻正在思考的,是这所法学院,而不是其他法学院。我一直没有机会公开表达我对你们卓有成就的院长①所作贡献之价值的感受。从他那里,我收到了他对我的评论,也得到了一些激励我在孤寂的道路上勇敢前行的话语。然而,我对从他手中看到的事物的赞赏,并不触及私人关系。这纯粹是因为,我认为,有一些人的职责就在于知道如何识别未被宣传的一流作品,所以,我希望现在就能对他的博学、独创性及其作品的数量和精致程度表达我的敬意——据我所知,他的这些作品似乎应该得到比目前更清晰的、更公开的关注。从他发表的著述中,我非常确信,他的教诲可以满足人们的双重愿望;他会用智慧的经济观点来启迪世人,并且在奔赴战场时告诉人们想要了解的事物,也会用笔和剑给他们做清晰的解释,在漫长的战役中,轻微的振颤呈现在他们眼前,那意味着在所有枯燥乏味的琐碎细节中蕴含的理想、荣耀——是的——甚至浪漫。

---

① 约翰·威格莫尔(John H. Wigmore,1863—1943)教授。

第 50 篇

失望与希望*

芝加哥律师协会晚宴上的致辞,1902 年 10 月 21 日

主席先生、诸位先生们:

在此前的人生中,我曾经仅有两次机会,短暂地感受你们这座令人惊奇的城市。一次是在 1867 年,我和卡伯特·洛奇(Cabot Lodge)先生——那时他还不是美国参议员——打算一起去捕猎草原鸡。我们遇见了一位不太诚实的朋友,他希望我们穿上厚长统靴,因为有响尾蛇。在整个芝加哥还在沉睡时,我们便早早起床,怀着必有所获的希望,我们跳进一片草场,其时蟋蟀正穿梭于绿草之间。但我们克制有度,并没有遇见蛇。另一次则是在一次穿越北美大陆的旅行过程中,彼时,我们亲爱的朋友亨廷顿·杰克逊(Huntington Jackson)带我参观了一些法院,并且将我介绍给富勒(Fuller)先生,恰逢他刚刚被总统提名为美国联邦最高法院首席大法官。今天,在希望被延迟后,在不同的环

---

* 选自 Mark DeWolfe Howe, ed., *The Occasional Speeches of Justice Oliver Wendell Holmes*, Cambridge, Massachusetts: The Belknap Press, 1962, pp. 146 – 149. 资料来源:35 *Chicago Legal News* 82 (1902)。

境下,我再一次来到这里。在不同的环境下——因为如果参议院与总统意见保持一致,那么对我而言,此次会议标明开始转入比赛终点的直道冲刺。此时此刻,也会出现一些悲观的想法。有人觉得,似乎人生的第二阶段——某人作为州法官工作的二十年——已经为之后的判决做好了准备,并且必然会有少数人不厌其烦,甚或认为,予以区别对待或发现某人的目的尽管麻烦也是值得的。当然,我们中的大多数人很容易感到失望。当一个人对自己感到满意时,这就意味着他不会再奋斗,因而也就不会再有成就。他已死去,或许可以借一缕微弱的灯光浏览自己的讣告。但是,此时此刻,却会淹没所有长期困扰内心的心魔。此处,正值富有如此充沛丰润的力量、生命与成功之际,如果有人不再怀有希望,并且不愿意告诉那些聆听他的年轻人比赛值得继续下去,那么,他的精神肯定是病态的。一个人必定会得到他应得的评判,因为无论他选择表达还是保持沉默,这个世界通常都会发现他。虽然得到其应得的赞誉,是令人愉悦的,但最快乐的还是行动的过程。那些曾经艰苦跋涉的人或许对自己并不十分满意,但我确信,他们会发现在全速奔跑时方能体验生命极致的愉悦。

  你们当中的一些人或许已经读过《卡卢梅·K》中的故事。① 尽管作为一种向人们期待小说中应有内容的不得已的妥协,其中涉及一点点爱情故事,但小说中全部的浪漫情节在于,正当及时建造好一座[200万蒲式耳的大型]谷仓时,却被[里面堆积的]小麦冲破了一角。这就是人类的普遍浪漫情节——面对艰难阻碍,用人类克服困难的数字来衡量自己的力量。真空状态下的力量是黑格尔的纯粹存在——即根本不存在。在我前几天收到的一封信中,给我留下深刻印象的是

---

 ① 《卡卢梅·K》(*Calumet K.*, 1901)是美国作家亨利·韦伯斯特(Henry K. Webster, 1875—1923)与塞缪尔·默温(Samuel Merwin, 1874—1936)合作撰写的一部二十世纪初颇受欢迎的小说。默温曾经接受《成功杂志》之托,于1907年到中国调查鸦片贸易。除此之外,两人还合作发表过另外两部小说《短线战争》(*The Short Line War*, 1899)和《战友约翰》(*Comrade John*, 1907)。——译者注

一段不同凡响的评论,那就是,真实的道路即充满极大阻力的道路。沿着一条类似的思想脉络,我时常自愉于想象一个维护恶习的社会,在禁猎期和特定期限,只有一个人有权让恶人通行无阻。因为自然总是事与愿违,如果你们设想我们的理想在某一时刻得以实现,却根本没有什么是可以确定正确的,那么,人类将会怎样?如果发现作为生命的天赋才能竟无用武之地,那么,这些才能就会衰减腐朽,正如我们所知,生命的愉悦也将终结。

我们这个时代的法官无需担心自己的权力会如此衰减。法官也会遇到自己应当克服的阻碍,并且如果他的判决超出了诉求的范围,那么,阻碍就依然存在。如果他志向远大,那么,他就必须承担风险。他必须超越社会阶层以及他本人的各种偏见。他不应该在神圣的语词面前止步,这些神圣的语词在那个时代是一种神谕,但即便是极为恰当的表达,那些语词最终仍会阻止永无止境的深入分析与前进的必然进程。他必须抛弃幼稚的思想,摆脱自负的平庸的束缚,去抓住生命的机遇。他必须努力认识这一悖论,那就是,为了获得份量,无需背负沉重。

先生们,我或许还会继续,但你们都比我能对你们说的更理解这些事情。谁敢自诩他符合我所设想的成为一位伟大的法官所应具备的那些条件?我敢对自己说的全部就是,我在这二十年里已经快乐地竭尽全力,我认为我的标准是世界性的,而依据那些标准,有助于眼前成功的某些手段必将受到谴责。正如我在开始所言,感到失望是很容易的。但你们给予我的意外荣誉,极度的诚挚与善意,我所受到的慷慨细致的接待,使我片刻间恍惚于成功如此轻易,而我或许竟然从未失败过。无论成败如何,最终,奋斗即是快乐,而我将会始终从中聆听你们的欢呼之声。

第 51 篇

暂时告别 *

一次塔文俱乐部晚宴上的发言,1902 年 11 月 14 日

先生们:

假如依据参议院的行动议程,就很难做一次暂时的告别。但是,情感总是迫不急待,即便我已经提前猜到了。自八月以来,我发现自己的情感还是超出了我设想的可能范围。六十年的渊源深深根植于此,一旦被撕扯或者割断,不可能绝无痛苦。

正当我的思绪转向过往的时刻,此次会议使我想到了我记忆中的波士顿与今天的波士顿之间的对照。在这座城市里,有一端位于波斯沃斯街。街道的尽头曾经是蒙哥马利之家——也是我出生的地方。从广场底部通往普罗温斯街的那些低矮的台阶,比罗慕路斯墓碑都更令人肃然起敬。另一端是位于联邦大道的新波士顿,周边是府邸楼阁之间的荒烟蔓草,我曾经在那里用别钩钓过鱼。尽头处则是以本俱乐部为中心的波士顿。

---

* 选自 Mark DeWolfe Howe, ed., *The Occasional Speeches of Justice Oliver Wendell Holmes*, Cambridge, Massachusetts: The Belknap Press, 1962, pp. 150–153。保存在哈佛法学院的霍姆斯文稿中的一份霍姆斯的亲笔手稿。

在我年轻的时候,波士顿还是一个拥有一半清教徒的波士顿,我却始终带着一种对礼拜日和教堂钟声"莫名的厌倦",至今依然深恶痛绝。此刻,让我的脑海浮现出来鲜明的反差,那是一个根本没有雕像、仅有极少绘画、教堂之外几乎没有音乐也没有圣诞节的波士顿。在圣诞节时,商铺依然营业,生意照常进行,而在元旦时,许多人都会赠送礼物。城里一直都没有雕像,除非算上位于麻州大街与当时的布劳德大街转角处的那个小将军像,直到雅希吉(Iasigi)先生在路易斯堡广场上建起了两座雕像。从那以后,我便明白了一个不再怀疑的道理,即便是糟糕的雕像,也比没有雕像要好。那些雕像会成为人们关注的焦点,也会给你带来一些思考。当第一座真正标准的雕像——市政厅前的富兰克林像——树立起来时,情况就开始改变了。我记得,顺便说一句,当时我就产生了对自己职业倾向的第一次暗示。有一位正在试图从拥挤人群中穿过的老北方佬说道,"沃尔(Wal),你在这里发迹,却沿着一条律师走的路,一步一步,迈向地狱"。绘画作品,除了肖像画以及在私人住宅里可以看到的、称其可疑都是恭维之语的早期绘画大师的作品外,就是那些收集在图书馆顶层的数量不多的藏品,其中,值得我们现在予以评价的全部作品大概就是奥尔斯顿的画作和几幅斯图尔特的画作。①

---

① 华盛顿·奥尔斯顿(Washington Allston,1779—1843),美国历史学家、诗人、作家和画家,1796年入读哈佛大学,1801年师从韦斯特(Benjamin West)和福斯利(Johann H. Füssli)学习绘画。1804年,赴意大利,结识了欧文(Washington Irving)、柯勒律治(Samuel T. Coleridge)、索尔沃德森(Bertel Thorwaldsen)等人。1818年,重返美国,定居波士顿。奥尔斯顿一生创作了许多极具影响力的绘画作品。

吉尔伯特·斯图尔特(Gilbert Stuart,1755—1828),美国画家,独立战争前出生于罗得岛北肯辛顿,早年师从苏格兰画家亚历山大(Cosmo Alexander)学习绘画,1775年开始向本杰明·韦斯特学习新古典主义肖像画技法,至1782年始因创作《溜冰者》(The Skater)而崭露画坛。在英国生活了许多年后,他于1792年重返美国,曾经为包括华盛顿在内的六位美国总统画过肖像画,被誉为"总统的画师"。十九世纪上半叶,斯图尔特的肖像画风格盛行于美国。——译者注

斯图尔特的《华盛顿肖像》(未完成,左)和《溜冰者》

从那些荒凉的环境到今天的变化,在我的脑海里,总是与从少年至老年的变化密不可分的。无论就哪一方面而言,开始都是一段倦怠的时光,即便亨利·鲍迪奇(Henry Bowditch)在犯罪基本原理方面的讲授——按门铃和躲在门后玩鬼把戏——有所缓解,那依然是一段倦怠的时光,一段等待"某一神圣的、遥远的梦想"的时光。

梦想降临。不止一个。我现在考虑更多的是精神的、而不是外在的变化。大学给人营造了一种氛围。战争是一次伟大的道德经验。开启一个人的职业生涯的前五年或者前十年,是另一次,或许是一次更伟大的道德经验。那时的人们根本没有像现在一样的辅助手段,让他们意识到为什么此一主题值得智慧的人关注。我觉得,我已经尽力将这个问题讲清楚了。然而,在几年之内,某一南方律协的领导人似乎认为,我的观点的一种表达——法律是最伟大的人类文献,如果不是一种纯粹的悖论的话,就需要加以解释。在我刚刚起步时,并不像现在一样如此轻易地就能领悟,透过历史的棱镜看到,法律是我们成长的故事。甚至自己提出这样一个模糊不清的命题——既然法律的事实就是经验领域的事实,那么,它们就恰恰值得智识兴趣(可以从法律事实的普遍关系中看到的兴趣)的关注——都是不容易的。当我回想起那些苦难的时期,战争以及个人职业的起步阶段,我不得不说,就像我总是跟任何正在聆听的初学者所说的那样,你们的成长是真实的——你们必须经历那种悲惨的怀疑(对你们自我价值、甚至对你们自己想问的问题的无知的怀疑)的考验,然后凭借信仰和意志(坚持认为一个问题必有一个答案的信仰,以及针对问题坚定寻找答案的意志),才能迈进生命之门。

或许,就像许多聆听我说话的人一样,成功终将降临。怀疑依然存在,但我不会再说什么了。我更多考虑的是远离往日的倦怠,以及我们周边环境的奇妙变化。我也会认为,只要投入精力,努力生活,幸福就会随着机遇而来。此时此刻,我最想要的是与朋友——我在这里看到的朋友——在一起的幸福;那些在中年时结交的朋友,代替了在战争中逝去的或者过早遭遇决定性失败的整个一代人;那些后来的朋友,使人焕发了第二次青春;这个俱乐部的朋友,在这里大家都是朋友。正如我所暗示的,对我而言,这个俱乐部记录了我所看到的变化,记录了我的记忆与幸福时光之间的差异。起初,波士顿差一点窒息在自身的束缚中——最终,却变成了一个光彩绚烂地凝聚了哲学、法律、医学、绘画、音乐以及一切可以指导人生、引人入胜或者令人振奋的事物的中心。之所以能精彩地汇集一堂,是因为在这里快乐不会被质疑为一种罪过。我无法经常来这里。这是我的不幸,而不是我的错。但是,我觉得生命的视界因俱乐部在此而变得丰富多彩,如果要离开的话,我最真诚的遗憾是,我要永远地离开塔文俱乐部——此一我曾经身处其中的唯一的波士顿俱乐部,不再触手可及。

第 52 篇

二十年回顾[*]

米德尔塞克斯律师协会宴会上的演讲，
1902 年 12 月 3 日

米德尔塞克斯律师协会的先生们：

歌德曾经说过，几天之内，两个聪明人像会将自己所知的一切告诉对方。二十年来，我一直都在向你们讲述我的想法，现在再想给你们带来惊奇，是不可能的。我只能说几句暂时告别的话。

这个月即将见证我生命中二十年最幸福时光的终结，而刚刚流逝的恰恰是过往那些最幸福的时光。与我一起在[马萨诸塞州最高]法院共事的那些人，他们每一个人都是我的朋友，他们迥然不同的天资才华、诚心正意、恪尽职守，令我敬佩不已，我们相聚一堂，彼此批评，毫无拘束，共同致力于以一种值得敬仰的方式——以一种无愧于此一国家伟大传统的方式——来阐释法律。在法院的磋商会议室里，一切都显得亲切而轻松。

---

[*] 选自 Mark DeWolfe Howe, ed., *The Occasional Speeches of Justice Oliver Wendell Holmes*, Cambridge, Massachusetts: The Belknap Press, 1962, pp. 154–157。保存在哈佛法学院的霍姆斯文稿中的一份剪报。

歌德

这与另外一半的法律构造者没有什么不同。在我面前的律师协会,自我认识它以来,就一直在进步。我现在非常确信,你们的论点,在简洁程度、关键要点以及表达风格方面,都远远超过了我以前从早期律协领袖们那里听到的论点。我并没有就此止步。我希望我可以不自欺欺人地再说一句:律师与法官,不仅仅是共事之人——他们也是朋友。

好吧,先生们,离开老朋友,离开已逝者的纪念碑,离开整个一生的所有关联,去往一个未知的新世界,是一件异常痛苦的事情。当年,我到联邦最高法院去为一起案件做辩护,曾经一睹最高法院的恢宏气派,那已经是遥远的往事了。至今尤记,我当时就觉得,只要有一个手戴金镯的黑人男孩,在法庭一端牵上几只灵猩,便可以构成一幅保罗·韦罗内塞①栩栩如生的画卷。首府——铺着柏油的路面——对我来讲,并不陌生。但是,我对华盛顿的印象,依然是战争时期华盛顿的样子,在那里,骡队陷在泥泞里,隔三差五就会看见写着"死人入殓"的标牌,偶尔还会看到"后面有试衣间",或可暂得片刻缓解。

此时,二十年来的工作也要面临评判,这不无悲哀之情。此刻,你们皆为法官,即便是你们,也更有可能会从你们职业需求的偶然性出发,而不是依据对某人的工作的任何一般性考量。

我曾经试图将法律看成是一个有机的整体。我也试图将法律看成是一种传统与共同体不断变化的欲求与需要之间的反应。我之所以研究传统,是为了可以了解法律如何演化成现在的样子,根据我们当下的需求评估法律的价值;我对《年鉴》的征引,常常是以怀疑的态

---

① 保罗·韦罗内塞(Paul Veronese,1528—1588),意大利文艺复兴时期的著名画家,与提香·韦切里奥(Tiziano Vecellio)、丁托列托(Tintoretto)一起被誉为威尼斯画派"三杰"。韦罗内塞出生于维罗纳,父亲是一位雕塑家,幼年时期便受到了艺术熏陶,后来师从伟大的意大利画家提香。韦罗内塞擅长利用圣经题材,描绘宏大而繁华的宴会场面,例如《加纳的婚礼》、《利未家的晚宴》等。——译者注

韦罗内塞的《利未家的晚宴》(上)及画作局部

度结束的。我考虑过当下社会的偏好与欲求,并且尝试认清构成社会的不同部分有不同的需求,我的工作不是要表达我个人的愿望,而是要表达——差不多我可以猜到的——过去的压力与现在彼此冲突的意愿交织作用的结果。我也考虑过我们据以构建需求概念的社会与经济预设,而我也不得不从一个冷静的视角来审视这些预设。在我看来,确定性仅仅是一种幻想,我们几乎无法根据科学的数据资料来确认,得到经验体系认可的是这一种而不是另一种规则;在我看来,我们几乎无法确定,在社会中施行的规则,究竟是更明显地有助于,还是不利于该社会的生存与福利,甚至也无法确定,那些最明智的规则是否仅仅是一些盲目的引导。

但是,我们拥有一个伟大的法律体系,至少要承认它是存在的。如果有人不确定此一法律体系本身[是否]优于其所能想象到的另一套迥然不同的原则体系,那么,他至少可以看得到一个优点——即便不是最伟大的,至少也是非常伟大的优点——那就是,我们知道它是什么。正是由于这一原因,我迟迟不愿意推翻一个判决。恰恰是我的怀疑,我对我们实施的法律体系或者任何其他法律体系的很大一部分绝对价值所保持的怀疑,使我非常不愿意增加对法院将要做什么的怀疑。我注意到,在那些将我们的法令大全视为——无论多么微弱的——永恒法之映象的头脑中,存在着相反的偏好。好吧,先生们,我要避免我强烈反对别人的长篇大论了,将我的案件交给你们,不是想要说明案件,而是知道只要一个人完成了自己的工作,通常而言,迟早都会有人发现目标,评判成功。

正如我曾经说过的,一想到将要离开的这一切,我就感到非常难过,难过的是,不知道会不会判定我已经高尚地完成了自己将内心的激情贯注其间的二十年工作。一想到未来,我也会感到难过,一种别样的难过。那将是一场对未知之境的冒险。在意识到路在脚下之前,谁也不会停下脚步,谁也不可能走远。但是,先生们,这将是一场伟大的冒险,这样的想法带来了巨大的愉悦。如果有机会为塑造整个国家的法律贡献一份力量,那么,就会让一个人呈现出那种曾经在等待一场即将开始的战役时所感受到的寂静。人不应该忘记危险,除非胜利降临!胜利终将来临,一旦怀有这样的念想,个人的忧虑就会越来越淡薄。一个人的精神力量汇合起来,凝聚到一个节点上。一个人注视着前路,吸引着朋友的目光——他挥舞着自己的剑——对他或者他们来讲,这可能都是最后一次。无论如何前进的步伐即将迈开。军队已部署完毕。他们会遵守指挥官的命令。我们不会动摇,我们不会失败。只要活着,我们就会抵达阵地工事;如果倒下了,我们就会将我们的精神注入后继者的身体,他们不会回头。万事俱备。号手,吹响冲锋的号角吧。

第三部分

美国联邦最高法院时期

第 53 篇

第二兵团协会聚会上的发言[*]

1903 年 4 月 13 日

第二兵团的战友们：

在我看来，在这里举行的此次聚会，相对于在座的几乎每一位而言，注定给我留下的印象更深刻、也更令我感动。我一直在其他一些领域工作。对我来说，那场战争已经成为一个昏暗的梦境。此时此刻，实际上是近四十年来的第一次，我又看到了波托马克河，也是第一次，我又看到那个伟大军团的幸存者。

我想将我们的回忆留给别人来讲述。但有一些东西，我希望自己能讲出来——一种比我们的回忆更崇高、更超凡的、更无以言表的东西——一种我从那些经历过战争的人的脸上看到的或者发现他们隐藏在心中的东西，我会从中找到战争对我们的灵魂造成的影响。那是浪漫的精神。那是生命的火焰。那些不了解直面子弹射来的方向而前行的人，如果他们愿意的话，可能

---

[*] 选自 Mark DeWolfe Howe, ed., *The Occasional Speeches of Justice Oliver Wendell Holmes*, Cambridge, Massachusetts: The Belknap Press, 1962, pp.158–159。保存在哈佛法学院的霍姆斯文稿中的一份霍姆斯的亲笔手稿。

会说平民生活的苦难比战争的考验更大。他们也许是对的。但是,那些在死亡之海浸泡过、又侥幸活下来的人,应该会从那场改变了他们世界的经历中有所收获。他们在苦难的学校里学到了荣誉与信仰。他们也懂得了生命的激情与命运的嘲弄。

  我的工作应该算是枯燥的。当然,这样的工作要求一个人要能形成尽可能不受情绪影响的判断。恰属法官的气质是抽象的。然而,即便是拥有该气质的人,一个经年累月默默无闻辛勤劳作来为自己的使命做准备的人,一个坚持自己像数学一样冷静的司法意见的人,一个遗忘了所有曾经亲眼目睹的战火纷飞的画面的人——即便是这样一个人,当他看到你们的面孔时,也会想起,并且还会说:正是和你们一起,我领悟到了什么是无所畏惧和至高无上的责任。正是与你们并肩而战,我在心中燃起了永不灭熄的火焰。

第54篇
经济因素*

对于你提出来的那些问题,我有一些看法,尽管算不上严格意义上的回应,但我想要表明我的一些看法。

真正的问题不在于是谁拥有——而是谁在消费——每年的产品。将这两个截然不同的问题混为一谈,是造成诸多谬误的根源,也误导了众多的劳工。五万美元的舞会以及其他私人的豪华气派所带来的真正恶果在于,它们往往通过迎合无知者的幻想,来固化他们头脑中的那种混乱,让他们觉得范德比尔特家族和洛克菲勒家族就像克莱奥帕特拉的溶珠一样,吞蚀了他们的财产。同样的观念也体现在亨利·乔治①的《进步与贫困》一书中。他阐明了财富为地主所享有的趋势之后,便认为自己已经完成了论述。他并没有考虑地主是如何处置财富的。

---

* 选自 Oliver W. Holmes, *Collected Legal Papers*, New York: Harcourt, Brace and Company, 1920, pp.279-282。这是一封为回应问题而撰写的信函,当时原本没打算发表,后来于1904年发表。——原编者注

① 亨利·乔治(Henry George, 1839—1897),美国经济学家与社会活动家,主要代表作品包括《进步与贫困》(1879)、《土地问题》(1881)、《社会问题》(1883)、《政治经济学》(1898)等。——译者注

亨利·乔治

我认为，无论你将洛克菲勒还是合众国称作美国所有小麦的所有者，从经济上讲，都无关紧要，只要那些小麦每年都是由人民消费的；除非洛克菲勒，依循自我追求的幻想，或者对权力的刻意追求，为了获取来年更大的回报，很可能会对未来给予更强烈的关注。

然后，在我看来，如果在当前体制下，出类拔萃之人会将自己的能力用于获得最大的市域及最大的回报，那么，该种能力的运用就是为了达到经济上可欲求的目的。

我曾经徒劳地劝说我们各个领域的统计学家们利用众所周知的形式展示——也可以用劳作时间或者任何其他方便的方式来表示——多数人消费的产品与少数人消费的产品的比例。这样就可以表明，私人所有权（制）是否被滥用于仅供少数人享用的过度奢侈品的生产。我认为这样的奢侈品不到百分之一。

据我所言来看，对无限私人所有权（制）的反对，是情感上的或者政治上的，而不是经济上的。当然，随着私人财富规模的不断增长，公众对于财富管理的关注也与日俱增。如果一个人拥有整个国家一半的小麦，并且宣布打算焚毁它们，那么，这种所有权的滥用是不会被允许的。群众会先杀死他，而不是忍受如此结果的发生。

但是，在我看来，如果每一件可欲之物都掌握在一个一心想要得到它的垄断者（但要受到一个限定，即必须消费该物，并且不得肆意损毁，因为——当然——它不应该被损毁）手中，那么，这几件物品的价值应该分别根据人们想要获得它们的欲求强度来确定，并且它们应该由那些能够获取它们的人来消费，这应该就是理想的结果。

提出的第一个问题[①]，如果允许我这么说的话，在我看来，是异想天开的。我找不到有什么方法可以明智地回答此一问题，如果我是对

---

① ［此处，可能是提问者提出的第一个问题，即］一个人是否能够通过提供服务，而使其像我们美国人中的一些人那样享有巨额财富。——原编者注

的,那么,看起来,这就意味着接受了我之前已经尝试证明的那些造成谬误或者混乱的原因。

就我所能够对此之回答而言,我应该说的是:任何一个人可以贡献给这个世界的一切,就是引导物质发生位移的智慧。一个人并不创造他使用的物或者他施加的力量。如果不需要引导的智慧,那么,力量就会变得很廉价。世界在物质领域的整体进步,就是将对智慧的需求一再推迟。显然,相对于所有劳力者的智慧而言,建筑师的智慧对房屋建筑形式变化的贡献更大。怎么可能有人估量得到导致变化的遥远因子的范围与价值呢?我怎么可能比较康德的猜想与拿破仑的帝国对人类生活产生的现代影响呢?如果说前者的影响更重大,我认为也算不是荒谬,尽管——当然——这也是无法证实的。我的实际回答是,巨额财富所意味的,不是与之相应的消费,而是一种发布命令的权力;还必须有人来执行所发布的命令,我不知道有什么办法可以找到特别适合的人,就像在市场竞争中赢得优胜的事实一样。

我已经宣示了我的观点,即巨额财富的所有者负有公共功能,因此,除了遵守我没有提及的法律问题之外,也应该受到某种否定性约束。此外,我希望可以看到他被禁止向慈善机构提供巨额资金,因为无法清晰证明那些资金是具有远见的公共投资。

我想再多说一句的另外一个问题,是与之相关的税收的性质。税收,如果从税收本身及其结果来考量,就意味着为政府治理之目的而从年度产品中抽取一部分,并且不可能再有其他什么意指。无论以何种形式征税,都必须由消费者负担,也就是说,主要由共同体中的劳作者和战斗者来负担。恰当的是,让他们明白税收究竟是什么,而不是以征税的形式来过度掩饰这一事实。

康德(左)和拿破仑

第 55 篇

悼梅特兰[*]

因在其被公认处于至高地位的领域中之所作所为而赞扬一位逝去的大师,是任何人几乎都会感到惭愧的。当他的著作完成之时,赞扬就已经太晚了,以至于无法给予全部所需的鼓励,而成功者得到的太少了。尽管如此,依然存在一种愉悦,即使是在迟来之时为某人作证,从而证实对于死后力量的想象,而所有无法寻求即时的成功回报的理想主义者和人们必定依赖此一想象而生存。我担心,如果梅特兰先生没有过于谦虚,而能从中得到些许欢愉的话,我确信,那一想象将会被实现。他对于英格兰法之渊源的渊博知识已为他阐明和解

---

[*] Oliver W. Holmes, *On F. W. Maitland's Death*, 23 Law Quarterly Review 137–138(1907)。原文发表时属于一系列纪念文章中之一篇,本无标题,此处标题系参照霍姆斯《法律文选》(Oliver W. Holmes, *Collected Legal Papers*, New York: Harcourt, Brace and Company, 1920, p.283)所加。弗雷德里克·梅特兰(Frederic W. Maitland, 1850—1906),英国法学家、历史学家,早年在剑桥大学埃顿学院与三一学院读书,后在伦敦的林肯律师学院研习法律,1876 年取得律师资格。在经过一段时间的律师执业后,于 1888 年就任剑桥大学教授。其最著名的作品是与弗雷德里克·波洛克(Frederick Pollock)爵士合著的《爱德华一世时代以前的英格兰法律史》(*The History of English Law Before the Time of Edward I*, 1895);其他代表作品还有《布雷克顿笔记》(*Bracton's Note-Book*, 1887)、《英格兰的罗马教会法》(*Roman Canon Law in the Church of England*, 1898)以及《英格兰法与文艺复兴》(*English Law and the Renaissance*, 1901)。梅特兰毕生致力于英格兰法研究,他在该领域的杰出贡献在于将历史与比较的方法运用于对英格兰法律制度的研究。——译者注

梅特兰

第 55 篇　悼梅特兰

释当前法律提供了准备,或许,其他任何人都还没有准备好。对于其良好的判断力而言,他的知识仅仅是一种工具。他的语言能力和表达天赋使得其良好的判断力和洞察力得以彰显,因而,对于他的著作,即使是那些涉及人们可能会认为属于枯燥无味的细枝末节的著作,任何一位经过适当准备的读者一定会变得兴趣盎然、全神贯注、如痴如醉。

他最后的著作《莱斯利·斯蒂芬爵士的一生》(*Life of Sir Leslie Stephen*)是一次对于全新领域不甚成功的涉足,仍然显示出同样的天赋和潜意识的灵性,这并不令人惊奇,却在那里发现了更为自由的表达空间。详细阐述对于梅特兰先生成就的评价需要时间,而我的工作不允许我这么做。但是,我不愿错过这次机会来说出我所相信的有关他的事情,并将一束花环,那怕是干枯的花瓣,置于他的墓前。

第 56 篇

霍尔兹沃思的"英格兰法"*

对于英格兰法的研究,已经越来越感受不到科学的脉动了。但近三十年来,除了那些将法律当成一个杂货袋,可以从中挑选他们想要的布料和颜色的法律执业者之外,还有一些研究者正在将他们的知识变得更有系统。因此类努力而取得的一项杰出成就,就是波洛克与梅特兰的历史。霍尔兹沃思先生则给我们提供了另外一项成就。前者主要论及的是英格兰法这一主题的发生学研究;而刚刚出版的该部两卷本著作则是依循《年鉴》勾勒英格兰法的发展历程,直到我们现在开始承认的英格兰法的成熟形态。一个事物的发展历程是很难描述的。霍尔兹沃思先生应该因其用于完成创作的技艺而获得赞誉,但也恰恰是因为他的创作技艺,而使得我们很难诠释他的著作。人们会意识到那些复杂的先质前因——撒克逊人的传统、诺曼人的习惯、罗马人的法律、英格兰诸王的性格、议会的兴起、不断变化的经济

---

* Oliver W. Holmes, *Holdsworth's English Law*, 25 Law Quarterly Review 412–415(1909)。该文系霍姆斯为英国法学家霍尔兹沃思的《英格兰法律史》(William S. Holdsworth, *A History of English Law*, London: Methuen & Co., 1909)撰写的一篇书评,原文标题即如此。——译者注

需求与目的——法律之株孕生其中,人们也会看到这样的成长。阅读之后,会让人们确信自己刚刚听过了一堂关于思想之起源与生命的最重要的实物教学课。记忆琐碎细节的难点在于很难标记构成一个生命演进过程的诸个步序。人们会看到胚胎成形、不断增长的形态与连贯性,比起标记那些变化的时刻,要容易得多。

恰当地运用古籍研究与实用性知识,是需要技巧的。该部著作所讲述的内容,足以满足绝无偏倚的哲学上的好奇心,但也不会超过任何一个想要理解其创作技艺的人应该阅读的范畴。诚如霍尔兹沃思先生所言,"我们无法将普通法的起源标定在比十二世纪上半叶更早的时期"。有鉴于此,他实际上并没有花太多时间研究他所谓的盎格鲁—撒克逊人的古风习俗,而是放在了他所讲述的耳语传闻上,并且完成了一个恰当的开端。其他次要影响因素还包括教会法与罗马法,也给予了精致而审慎的阐释。如其所释,这些影响因素强固了王权;推动了应该算是第一次将全新[法律]汇编予以系统化的尝试;倾向于限定古老的责任原则(或许可以在责任自负这一命题得到更有力的述明);介绍了促进自由财产转让的最终遗嘱以及土地赠与账簿;提出了新的救济方法以及诉讼中的例外情况;简言之,那些影响因素的异域环境,经由各种不同方式,特别是通过它们对王室法院的影响,强行促使本土植物的生长。我们从中读到的许多——或许是绝大部分——内容,都是以前讲述过的,作者也坦率地提及了以前的著作,但在这里,却是以连贯的形式、根据恰当比例来讲述的,进而讲出了关于普通法之起源与生命的故事。

之前已经提醒人们注意在诸多思想之间展开的生存竞争;注意在有一些思想消亡的同时,另一些思想却穿上了征服者的战衣;注意法律仅仅以理论而终结,却又以具体案例而开始这一事实。但据我所知,在此之前,这些本该予以考虑的因素并没有得到足够的重视。霍

霍尔兹沃思

尔兹沃思先生阐明了这些因素,或多或少涉及此一研究路径。举一个小例子,二十一岁——骑士成年的时间——优于十五岁,农役土地保有人①成年的时间。但最有说服力的例子当属契约。我们看到的是,早期被视为财产转让或者像财产寄托那种自身即构成一个项目的东西如何被归入契约之下。担保人从早期的人质变成了订约人。我们从中得到了许多例证,足以证明象征缔结契约的正式行为与宣誓作为最终获得权力的真实且正式契约的早期竞争对手始终存在。教会对于违背约誓的伪证的惩罚,一直持续至一个很晚的时期②,尽管此一观点始终存在争议,但我却认为,有迹象表明,宗教大法官在禁绝违约救济之前是有所顾及的。

尽管我一直在谈论契约,但还可以补充说,对我而言,从侵权行为到损害赔偿之诉的进步,似乎比以前更好讲一些。假如有一个人坚持遵守一项已经执行的对价,而不履行自己的承诺,就会构成欺诈;如果他不信守没有支付对价的承诺,则有可能造成不幸,在我看来,这两者之间存在的混淆,在一定程度上会持续下去。对价学说的本义在于,如果一个人所依赖的是一项没有对价的承诺,那么,他就只有自担风险。除非基于对承诺的信任而采取的行动,是据以做出承诺的一般诱因,否则就根本不会生效。当然,我所意指的一般诱因,是指根据协议、经过认真考量而被当作承诺之根由的东西,而无论动机实际上可

---

① 农役土地保有人(socman),源于英格兰古代法中的一项被称为"农役土地保有"(socage)的制度。根据英格兰古代法之规定,英格兰封建土地保有主要包括三种方式:农役土地保有、骑士役土地保有以及自由教役保有。农役土地保有,以完成每年固定的农务或者交纳一定数额的金钱为条件,内容确定;相对于农役土地保有而言,骑士役土地保有的义务更荣耀体面,但也更危险、更繁重,更具有不确定性,例如,每年必须有 40 天追随国王征战;而自由教役土地保有是宗教性的,例如,规定教会法人及其继承者永久保有捐赠者的土地时,免于向领主承担除宗教役务之外的一切役务。参见薛波主编:《元照英美法律词典》,北京大学出版社 2013 年版,第 578 页、第 772 页及第 1266 页。——译者注

② In Chaucer's Frere's Tale the Archdeacon "dideexecucioun Inpunisshinge of … diffamacioun … and of testaments, of contractes, and of lake of sacraments," etc.

能是什么。除非是我的记忆欺骗了我,否则,那个错误的学说有时被当成损害赔偿之诉所源生的主要基础。

如果说思想的成长及其为生存而展开的竞争,是现在以及未来的利益所在,那么,法律中最终极的、最重要的问题就是思想的价值问题。我所意指的是思想在一个更为宽泛意义上的价值,而不是表达时下共同体实际意志的价值。仅此而言,目前还没有什么人值得多说几句。要想回答这个问题,我们首先应该确立我们据以形成价值判断的理想标准;不同社会阶层对此类理想标准的表述,至少在形式上,应该会有所不同。但是,假如我们认同法律的目的是(例如)为了某一类人的生存,那么,我们还是应该朝着塑造一部科学法典的方向迈出哪怕是很小的一步。统计数据会让人对刑法的效果产生怀疑。谁能证明主仆学说或者对价理论有助于实现所设的理想?支配国家对于结婚与离婚的态度的,更多地是教会与传统,而不是事实。无论在哪里,我们都会发现,所谓的善法之所以被称为善法,是因为人们看到这些法律促进了一种他们想要追求的理想结果,而没有看到在相对模糊的对抗作用中不得不付出的代价。人们想要编造一部迥然不同的法典,如果恰巧采用了该法典,人们就会在该法典之下像现在一样衣食无忧。但那个"如果"是一个非常伟大的假设。众所周之,这株树已然长成。实际的问题是,下一个渐次而生的步骤是什么。毫无疑问,人们会看到一项规则或者一种学说如何逐渐形成,或者人们也会注意到据以将社会偏见当作永恒原则的质朴天真,此时,法律的历史就会鼓励怀疑主义。但它也会导致一种无法令人信服的保守主义。因为法律的历史表明,可以假定,肯定值得期待的几乎仅有一件事,那就是人们应该知道游戏规则。对其中一些规则的价值的怀疑,并不构成法院不遵守规则的充分理由。如果立法想要有所改变,那么,至少要公示。毕竟,我们中间有些人跟社会学家莱斯特·沃德(Lester Ward)先生一样,

沃 德

相信人造物优于自然物,并且他们或许会从已经完成的工作中找到某种理由,足以支持他们相信人类依然可以有意识地、有智慧地掌握自己的命运。

  霍尔兹沃思先生始终在给我们讲述着一个兴味盎然的故事。这是人类最伟大的文献中最为至关重要的篇章之一——也是关于人类最相信与最想要的事物的传说。此一故事是用学识与科学的本能来讲述的,也可以将这部书同样推荐给可以理解它的哲学家和力求务实的法科学生。塔德的读者会看到作者的模仿法则得到了最杰出例证的阐明,如果他们怀疑究竟在多大程度上可以说任何一项制度中的基本原则是永恒的,并且会意识到,对于往昔的模仿,除非我们有一个支持变化的清晰理由,否则既不需要正当性论证,也不需要强烈的欲求。在我们对自己想要的不一样的东西形成一个清晰认知之前,这就是不可避免之事的一种表现形式,只得接受。

第 57 篇

六一届[*]

毕业五十周年,1911 年 6 月 28 日

校长先生、各位校友:

  阿拉斯加经常出现的景象之一,我相信,就是一块巨大的冰川碎片断裂,沉入大海那一刻。我记得,最后一次见证大学班级定期的五十周年聚会,还是我听到朗费罗(Longfellow)吟诵"吾将亡,致汝敬"的时候。如果让我去复述即将死去的角斗士们的那句习语,那一定是出于知识和理性,而不是情感。我承认,我总是想知道,还会不会梦见自己还活着,还能不能醒来发现所有自认为已经完成的事依然摆在那里,生命仍在前方。然而,我们已经获得了警示。甚至就在刚刚过去的三个月里,世界闻名的生理学家亨利·鲍迪奇(Henry Bowditch)、世界闻名的地质学家弗兰克·埃蒙斯(Frank Emmons)已经离开了这个班级,只留下了伟大姓名的影子。

---

 * 选自 Mark DeWolfe Howe, ed., *The Occasional Speeches of Justice Oliver Wendell Holmes*, Cambridge, Massachusetts: The Belknap Press, 1962, pp. 160-162。自 1857 年入哈佛大学读书,至 1861 年(恰于南北战争期间),时年二十岁的霍姆斯从哈佛毕业,在与之同班级的同学中,有许多人入伍参加了那场战争。——译者注

我更愿意将他们看作是六一届的人,不仅是因为他们的行动,而且还因为他们高贵的沉默。我有幸能成为在我看来有些类似的两个群体——马萨诸塞第二十兵团与六一届——中的一员。第二十兵团从未在报纸上宣扬过自己,但却因其在战场上的死伤,而位居所有北方兵团的前列。我们这个小班级从未奢谈过自己,但毕业时恰逢南方脱离联邦战争爆发,在八十一名成员中,有五十一人应征入伍,是所有班级中被派上战场的最高比例。

对于信仰与品味,一个人会从时间中学会一种从容宽和的态度。生活是绘画,而不是计算。就像二十位有天赋的人,从同一个窗口眺望,他们会画出二十幅油画,各不相同,每一幅都是伟大的作品,那么,人们就会想到,人无完人,瑕不掩瑜。然而,毕竟,对于什么是最好的,我们每个人都有自己的观念。我在兵团和班级里学到了这样一个结论,无论怎样,我都认为,我们能够为我们的国家和我们自己所提供的最好的服务就是:尽可能地观察并且感受隐藏在每一个细节背后的伟大力量——因为这样才能明确区分哲学与流言、伟大的行动与卑微的行为;即便是大西洋中最微小的波澜,也强于巴扎德湾的浪涛——从而尽可能地扎实、可靠地完成一项工作,努力使之成为第一流的作品,无需自我标榜。

诚如几年前穆尔菲尔德·斯托里(Moorfield Storey)在一篇精彩演讲中所言,大学时代的我们都很清贫,这对我们来说是一件好事。至少,我们过着应该过的生活。在我看来,对一个年轻人来说,西点军校的训练更适合塑造一个人,而不是让他在二十岁时将所有奢侈的生活用品全都倒进沟槽里。我们得益于这样的规训,在结束之前,我们都是在军营里经受军校的训练。人,天生就是命中注定的理想主义者,因为他自降生伊始就是为了行动。采取行动就是为了证实某一目的的价值,而坚持证实某一目的的价值就是为了实现一种理想。我们年轻时所经历的严峻考验,帮助我们达成了命运的安排。它让我们从生活中感受到,快乐并不产生幸福,快乐的根源与责任一样,都是为了实现某一伟大的目标而倾尽全力。

  当一个人自空中聆听一个伟大城市的隆隆轰鸣时,那些声响俱入双耳——几乎难以分辨,但就在那里——教堂的钟声,正点时刻的报时,或是匆忙中的停顿,为了暂时的逃避与祈祷。商业活动早已凌越于那些曾经俯视交易市场的教堂尖顶,但它们的音符依然从喧嚣中演奏着乐曲。对于并非教徒的我们来说,此一象征依然鲜活。生命是一场商谈与斗争相交织的喧嚣,但就在它的中心,却依然响起一曲神秘的精神乐音,为整个生命赋予了意义。它将枯燥的细节转化成浪漫的传奇。它让我们意识到,我们唯一但完全充分的意义即是作为难以想象的生命整体的组成部分。它表明,即便我们认为我们总是自以为是,但我们活着同时也为了自身之外的目的。

第 58 篇

反思过往与将来*

在兄弟会晚宴上的发言,1912 年 9 月 27 日

　　孩提时代,我时常有机会观看某日的庆典——或许是将科奇图维特湖水引入波士顿,或是约翰·昆西·亚当斯(John Quincy Adams)的葬礼,甚至我根本不知道是什么——我印象最深的是一车老兵所扮演的角色。我从中获得了一种观念,并且始终秉持着,那就是生命的荣耀应该作为一个幸存者,在市民的游行中、在驳船上得以展示——对此,我并没有太过好奇地想要探究什么。此刻,我开始意识到那种沉郁的快乐,感觉就像我在无意中听到霍尔(Hoar)法官谈论到的老绅士,他会在晚餐前想起乔治·华盛顿(George Washington)——在晚餐后,又想起克里斯托弗·哥伦布(Christopher Columbus)。回到兄弟会。在我那个年代里,在被 1860 届的两位成员从绝境中拯救出来之后,我们便时常在位于林登街的丹福思(Danforth)家聚会,我觉得比在我家的

---

* 选自 Mark DeWolfe Howe, ed., *The Occasional Speeches of Justice Oliver Wendell Holmes*, Cambridge, Massachusetts: The Belknap Press, 1962, pp. 163–167。保存在哈佛法学院的霍姆斯文稿中的一份霍姆斯的亲笔手稿。

任何地方都更频繁,那里的优势在于恰好就在大学校园外面。如果我没记错的话,我在此之前在那里参加的最后一次聚会大约是在1860年或者是1861年。在那些日子里,兄弟会经常在觥筹交错之前聆听一些成员的文章。在还没有追溯到哥伦布的时候,如果我提及那时我的祖母还活着,并且她还记得,在独立战争前,当英国军队到来时,她们搬离了波士顿,这或许可以帮你们与过往联接起来。我谈到了引流科奇图维特湖水。当我还是个孩子的时候,我家后院里有水泵。还没有通管道的盥洗室——即便在丹福思家,也没有这样的奢侈品——著名的盖伊提(Gayetey)和他的朋友也还没能用纸巾代替报纸。照明的光来自蜡烛和鲸油灯,却总是让人无从下手。后湾的水漫至阿灵顿街,公共花园是一处枯燥乏味之所。你可以从坎布里奇乘公共马车——也可从菲奇堡站乘火车折返一小段路,再乘马车(不是有轨电车)到法学院大楼附近。这就是战争前的一切,那时我还是个孩子。随后发生的一些事情,对你们大多数人来说,更像是一段古老的历史。如果我说我曾经与克兰沃斯(Cranworth)大法官一起坐在法官席上,与帕克勋爵①一起共进晚餐,律师们可能会觉得有些疏隔。如果我说我曾经与拜伦(Byron)的同学、查尔斯·兰姆(Charles Lamb)的朋友——巴里·康沃尔(Barry Cornwall)——交谈过,每个人就会觉得有意思了。战争本身,虽然启动了几乎构成一种全新战争技艺的变革,诸如野战电讯、后膛枪炮以及装甲车等,但若就其方法而言,今天听起来依然显得遥不可及。我们利用两队配合紧密的士兵作战,后队在前队的肩上射击。假如今天有某一兵团如此作战,就会被彻底摧

---

① 詹姆斯·帕克(James Parke,1782—1868),英国大法官,政府颁授的世袭男爵。1799年,入读剑桥大学三一学院,后于1806年、1835年先后获得母校颁授的文学硕士及法学博士学位。1813年,自内殿律师学院考取执业律师资格;1828年,被委任为王室法院的陪审法官;1834年,转任财政法院法官;1856年,被授予文斯利代尔男爵,获取上议院议席,得以参与听审上诉案件。1868年2月25日,卒于家中,其世袭爵位因无子嗣继承而终绝。——译者注

毁。然而,我记得,在莫尔文山的半岛上,我看到了使此一情况不可能发生的缘由的萌芽——在形状上像是一辆顶部配置枪筒的小型卡丁车,据称,它会像一条水龙一样发射出连绵不绝的子弹。我还从未听说它成功了,当时,我以为它应该与我曾经见过的、侧面印着"来见耶稣"的基督使命彩炮处于同一层面上。

然而,我们的利益毕竟是在现在和将来——而不在过去。这样的利益才是我们真正的主题,对于任何一个还没有落伍的人来说,问题在于他会对那些利益发表怎样的看法。我已经学会了不再相信简单公式戏剧般的完整性,并且也不太相信预言。二十年前,皮尔逊(Pearson)预测认为,从长远来看,仅仅经由人口在热带和中间地带的迁徙扩散,黄种人即可领先于我们,我们应该有所警觉。此番预言曾经令我异常振奋。时至今日,我又被詹姆斯·希尔(James J. Hill)关于资源枯竭的预言所打动。然而,皮尔逊预言的结局领先得太远,只有在想到希尔先生的预言时,我才稍有慰藉。如果他是对的,我们将养活比其他地方更少的人口,并且可能很少有什么机会需要像他那样的预测能力,在我看来,这样的预测能力是人类最伟大的力量之一。但是,人口较少的族群在他们的时代做过的事情,有可能还会重复。我想,尽管雅典政制不可能让纽约维持十天,但它依然比美国更有价值。或许,将来我们应该更少关注数量,而更多关注质量,并且努力培育一种种族。即便我们不得不放弃詹姆斯·希尔,而转向埃斯库罗斯(Aeschylus)和亚里士多德,但也会有所补偿。或许正是由于黑格尔所警示的大自然的自我挫败,文明将会杀死自己;或者恰如弗林德斯·皮特里(Flinders Petrie)所认为的,或许可以发现存在着一个文明的兴起、衰落与消亡的周期循环。但是,即便如此,我们依然希望有一些幸存者能将火炬传递下来,就像1860级的那两位先生将兄弟会的生命之流接续下去一样。无论我们从大自然中学到了什么,我们都会从中

亚里士多德(左)与黑格尔

获得一种神秘的信仰。

我最近正在阅读一部经典著作,或者说是一些著作,因为包含了十卷——法布尔(Fabre)的《昆虫记》。这是一本追根溯源的著作。我非常确信,可以从该书中找到隐藏在我们曾经一度以为是在梅特林克(Maeterlinck)的《蜜蜂》中听到的回声现象背后的起源。我觉得,这一定是激发了柏格森(Bergson)哲学最显著的特征之一。这部书仅仅是精致地讲述了一个关于终生守望甲虫和黄蜂的故事,但从这个故事中,我们学到了我刚才谈及的那种信仰,如果我们以前没有此种信仰的话。多年以前,我从巴托尔(Bartol)博士那里听说过此一学说。他说母鸡孵蛋只是服从她无法理解的命运。法布尔告诉我们,昆虫的幼虫出生后,会在橡树心里度过他们的一生,三年后,当蜕变时刻到来时,就要建造一个在幼虫时并不需要、但在变成甲虫时需要的带有宽敞通道的房间。他们听从了命运的安排,却没有看到应许之地。适于昆虫幼虫与母鸡的法则,同样也是适于人类的法则。我们都有宇宙的命运,对此,如果未知有涯,我们就无法预知结局。我们的任务就是投身于生活之中,立刻接受我们的职责与我们的无知,以及将我们的内心奉献给命运。当一个人接近终点时,如果能得到像我身边的朋友们暂时的保证——一个人应该承担自己的责任,并且不应该丧失信仰——那将是一种莫大的幸福。

第 59 篇

法律与法院[*]

在哈佛法学院纽约协会晚宴上的演讲，
1913 年 2 月 15 日

主席先生和各位先生们：

在那些我们学会鄙视的诸多情感中，虚荣是最富有哲学意味的。因为如果我们将某人禁锢于少数人一方，那么，虚荣将会促使其希望让别人相信，他的努力并非徒劳。如果某人对于权力的渴求并非来自公职，而是出于私心，那么，他将永远无法理解，任何的幸福都不是愚人的天堂——他将永远无法确信，他也可以跻身于那些慧悟之人中的大师们的行列。那么，至少等到某人年近古稀之时，相对于阵地上的熊熊战火而言，他或许很少再能听到号角之声了。我已经过了这个年龄，但我依然驰骋疆场，并且，很少能有机会像这样停留片刻，花上些许时间来感受某种颤抖的希冀。而这些都是对于奋斗一生的回报。

然而，还是让我将话题转向更易感受的现实——转

---

[*] 选自 Oliver W. Holmes, *Speeches*, Boston: Little, Brown, and Company, 1913, pp.98-103。

向令世人瞩目的最高法院吧,迄今为止,我有幸在这里度过了十年的时光。我们都非常平静地置身于此,但是,正如我们大家所了解的,这是风暴中心的平静。科学已经让世人学会了怀疑,同时也赋予了用证据检验一切的正当性。许多美好和高贵的尊崇被削弱了,但是现在,如果要求证实任何制度、体系或者信仰在世间继续存在的正当性,那么没人能抱怨什么。当然,我们没有被寄予希望,但也没有逃避。有人对于我们的存在表示了怀疑。我们不仅听说,当马歇尔宣布某一项国会法案违反宪法时,他篡夺了一项宪法未曾赋予的权力,而且,我们还听说,我们是某一阶层的代表——是金钱权力的工具。我收到了一些并非总是匿名的信件,暗示我们是腐败的。唉呀,先生们,我承认,这种说法令我心痛。当一个人殚精竭虑以设法做好工作,心无旁骛而专心按其应遵守的规则解决问题时,如果他了解到,有许多人怀着邪恶的动机,并且乐于证明某人是有意识的败坏,那么这将是令人非常痛苦的。但是,我们必须从哲学的视角上对待此类事情,并且尝试寻找我们可以从憎恨和不信任中学到些什么,以及发现在其背后是否可能存在某种无法言说的真理的根源。

这些对于最高法院的攻击仅仅是那些对社会不满之人的某种情绪的表达,他们似乎不甚明确地想知道法律和秩序是否具有价值。当那些无知之人学会怀疑时,他们不知道他们确实可以相信什么。在我看来,此时此刻,我们所需要的是对于显见之理的教授,而非对于不明之物的探究。正如我在让人们了解少许有关社会和经济原理时的感受一样,我看不出高档生活消费委员会的直接用途,也不理解那些关于高档生活消费在多大程度上是出于黄金产量的提高、在多大程度上是出于牧场的减少和人口的增长以及在多大程度上是出于无中生有的问题的调查。大多数人是在戏剧性地而非准确地思考这一事实,即富人们记得的总是比他们实际上做的要多。我们很容易将宫殿与茅屋、雪利之地的晚宴与工人的水桶进行比较,而从不去追问或者意识到退回多少以获取成功的奖赏(仅仅是次要的奖赏——因为强势之人极为关注的唯一奖赏就是权力。给予将军的奖赏不是更大的帐篷,而是指挥权)。我们很容易将所有权视为某一终点,而不是看作某种途径,并且也没有意识到除了个人消费税之外,大额所有权意味着投资,而投资意味着将劳动力导向可以产生最大收益的生产——正如恰恰由以下事实所显示出来的,这些收益不仅仅是由少数人而是由多数人所享受的。如果我可以在自己嗜好的主题中沉湎片刻,我将会说,我们应当思考的是事物本身而非语词——应当抛弃所有权、金钱、等等,而思考大量的产品;思考小麦、布匹、铁路运输。当我们思考这些[产品]时,显而易见的情况就是,大多数人都在消费它们;他们现在的确实实在在地拥有了存在的一切,似乎整个所有权都属于美国了;大量的财产现在由社会进行管理,而私人所有权的功能则在于提前预测社会需求的平衡——社会主义同样也不得不对这种社会需求的平衡进行预测。然而,在追逐私利的幻相之下,对于这种平衡的预测则需要更加确实、更加敏锐。

我希望能让公众认识到有关公平价格的问题是由如下事实产生的,即我们当中没有人能够拥有和我们所有想要的一样多的东西;当社会生产小于公众需求时,问题就在于,对于每项产品来说,公众将会拥有多少,不能得到多少也过得去;因此,最终的竞争则处于各种需求产品之间,从而也就处于那些产品的生产商之间;当我们将劳动力与资本对立起来时,劳动力就意指出售其产品的群体,而资本则意指所有购买该产品的其他群体。可恶的资本家仅仅是一个中间人、预测者和根据其对于未来需求所作的预测而进行调整之人。如果你们愿意相信这些,那么人民大众将对于法律的价值不会再有任何怀疑。

这是我对于当前这些不满情绪所进行的外部思考。对于其中所蕴含的真理,这可能没有几分裨益。正如应当成为的那样,它无助于解释这一点,即法律落后于时代。我曾经告诉过一位劳工领袖,他们所要求的是利益,如果某项裁决不利于他们,他们就将其称为邪恶的。或许,也应当将同样的话告诉他们的对手。这就意味着法律正在成长。有一些信仰在思想的战场上获得了胜利,接着又转化为行动,当法律体现了这些信仰时,只要仍然存在怀疑,只要对立的信念之间彼此依然战斗着,那么法律的时代就仍然没有到来;这一注定获胜的观念仍然无权进入这一领域。如果一位法官将自己对于一方或他方的有意或无意的同情注入法律当中,而忽视了在他看来属于首要原则的东西会被他一半的同事认为是错误的,那么这将是一个灾难。二十年前,当一种隐隐约约的恐怖气氛笼罩全球,并且开始听说社会主义这个词时,我当时认为,现在依然认为,恐惧被转化成了一些在宪法或者普通法中根本找不到恰当位置的原则。法官们很容易成为幼稚无知、头脑简单的人,因而,他们需要具有梅菲斯特(Mephistopheles)的一些特征。我们还需要对于显见之理的教授——学会超越我们自己的信念,并且,根据有序的法律变迁,为我们所珍视之物留下空间,以消解短暂的巨变。

我不相信万能灵药,并且在突然降临的毁灭中几乎不存在此类事物。我相信孟德斯鸠所说的话,如果一场偶然的战争——我还要补充:一项通过的法律——毁灭了一个国家,那么,当时一定存在某个起作用的普遍原因,使得这个国家仅仅因为一场战争或者一项法律就趋于毁灭了。因此,无论如何,我对于人们现在如此极力推崇的那些万能灵药没有任何兴趣。我不认为,如果我们失去了宣布某项国会法案无效的权力,美国就将会终结。我认为,如果我们不能宣布一些州的法律无效,联邦政府则会陷入危险之中。因为一个身处我的位置之上的人将会看到,某项地方政策将多么频繁地影响那些未经训练之人的国家观点,而且将多么频繁地使得体现商业贸易条款内容的行动归于无效。但是,目前我还不知道,有任何限制最高法院在这方面权力的郑重需求。在当前的法律状况之下,对于可以被恰当地称为罪恶的大部分事物而言,正如公众观念中的罪恶一样,我认为,对于我们来说,主要的补救办法就是变得更加文明一些。

如果我是正确的,那么,对于我们的人民来说,达至理性的视界将是一项进行缓慢的事业,同时,尚需假定我们可以通过温和的努力而实现那一目标。我是在随着年龄增长的同时,才逐渐变得平和起来的。如果我感觉到,来自新民族之间的竞争将会比工人之间的争夺更为尖锐,并且将会检验我们是否能够一起并肩战斗下去,这些或许只是一个老人的忧虑;如果我担心,我们正在以一种我们无法跟上的步伐挥霍着世界的资源,那么,我并没有丧失我的希望。我并没有将我对未来的梦想固着于我的国家甚或我的民族之上。既然我愿意预测未来,那么,文明无论如何都将会延续下去——或许仅有较少的数量,然而,凭借科学或许会孕育出伟大和辉煌,我认为这是有可能的。正如幼蛹为了其从未见过、但注定要蜕变而成的展翼之蝶准备洞穴一样,人类也拥有其无法理解的宇宙的运命,我并不认为这是不可能的。于是,在相互争斗的民族和贫瘠不堪的地球的图景之外,我抓住了梦境中的和平之光。

前几天,我的梦想生动地演绎于我的脑海之中。那是一个黄昏。在财政部附近,我正沿着宾夕法尼亚大街朝家中走去,当我穿过谢尔曼的雕像向西远眺时,落日将晚空燃成一片深红。然而,正如瓦格纳①的歌剧中骤起的音符,在天际之下,有一些稀疏的星光与暗

---

① 理查德·瓦格纳(Richard Wagner, 1813—1883),德国著名作曲家,尤其以浪漫歌剧著称,常以日耳曼人的古老传说作为其作品的素材。其主要作品包括《汤豪塞》(*Tannhäuser*, 1845)和四幕歌剧《尼伯龙根的指环》(*Der Ring des Nibelungen*, 1853—1874)。——译者注

瓦格纳

二十世纪初期华灯初上时的宾夕法尼亚大街

淡的灯光相互辉映，但不甚和谐。我暗自思忖，《众神的黄昏》即将谢幕了，还有，这片天空新的主宰将来自那些如邪恶之徒般成群的星球之上。正如我们所生活的这个时代。不过，我记得我曾经部分表达过的、对于无法依凭我们的恐惧而加以揣测的宇宙的信念，这个宇宙拥有自己的思想，甚至还有比其内部思想更多的东西。夕阳西下后，当我瞩目凝望时，在华灯之上，有群星在闪烁。

第 60 篇

《欧陆法律史丛书》导言^{*}

1911 年 11 月 28 日

那些在本卷及《丛书》中发表著述的作者无需介绍。他们指引了那个有幸暂时可以将自己的名字忝列其中的人。但是,一个老兵说的几句话,或许能引起那些还在士官学校里、还没有看到自己第一次战斗的人的关注。

哲学家教诲我们,思想是迈向行动的第一步。信仰,只要与愿望的实现有关(像大多数信仰一样),首先会引出一种社会态度,然后就会主导经过整合的社会行动——也就是,法律。因此,自其存在以来,法律就表达了人们最强烈的信仰与欲求。此外,自《十二表法》及萨利克法兰克人的法律时代以来,西方世界的信仰与欲求已经有了巨大的变化和发展,因而,如果在多年以前说,法律或许应该被视为一个伟大的人类学记录,我认为有些危险,近于老生常谈。但是,有一位某州律协的

---

* 选自 Various European Authors, *A General Survey of Events, Sources, Persons and Movements in Continental Legal History*, Boston: Little, Brown, and Company, 1912, pp. xlv–xlvii, 亦可参见 Oliver W. Holmes, *Collected Legal Papers*, New York: Harcourt, Brace, and Company, 1920, pp. 298–302。

杰出绅士却声称难以理解我的意思,显然,这些粗浅的原理还需要持续不断的重述。任何一个对思想感兴趣的人,只需对我提出的建议稍加参酌,便会意识到,法律史就是对一系列重要思想的发生学研究,或许比其他任何一种历史都能更好地讲述一个种族的往事。

通史或者文学史作品的麻烦之处在于,它们所涉及的前提或者结论都是无法量化的。我们很容易承认它们的假设,即如此这般的先前事实往往会导致如此这般的后续事实;但是,有多少个先前事实才会必然导致多少个后续事实,以及其中任何一种事实实际上究竟有多少,我们都一无所知。另一方面,在哲学与经济学的历史上,我们可以更自信地说,我们追溯了前因后果。哲学史阐明了人的思想的诸多连续阶段之间的内在联系;经济学史则诠释了支配人的行动以及(有人认为)真正决定着人的思想的一系列外部事件。无论怎样,后者适合前者,就像一座大教堂的外饰与内部相匹配一样——尽管教堂外面有滴水怪兽和梅菲斯特,里面也有天使和圣徒。

在此一隐喻中,没有法律史的位置;但就平实的文体风格而言,法律史介于另外两者之间。当我们追随着它从一个世纪走向另一个世纪时,我们发现实用中的逻辑总是试图将从经验中产生的具体判例转变成普遍规则,以及在有意的概括与其他竞争形式之间的生存竞争。我们看到了从简单到复杂的蜕变。我们看到了环境变化催生的新制度,并且新的信仰与欲求代替了旧的信仰与欲求。我们观察到,那些例证就像诗歌或者音乐领域引人瞩目的实例一样,证明了每一个世纪带来的重点事物的普遍变化。某一个论点,在普劳登时代会占据优势,或许在埃伦伯勒勋爵时代会引出一个亟待解决的难题,而现在却只会得到一个微笑的回答。

《苏格拉底之死》

我所说的至为明显的寓意是,法律将为哲学的头脑提供哲学的食粮。在那场分离战争①中,我所在兵团的军医总是将世人分成外来人与自己人。这样的划分就像柏拉图一样古老。我认为,《会饮篇》之所以流芳百世,并不是关于阿里斯托芬、亚西比德以及苏格拉底动听的蜚语流言,而是因为《会饮篇》与其他一些《对话录》第一次清晰地表达了流传至今的自己人的信念,即更耐人寻味的不是物,而是思想。对自己人来说,就对本卷及后续诸卷主题之推荐,我已无需赘言。但是,从中受益者又不仅限于自己人。如果一个人从实际运作层面对自己从事的工作有所了解的话,那么,相对于专门花时间来阅读所有汇编判例而言,他就可以更好地利用闲暇时光了。那些汇编判例往往只是体现了法律思想很小的变化。它们代表了(一方面)传统和先例与(另一方面)自由宽松的理想观念之间在当下的妥协。即便是最平凡的理想,也要尽其所能更好地把握主题,这样做是值得的。因而,我们尽己所能地去启迪我们所追求的理想观念,去理解我们受之约制的先例,也是值得的。如果想要大刀阔斧地从事法律执业,那么,法律史与社会学和经济学一样,也是一个不可或缺的工具。

如果我所说的这些得到认可,那么,就不需要过多的论证来证明,考察欧陆法的一般进化历程,对于理解我们自己的普通法来说,是必要的。两者的关系已经如此明确,不需要再列举新的证据——尽管我相信,仍然会有一些权威标准的论述将信托制度之形成归因于罗马法,而忽视了萨尔曼制度。对于呈献一系列从教科书与司法判决中甄选出来的简明摘要,能否成为证明出版该系列丛书之必要性的最好方法,实际上,我并不确信。

---

① 分离战争(the War of Secession),即南北战争,是美国南方十一州于1861年意图从联邦政府分离出来而引发的战争。——译者注

我只能羡慕这一代人的运气，对他们来说，将他们的主题视为一个整体，轻而易举。而在我开始法律职业生涯时，法律自身所呈现出来的是一个装满了琐碎细节的布袋。我所能找到的接近一般观点的最优路径，在历史层面，是斯彭斯的《衡平司法管辖》，在实践层面，则是沃克的《美国法》。而在哲学层面，唯一能找到的只有奥斯丁的《法理学》。时常不无苦恼地问自己，此一主题是否值得一个睿智之人去关注。人们看到那些自己尊重和敬仰的人离开了[法律]研究；因为他们认为这样的研究会让人的思维变得狭隘；就此而言，他们已经拥有了伯克那样的影响力。这需要一种盲目的信仰，那种尚未找到自我论证准则的信仰。那时，外国学者的作品尚未引入。人们不得不花很长的时间去探索，伴着内心的焦虑，因为一旦知道去哪里寻找，人们就会发现自己的困难和问题已经落后于时代五十年了。现在，人们开始知道，起点是公平的——与美国和英国一样，欧洲最优秀的成果都摆在眼前。那些成就极富启发性，以至于只要勤奋，便足以让人们了解法律如何变成现在这个样子，了解关于法律最宽泛的概括，以及(就任何人都可以阐明的内容而言)为了继续保持或者意图改变法律的现有形式而提出的诸般理由。

第61篇

悼约翰·奇普曼·格雷[*]

在马萨诸塞州历史协会上的发言，
1915年3月12日

终之一生的深情厚意，或许也不足以成为尝试描述一个相识热爱已久的朋友的最恰当的准备。仅仅凭借本能便可以感受到他的诸多品质，以致无法清晰地逐一列举，就像一个人不再会意识到那些主导着自己在街道上行走的判断一样。但是，对于像约翰·格雷(John Gray)这样如此鲜明的个性特征，没有人会遗忘。

他所出身的家族，在血液中都流淌着学术的气息；我认为，或许于我而言的第一个想法就是，他是一个天生的学者。他是一个越来越罕见的学者。因为他的学识、他的广泛阅读、他的记忆力，都没有局限于彼时的现实之中。数学与最新的德国法学著作以及他对法律的精通，同样深奥渊博，同样可以用于法学院的课程讲授以及对重大事项提出建议。他不仅致力于希腊与罗马

---

[*] 选自 Mark DeWolfe Howe, ed., *The Occasional Speeches of Justice Oliver Wendell Holmes*, Cambridge, Massachusetts: The Belknap Press, 1962, pp.175-177。

古典文学研究,而且还非常熟悉古典文学作品中的众多次要研究领域。我知道,他可以清晰地阐明班戈之争①,而班戈的名字早已被我们大多数人遗忘了。他还可以围绕各种奇特的回忆录或者几乎任何一个属于——可以恰当地称之为——文学领域的主题背诵吟咏。他热爱书籍,拥有从狄奥多西法典到十八世纪奇特书册的精美收藏。

在写作的时候,他将此种学问不露声色却又强有力地注入其中。他的论著《永久财产权》是一部沉静的杰作,堪与那些伟大英国作家的财产法名著相媲美。他的最后一本小书《法律的性质与渊源》(*The Nature and Sources of the Law*),堪比那些似乎将此一主题当作自己私人领地的德国教授。但与许多德国著作不同的是,它并不卖弄学问,而是以一种曾经沧海般的恬淡幽默撰写而成。因为他的知识不仅转化为智慧的机体,而且还开出了沉静的幽默之花,那种幽默时常出现在他的写作中,并且使他的谈话总是不乏习以为常的愉悦感。

他是一个极聪明的人。他太聪明了,以至于在处理事务时遇到他的人或许都会说,智慧是与他的名字并列而提的第一要事。没有人能做到像他那样,既在波士顿就具有重大意义的事项接受咨询并赢得依赖,同时又在法学院讲授那些似乎需要与日常生活遥不可及的主题研究的课程。他能将法律执业与课堂教学很好地整合起来,并且两个方面都获得了同样的成功。

在这方面,值得回想的是,当他还在军队中时,他是在向海边进军后第一个在萨凡纳(Savannah)与谢尔曼会面的军官。谢尔曼在作战报告中提及,他是"一名才智过人的军官,虽然我不记得他的名字了",这是一位伟大的指挥官在功成名就时对一个名不见经传的人发

---

① 班戈之争(the Bangorian controversy)是1717年发生在英格兰教会中的低阶教士与主教之间的一场激烈争辩,前者主张基督一性论,强调教会权威,后者则对教义等问题持开明态度,主张国家高于教会。除了公开的演说,双方还出版了大量小册子,相互批评驳难。该场争辩结果导致英格兰教会的教士代表大会被迫中断了百余年。——译者注

出的显著赞许。

  像格雷这样容量巨大的职业能力，通常很容易出现质地疏松——或者可以说——纹理粗糙的情况，但格雷却是细腻、准确而精密的。像他全部的家族血统一样，他总是在敏锐地观察，却从不显露出来，似乎就像女人一样，眼波流转之间便已洞悉一切。他的卓越品质与超凡能力没有一个是孤立或者徒劳的，当那些品质与能力全部整合在一起时，便使他的思想之流独具特色。可以看到，我是在尝试描绘一位大师——他可以公平地被称为伟大的大师，在被聆听时，他得到了客户、法院以及所有法学院学生同样的尊重，同时，他是一个超凡卓越、却又令人愉悦的人，与他交谈会给专业人士和饱经世故之人带来同样的乐趣。当我补充说他还是一个最忠诚、最深情的朋友时，我所说的或许足以表明，我不会说他的离世是怎样一种损失，因为他已经度过了一个人所能期待的生命时段，但是，他的一生，不仅对我们这些热爱他的人，而且对整个世界来说，都是一个巨大的收获，他的一生硕果累累，最终被荣誉和爱所包围。

第 62 篇

理想与怀疑*

最近三十年来,我们始终致力于法律思想的发生学的研究;并且,当我还在读大学时,解释对于终极原因具有重要意义,后来,解释就意味着追溯起源与成长了。但是,与在其他领域中一样,在智识世界中,流行时尚是极具说服力的,而且存在着某种无法避免的相互作用的痕迹。如果存在某种相互作用的话,在我看来,它就是一种进步过程,因为它始终朝向终极的价值问题。这就是由莫里斯·科恩(Morris R. Cohen)发表在《哲学、心理学和科学方法期刊》上的一篇优秀文章——"历史与价值"——以及"现代法哲学丛书"中德尔维奇奥的《法律的形式基础》[1]的主题,尽管后者或许更多地是以一种保守而非进步的形式。为了说明我有同感,我还会提及一期《法律评论季刊》。[2] 但是,表明我不得不进行年轻人希望从中获益的每一次修订时的那种谨慎,或许是适宜的。

---

* Oliver W. Holmes, *Ideals and Doubts*, 10 Illinois Law Review 1(1915).

[1]　Giorgio Del Vecchio, *The Formal Bases of Law*, trans. by John Lisle, Boston: Boston Book Co., 1914.——译者注

[2]　225 Law Quarterly Review 412, 414(1909).

首先需要探究的就是标准问题。如果我可能犯德尔维奇奥的错误,来用一两句话概括我从仓促阅读中推断出他的实现方式,那将是新康德学派的理想主义者的标准。经验将会形成,并且,根据意识的方法及其规律,例如因果关系范畴,有意识地将经验予以系统化。因此,意识建构了宇宙,并且,作为基本事实,意识获得了基本的尊崇。由此,很容易跟随康德的命令,将每个人均视为自身的目的而非工具。

我承认,我同时也对此表示反感。即使我们缺少应征士兵,我们仍应派他们背上刺刀奔赴前线,去为一项他们或许并不信抑的事业而献身。如果或许是那样的话,我们并未将敌人视为一项工具,而是将其视为一个应当摧毁的障碍。对于任何一步,我均未感受到良知上的剧痛,自然而然,我慢慢接受了一种似乎与我所赞同的实践相矛盾的理论。实际上,在我看来,那些理想主义者在著述时已经放弃了他们的理由。因为这说明了,他们已经为信仰付出了巨大的努力,并且已经确定他们不是上帝。如果这是我梦想中的世界,我就应当成为我所知的这唯一宇宙中的上帝。但是,尽管我无法证实我是清醒的,但我依然相信,我的邻居们具有和我一样的感觉,并且如果我承认这一点,那么也就会很容易承认:我在宇宙之中,而非宇宙在我之中。

如果我说某事是真实的,我的意思是说,我不得不相信它。我正在谈论一种别无选择的经验。但是,因为存在着许多我不得不相信宇宙中可能存在的事物,所以我不能冒险假定,我在思考方式上的无能为力就是宇宙的无能为力。因此,我将真理界定为我的局限体系,并且将绝对真理留给那些具有更优能力之人。与绝对真理一样,我将行为的绝对理想置于一旁。

但是,尽管有人相信通常被模棱两可地称之为必然性的东西;人们发现某一现象总是处于与之前现象数量上固定的关系之中;这并不是说,如果没有此类绝对理想,我们将无所事事,而只能坐视时间的流逝。正如我多年前曾写过的,事物不可避免发生的方式终止了努力。无论是有意识地,还是无意识地,我们都在为建造我们所热爱的世界而奋斗。尽管与斯宾诺莎一样,我们可能将批判过去视为徒劳的,但我们仍然有理由力所能及地建造一个我们所渴望的未来。

同样,我们也有理由努力将我们的渴望变为智识上的。问题在于,在很大程度上,我们的理想是无以言传的,并且,即使我们给予其明确的界定,我们也几乎不具有关涉实现理想之方式的经验知识。在我看来,迄今为止,今天的社会改革家们忽略这一问题,即如果为其改革而通过的法案无法被一次性提出,那么,与运用技术一样,我们无法通过立法而凭空有所收获,从而达到满足。可能远远超出预期利益的间质损害不会受到打扰。或许,我太过怀疑我们自己的能力了,以至于只能将令人讨厌的负担从强者的肩上转嫁于弱者。但是,我坚持相信几篇关于某一信仰的文章,而我并不期待能看到该种信仰流行于我所处的时代。我认为,如果大规模的社会重建可以得到人们有意识的共同努力的支持,那么许多人现在翘首期盼的社会重建就不会受到胡乱修改财产制度的影响,而只会受到处置生命并试图建构一个种族的影响。这将成为我追求一种法律理想的起点。随着财产的社会化,我们应当解放妇女并让每个人都拥有一架钢琴,在我看来,这只是一句空谈。

还是稍微结合一下实际问题吧,在我看来,不论我们的终极理想可能是什么,我们当前的道德规范以及我们当前对于传统法律规则的满足,可以在一定程度上得以净化。对于程式的依赖就是长期的停滞不前,这就意味着死亡。我们的道德体系是一个根据情感来表达的并不完善的社会普遍化的集合体。为了了解真相,忽略情感因素并且扪心自问那些概括是什么,以及它们在何种程度上得到既定事实的确认,

斯宾诺莎

将是非常有用的。于是，关于法律的规则，我认为，考察一下暗含的基本假定是什么，将是颇有助益的。这种基本假定通常有两个：即某一条件或结果是可欲的，以及某种方法是适于导致其实现的。在所有存在争议的问题中，存在可以通过矛盾的方法加以实现的冲突愿望，并且出现在特定案件中有资格占据主导的其他问题吗？对于此类问题，逻辑并不能给我们带来太多帮助，而实际的解决方法有时可能会呈现出某种略显嘲讽的方式。但是，我认为，作为一名法官，其首要职责就是，审视根据规则而展开的这场博弈，无论我是否喜欢那些规则，从而支持我的习惯性假定，这有助于理清思路。质疑某人自己的基本原则，是一个文明人的标志。了解你的需要是什么以及你为什么认为此一措施于之有益，是迈向智识上的法律改革的第一步，而绝非最后一步。另外一个更为困难的问题是，认识到你为了得到它而必须放弃什么，以及考虑你是否准备好付出这样的代价。

现在流行的是，强调将社会福利标准与十八世纪个人主义的权利法案进行比较。或许，我有些冒昧地提及一本我三十年前出版的书来说明，没什么新奇的。① 一些人仍然坚持此种无甚价值的陈词滥调，与其中某些人相关的问题在于，他们倾向于将一般前提作为支持具体措施的充分理由。有些人笃定无疑地接受这一前提，甚至相信所有关于社会主义的流行观念，以至于怀疑在赋予妇女选举权时是否存在万能灵药。从个人角度来看，我希望知道，在我定购奢侈品之前，该法案会是什么样子。然而，在年轻人中看到更多的信仰与热情，是一件令人愉悦的事情；我认为，他们当中将会有人能对我的某些怀疑之谈提供令人满意的回答，那时，他会说，"你应该将立法建立在遗憾而非希望的基础之上"。

---

① Oliver W. Holmes, *The Common Law*, pp. 43, 44, 48.

第 63 篇

布雷克顿的《英格兰的法律与习惯》[*]

在近三十五年里,那些没打算谈论更为普通话题的人,虽然看到了与北美印第安人的谈判,却没有注意布雷克顿,他们不可能恰当地谈论这部不朽著作的细节之处。无疑,这情形或许与已故的索福克勒斯(Sophocles)教授撰写的《古罗马与拜占庭时期的希腊辞典》没有什么不同,据说,对于后者,在整个欧洲,只有一个人可以批评它。既然这样,那个人可能就是我的朋友弗雷德里克·波洛克爵士,而不是我。但是,有些事情可以提及。法律史对于理解法律是至关重要的,即使远离了它在更令人不感兴趣的人类学研究中的意义。布雷克顿即是对于这一主题具有极高价值的杰作。不存在这样的版本,即它可以赋予我们类似走近未知原著的足够进路的任何东西,也可以让我们看到各种各样更好的手稿,或者向我们展示一种可以解决原著中问题的

---

* 选自 Oliver W. Holmes, *Collected Legal Papers*, New York: Harcourt, Brace and Company, 1920, pp.308-309。本文系霍姆斯为该书第一卷(George E. Woodbine ed., *Bracton de Legibus et Consuetudi-nibusAngliae*, New Haven: Yale University Press, 1915, Volume I.)撰写的书评,1915 年发表在《耶鲁评论》上。

方案。对这些问题颇感兴趣的这一小小的却极为重要的世界,多年来一直在等待有人能理解伍德拜恩(Woodbine)教授的使命。

现在,这个人已经来了。由于得到一份慷慨赠与的财产的支持,他可以铸造其人生中更加辉煌的一面。因为他已经投入多年并且希望可以投入更多以使其工作能得以完成。现已出版的第一卷证实了完整性、近乎无遗的材料收集(两份手稿的遗失并非他的过错),以及他所要求的批判能力。这包括了用图表对文本进行的谱系研究,阐明了它们与其渊源的可能关系和相互之间的关系以及对于判决的分析。这表明了该编辑用显微镜详细考察了的无数细节。这显示出了他的研究指向的最终益处。在这个阶段,或许,唯一能真正适合仔细研究的事情是高贵的精神,即该项事业所展示出来的学者的英雄主义。较之于伍德拜恩教授经年累月的研究详细资料而言,有些人只花费了较短的时间,却对于这一信念激动不已,即总有一天他们可以揭示出令其变得伟大的生命之有机脉络。有些人记得布朗宁(Browning)在"一个文法学者的葬礼"的那些信札里对于其想象中的英雄的描述,他

> Gave us the doctrine of the enclitic *De*
> Dead from the waist down

这些人以军人的敬重之情向一名军人致敬,与这位文法学者一样,他是以牺牲自己而获得荣誉的真正的人,他的死重于泰山。

波洛克

第 64 篇

自然法*

对于浪漫的骑士来说,你仅仅赞许他的情人是一位优雅极致的女性,那是不够的——如果你不承认她是上帝曾经塑造的或者将要塑造的所有女性中之最优雅者,那么你将不得不面对他提出的决斗。在所有男人的心中,都怀有一种成为出类拔萃者的渴求,这种要求如此之高,以至于那些没有其他办法的可怜家伙只能通过灌醉自己而达到目的。在我看来,这种渴求,既是哲学家为证明绝对真理而不懈努力的动因,也是法学家在自然法主旨之下追寻普遍正当性标准的基底。

我年轻时常说,真理就是国家中那些能压制其他人的多数人的表决。当然,我们可以期待,对于目前这场战争,公认的观点将在很大程度上依赖于获胜一方——我全心全意地希望那是我所在的一方,并且,我认为,如果这一主张意指,我们检验真理的标准可以作为目前或者将来可能支持我们观点的多数人的参考,那么该主张

---

* Oliver W. Holmes, *Natural Law*, 32 Harvard Law Review 40-44(1918).
读弗朗索瓦·惹尼的《实证私法中的科学与技艺》(François Geny, *Science et Technique en Droit Positif Privé*, Paris, 1915)有感。——原文注

就是正确的。正如我在其他地方所指出的,如果真理可以根据我的(智识的)局限性体系而予以界定,那么赋予真理客观性的则是这一事实,即我发现我的同胞或多或少(绝非全部)遭遇同样的"不得不"。如果我认为自己正坐在桌旁,便会发现在场的其他人都会同意我的看法;如果我说,一个三角形的各角之和等于两个直角,情况也会如此。如果我是少数一方,他们就会送我去看医生或者将我锁起来;并且,于我而言,只要能够超越感觉或者理性的有力见证,便会认识到,如果我是孤立的,那或许是我的工作出了问题。

完全的主观确信并非客观确定性的检验标准。我们过分相信许多名不副实的东西。在此,我再次引用自己的话,那就是:财产、友谊和真理,最终都具有共同的根源。如果一个人在一生中从未经受过打击的话,那么他就不可能从多年来已经适应的艰苦困境中感受到痛苦。一般而言,我们通常最喜欢和尊敬的东西都是由早年的回忆所决定的。我喜欢花岗岩和伏牛花丛,无疑是因为在过去漫长的生命岁月中,回忆里的快乐时光都是与它们在一起的。但是,当一个人的经历使其特定偏好成为教条时,对于这些偏好之形成过程的认识使人们可以看到,其他可怜的人对于其他事物的看法同样可能是固执的。这也意味着怀疑主义。如果很重要的话——无论我们是否了解它,我们都将努力去创造一种我们渴望的世界——并非一个人的信仰或者热爱无以维系,也并非我们不愿意为之奋斗与牺牲,而是我们已经认识到,带着同样的诚挚或者信仰,其他人也宁愿通过奋斗与牺牲去创造一个不同的世界。根深蒂固的偏爱是无法予以讨论的——你无法劝说一个人喜欢上一杯啤酒——因此,在根本无法达成共识时,我们就会试图扼杀其他人,而不是让他走自己的路。但是,这就完全承认了,从表面而言,他们的理由恰好与我们的一样正当。

在我看来,那些信仰自然法的法学家们处于这样一种天真的思想状态之中,即他们承认那些已为他们及其邻人所熟知和接受的事物,而那些事物又必定是为所有地方的所有人所接受的。就我们将来可以看到的而言,在任何社会中,一些编排和常见制度的基本原理似乎都成为必不可少的因素,它们可能是从我们自己的社会中生长出来的,并且,在我们看来,将会成为构成文明的因素——某种两性之间永久结合的形式、某种个人所有的剩余财产、某种约束将来特定行为的方式——所有这一切的根基,则是对于人类的某种保护。无疑,这是正确的。但是,在这些因素中,最后一个因素或许将会消失,并且,最后一个因素或许会受到我们当中大多数人都会憎恶的限制,在这种情况下,如果无法推断这些因素是否为可以想象的,那么,关于自然法之"应然"的问题仍将继续存在。

信仰与希望的确立是主观臆断的,正是在这个意义上,它们具有一种先验的基础,这是正确的。你们将不得不思考并且感受它们,而且,总会存在终结。作为一种主观臆断的事实,人们都希望生存,而且,无论从何种程度的确定性上,我们都可以说,人们只有在特定情况下才能够生存。为了生存,他们必须饮食。这种必要性是绝对的。他们应当在社会中生存,这在较少程度上是必需的,而实际上却很普遍。如果他们在社会中生存,就我们所能看到的而言,还会存在更多的条件。根据经验发挥作用的理性告诉我们,无疑,如果我们生存的希望继续存在的话,我们只能在那些条件的基础上获得生存。但是,在我看来,那便是这一问题的全部所在。我并没有看到以那种方式与其他人共同生存的先验义务,而只看到这样一种主张,即如果我希望获得生存的话,我就必须有所作为。如果我与其他人共同生存,要么他们会告诉我,我必须做和避免做各种各样的事情,要么他们就会对我施加压力。我相信他们[会那样做的],并且,在形成关于他们行为的同样想法时,我不仅接受了这些规则,而且还会最终带着同情与情感确信去接受那些规则,并开始讨论义务与权利的问题。但是,就法律目的而言,权利仅仅是一种关于预测的人格化产物———一种关于支持如下事实的主旨的想象,即应当将公共力量施于那些做了据称违犯该公共力量之事的人——正如我们在解释物体空间运动的重力作用时所谈论的。一个语词仅仅是将另一个语词赋予即使没有该语词我们也可以认知的内容之上。无疑,在这些法定权利的背后,是以维系这些权利为主旨的战斗意志,以及人们对于维护这些权利的普遍规则的感情的弥散;但是,在我看来,这与对义务的假定先验识别或者对先在权利的判断完全是两回事。一只狗也会为它的骨头而战。

假定先在权利中最基本的权利——生命权——不仅仅是在战争中,而且只要人们认为社会(也就是,共同体中的支配权力)的利益需要它时,它就会被毫无顾忌地牺牲掉。无论该项利益是否属于人类的长远利益,按照那些不同于康德和黑格尔的观点并认为那不仅仅是一种利益的人的看法,无论如何,都没有人可以说神性丧失了。我记得,一位非常温和的法官持有这样一种观点,即关闭闸门以阻止火灾和保护货物免受毁损——即便众所周知,这样做将会使下面的人窒息而死——仍然是正当的。多说无益,因为对于那些反对我的人来说,我正在忽视不可或缺的思想根基。先入为主的人通常会认为持异议者是肤浅的。但是,他们认为,人们对于这些物事的态度与对于宇宙的普遍态度是紧密相连的,在这一点上,我是赞同他们的。紧接着,正如早已指出的,这主要是由早期的遐想与性格所决定的,并且伴随着持有某种绝对导向的欲求。在很大程度上,人们坚信他们想要得到的东西——尽管我在其中并未看到令我们明白自己到底想要得到什么的哲学基础。

现在,当我们转向我们对于宇宙的态度时,我并未看到渴望成为出类拔萃者——除非我们确信我们的真理是宇宙的真理,如果存在这种真理的话,否则无法达到满足——的任何理性基础,即在这个渺小的星球上,一个渺小生物的终极真理就是关于这一无法想象的整体的定论。如果一个人找不到任何可以相信意义、意识和理想比有限真理的标志更为重要的理由,那就无法证明已为法国怀疑论者所熟悉的理论是合理的;高高在上,并带着傲慢轻蔑的态度来审视废墟中的世界。实际结论则是,部分无法涵盖整体——我们的概念范畴并不(或者也许不)足以明确表达我们无法认识的领域。如果我们相信,我们来自这一宇宙,而非宇宙来自我们,那么,我就必须承认,当我们谈及缺乏理性的命题时,实际上并不知道我们正在谈论什么。我们知道,某一特定的能量结合体可以摇动它的尾巴,而另一个则可以进行演绎推理。这就存在于不为人知的力量之中,如果它甚至具有我们所无法了解的更大力量,正如法布尔在关于本能的研究中意图使我们相信的,那些研究为伯格森的哲学提供了一股强劲有力的力量,并且使得梅特林克①能够令我们片刻迷醉于聆听一种来自现象之后的声响——如果这是真的,为什么我们仍不满意呢?为什么我们竟然还会运用宇宙赋予我们的这种能量来违抗它,向天空挥动我们的拳头呢?在我看来,这是愚蠢的。

宇宙的意蕴远远超出了我们的理解,士兵个人无从知晓作战计划,甚或,存在某种远胜于任何断言对其均不适宜的、完全无法想象的事物,而这根本不会影响我们的行为。我们仍将为了个中乐趣而奋斗——我们所有的人都是因为想要生存,至少其中一些人是因为想要认识我们的自发行为并证明我们的力量,而且,我们可以将对我们始终具有价值之事物的假定终极评价赋予那些不为人知的领域。宇宙创造了我们,并且,由于比它小,宇宙还将我们所信仰和热爱的所有一切

---

① 莫里斯·梅特林克(Maurice Maeterlinck,1862—1949),比利时作家、诗人、散文家,早年曾经在根特大学学习法律,当过律师,1896年移居法国,发表了多部散文集和剧本,代表性作品有《群育》(1890)、《蜜蜂的生活》(1900)、《花的智慧》(1907)、《青鸟》(1909)、《白蚁的生活》(1927)等。第二次世界大战期间,梅特林克流亡美国。1947年,返回欧洲,两年后病逝于法国尼斯。——译者注

法布尔(左)与梅特林克

都囊括其中,对于我们而言,这就足够了。如果我们并不将我们的存在看作一个外部小上帝的存在,而看作一个内部神经中枢的存在的话,那么,在我们的背后,便存在着无限的空间。这恰恰赋予了我们足够的意义。一粒沙也具有同样的意义,但是,具有何种能力的人才可以假定他理解一粒沙呢?那同样超出了我们人类的理解范畴。如果我们的想象力足够强大,以至于可以将我们自身视作不可与[宇宙中的]其他部分相分离的组成部分,从而将我们的终极利益延伸并超出我们生命的界线,那么,这将会证明,我们为了自身之外的目的而牺牲(甚至是)生命,是正当的。当然,这一动机就是我们在人类身上所发现的共同需求与理想。哲学并不提供动机,但它却可以使人们明白,对于做他们早已想做之事而言,他们并不是白痴。它将直面我们为之抛却生命的渺茫希冀,直面人类思想终极目的的展望,以及从未知中搏动而出的和谐旋律。

第 65 篇

法律与社会改革*

1923 年 2 月

法律是一株在抛弃球茎之前长期生长的植物。在收获食物、孕育一个新的生命细胞核之前,它已经深深扎根了几千年,这一新生命将追寻其存在和成长的方向及特征的缘由。直到最近一百年(或许五十年)内,才有可能出现这样一本著作,在该书中,以这种方式论述最主要的法律制度,并受到来自各方的支持与责难。正是在那时,人们就已经普遍相信,社会可以有利地掌握自身的命运——可以指出一个有意识的方向,迄今为止,在很大程度上,该方向取决于"熟悉的即最好的"这一假定,或者被置于机械决定的个人努力的合作与冲突的结果之上。我们甚至已经看到那些创造一种全新的通用语言的尝试。迈向这种社会控制的第一步就是,记录语系并评估我们已有之语言。为了制订一部应当体

---

* Oliver W. Holmes, Introduction to *The Rational Basis of Legal Institutions* (J. H. Wigmore and A. Kocourek eds., New York: Macmillan, 1923) , Vol. XI, Modern Legal Philosophy Series。选自 Max Lerner ed., *The Mind and Faith of Justice Holmes: His Speeches, Essays, Letters and Judicial Opinions* , Boston: Little, Brown, and Company, 1945, pp.399-401。

现共同体中不合理习惯的法典,首先是确定我们的理想——我们意图实现的遥远但占主导地位的目的——接着,考察一项措施而非另一项是否有助于我们接近理想。我承认,我认为我们还没有为大规模重构作好充分准备。但是,即使该努力无法导致重构,它仍会将科学好奇心显著的本能满足于理解为什么我们要维持现状。

  自我读大学那时起,发生学就始终占据着解释的位置,甚至在法律领域中,大量的注意力被用以探究法律发展为当前的形式和内容经历了哪些阶段。但是,法律是人文学科,并且,可能会发生变化,所以,当前的调查研究重于以往的任何研究。我们需要比生活史更多的理由。有时,读者可能会觉得失望——他可能会觉得,在一些研究成果中,掺有大量的水分。但是,这部分是因为这样的事实,即任何在这个世界上存在二十年之久且仍未消亡的观念,均已成为陈词滥调,尽管它在二十年前曾经是一项新的发现。或许,也有人同样敢于表达这样一种悖论,即当一项命题已被普遍接受时,就不再是真实可靠的了——因为,与人们所看到的一样,事物的变化总是日新月异。

  当前的时代正在经历着否定——一项有趣的运动,如果人们还记得,当一棵树在几分钟内便被砍倒时,却需要生长一百年。然而,相对于没有支撑的批判而言,或许可以从毫无根据的希望中获得更多的理解。由废奴主义者推广的最为普通的论证方式就是,预测某种变化必将到来,然后,提前考虑此项对于未来的预言,并予以兑现——将其视为一项当前的事实和一项得出另一结论的前提。因而,那些进行分析推理的人相当普遍,并且,我怀疑,他们的危险更甚于那些谈论对生来就缺乏天赋者的不公的人——他们批判宇宙秩序,并且似乎他们就是置身于外的小上帝。后者的逻辑似乎就是要求,宇宙应当将自己简化为一组力量均衡的单一曲线。对于它们,我们不会庸人自扰。但是,那些准备基于随之而来的千年预言而进行基本变革的乐观主义者或许会造成真正的伤害。当我得知在这一或那一体制之下自私自利将会消失时,我不得不表明,相对于我替他享用晚餐而言,我的邻居自己享用晚餐更有助于他的生存,并且,我想起了那个愚人村的故事,他们在公众集会上无望地混杂在一起,直到一位哲学家经过并且说:每个人都拔出自己的泥足。在很大程度上,人们都相信他们希望得到的东西。一百年前,马尔萨斯(Malthus)挥舞着一柄双刃剑,刺穿了欺骗者的命脉,而那些骗子至今依然活蹦乱跳。但是,理性意味着真实,而那些不受其约束的人将有可能面临,某一日,沉没的事实将撕裂其航船的底板。

  这本书中所涉及的那些主题如此引人注目,以至于它难以抑制人们至少针对其中的某个主题来表达自己的观点。但是,我曾不止在一个地方谈及我对于这些基本问题的思考,并且,我将仅仅重复这一思考,即在我看来,我所听过或者读过的大多数启蒙改革家并未准确地考虑过我们所谈论的这种方法,也未能在我们缺乏数据的地方表现得极具说服力。我们仅仅通过财产权的变化就可以确保一个经济上的天堂,这在我看来无异于痴人说梦。我更能理解为提高人口质量的立法,而不是为增加人口数量的立法。我可以理解这一说法,即无论代价几何,只要可能,我们都将维系我们家族的特定血统。如果在通过这些英国工厂法案之前,该种族按照自然法则正在趋于消失,那么,我可以理解甘冒经济上的风险而通过那些法案——尽管它们将不得为此付出代价,并且,我也不会怀疑,在某种或其他意义上,对于那些法案而言,英格兰是比较糟糕的,而无论利益的均衡多么有利。无论如何,我都可以理解一个人这样的说法,即我需要这个或那个,而且我愿意支付相应的价格,如果他知道价格是多少的话。我最为担心的是,那些如是说的人不了解并且也没有非常努力地寻求其价值是多少,在这种情况下,他们仍然做出同样表达。我认为,在这个国家中,

马尔萨斯

我们更倾向于后者的做法。

现在,对于平等的热爱是颇为流行的,并且莱斯特·沃德先生曾经告诉我们不知足的代价。如果不考虑,在何种程度上,通常被归为不光彩的动机会用极为响亮的名声来掩饰自己,或者,在何种程度上,不知足就意味着性格或意志的不足,那么,迈向提高的第一步就是实事求是。我认为,这本书的目的就在于帮助我们做到这一点。

第 66 篇

死亡敲打着我的耳朵①

对全国的广播谈话,1931 年 3 月 8 日

在此次庆祝会上,我只能沉默地坐在一旁。在死亡将至时,表达一个人的情感,实在是一份发自内心的苦差。但是,我可以提及一个我作为聆听者而产生的想法。比赛中的骑手,即便在抵达终点时,也不能有片刻停留。在停下来之前,还要有一小段最后的慢跑,还有时间聆听朋友的声音,还要对自己说:"工作已经完成了。"但是,当一个人那样说时,将会得到这样的回答:"比赛结束了,但工作仍未完成,依然保留着工作的力量。"

在你停下来之前的那段慢跑,不一定只是为了接下来的休息。当你仍然活着的时候,就不可能休息。因为活着就要履行责任。这就是生命存在的全部意义。

故而,我借用一千五百多年前发表演说的一位拉丁诗人的诗行来作为结束语:

> 死亡敲打着我的耳朵,并且说,"生命——我来了。"

---

① 选自 Mark DeWolfe Howe, ed., *The Occasional Speeches of Justice Oliver Wendell Holmes*, Cambridge, Massachusetts: The Belknap Press, 1962, p,178。

附录

霍姆斯生平系年表 ①

个人生平	时间	历史背景
3月8日,出生于美国马萨诸塞州波士顿	1841年	银行倒闭,商铺关门,"死寂的宁静弥漫在这个不久前还生机勃勃的城市中"
10月20日,妹妹阿梅莉亚出生	1843年	泰勒总统任命顾盛为首任驻华特使,负责与清廷商定条约
10月17日,弟弟爱德华出生	1846年	美墨战争爆发
就读于哈佛大学	1857年	开始出现经济恐慌和大范围失业
	1860年	南卡罗来纳州及其他六个南方州在蒙哥马利市成立南方邦联,起草了宪法

---

① 参见 Sheldon M. Novick, *Honorable Justice: The Life of Oliver Wendell Holmes*, New York: Bantam Doubleday Dell Publishing Group, Inc., 1989, Appendix A: Chronology of Holmes's Life, pp.379–382;Catherine D. Bowen, *Yankee From Olympus: Justice Holmes And His Family*, Boston: Little, Brown and Company, 1943;Liva Baker, *The Justice From Beacon Hill: The Life and Times of Oliver Wendell Holmes*, New York: Harper Collins Publishers, 1991;(美)埃里克·方纳:《美国历史:理想与现实》,王希译,商务印书馆2017年版;(美)加里·纳什等:《美国人民:创建一个国家和一种社会》(第8版),刘德斌等译,北京大学出版社2008年版;(美)诺顿、谢瑞夫等:《特别的人民,特别的国家——美国全史》(第9版),黄少婷译,上海社会科学院出版社2018年版;(美)劳伦斯·弗里德曼:《美国法律史》,周大伟译,北京大学出版社2020年版。

(续表)

个人生平	时间	历史背景
就读于哈佛大学	1861年	3月4日,林肯总统发表就职演讲
4月,参加马萨诸塞国民卫队第四营		4月,林肯宣布南方叛乱,内战爆发
7月23日,被任命为马萨诸塞第二十步兵团中尉		
10月21日,在弗吉尼亚的布尔河战役中负伤		
9月17日,在马里兰的安提坦(河)战役中再次负伤	1862年	9月22日,《奴隶解放宣言》发表
12月,参加弗雷德里克斯堡战役		国会通过《宅地法案》
5月3日,在钱斯勒斯维尔战役中第三次负伤	1863年	7月,爆发葛底斯堡战役
1月,伤愈后,重返战场	1864年	
7月17日,退役		
10月,入读哈佛法学院,开始研习法律		
	1865年	4月,内战结束,林肯总统遇刺身亡
夏天,获得法律学位;第一次游访欧洲	1866年	国会通过《宪法第十四修正案》
10月,开始在波士顿律师事务所工作		
1月,第一次在《美国法律评论》发表文章	1867年	
3月,取得马萨诸塞州律师资格		3月30日,沙皇俄国与美国签订出售阿拉斯加协议

(续表)

个人生平	时间	历史背景
12月,开始编辑肯特的《美国法释义》	1869年	爱迪生登记了自己第一项专利
离开原律师事务所,开始独立执业	1870年	纽约律师协会成立;芝加哥联合法学院第一次授予女性法学学位
担任《美国法律评论》兼职编辑		
开始在哈佛大学授课		
6月,与范妮·鲍迪奇·迪克斯维尔结婚;成为《美国法律评论》专职编辑	1872年	纽约州最高法院法官阿尔伯特·卡多佐(大法官本杰明·卡多佐的父亲)因被弹劾而辞职
7月,范妮罹患严重的风湿热		
3月,加入乔治·沙特克的新律师事务所	1873年	4月14日,联邦最高法院对"屠宰场案"做出判决,严格限定宪法第十四修正案中的"特权与豁免权保护条款"
12月,肯特《美国法释义》(第12版)出版		
夏天,与范妮赴欧洲旅行,结识波洛克等人	1874年	
发表文章,第一次阐释"现代法律中的原始观念"理论	1876年	经济萧条,许多商号、铁路公司破产
11月至12月,应邀在洛厄尔学院发表了一系列关于"普通法"的演讲	1880年	1880年至1920年间,美国兴建了许多乡村别墅
《普通法》出版	1881年	
1月,离开律师执业,就任哈佛法学院教授;结识路易斯·布兰代斯	1882年	4月19日,达尔文病逝;斯宾塞出席了达尔文的葬礼
夏天,再次与范妮赴欧洲旅行		
12月8日,马萨诸塞州州长朗提名霍姆斯出任州最高法院大法官;15日,霍姆斯就任		

(续表)

个人生平	时间	历史背景
1月8日,霍姆斯辞去哈佛法学院教授之职	1883年	国会通过《彭德尔顿法》,建立现代文官制度
5月30日,在新罕布什尔州的基恩发表"纪念日演讲"	1884年	
7月17日,弟弟爱德华去世,遗有一子		7月4日,法国政府正式将自由女神像赠予美国驻法国大使莫顿
2月6日,母亲去世	1888年	
4月3日,妹妹阿梅莉亚去世,无子女	1889年	在华盛顿召开第一次美洲国家会议
夏天,独自赴英国旅行,范妮照顾老霍姆斯		
在"合众国诉佩里案"中,提出反对意见,阐释司法审查理论以及法官的职责	1892年	3月26日,诗人惠特曼去世
在"特权、恶意与故意"一文中,霍姆斯开始将自己的理论适用于公法领域	1894年	美国工业生产总值超越英国,成为世界第一工业强国
10月7日,父亲(老霍姆斯)去世		
5月30日,在哈佛纪念日活动中,发表题为"军人的信仰"的演讲	1895年	在华盛顿成立全美制造商联合会
夏天,独自赴伦敦旅行,结识卡斯尔瑭夫人	1896年	8月28日,李鸿章抵达纽约,开始访美之行
10月,在"维奇兰诉冈特纳案"中发表反对意见		
1月8日,在波士顿大学法学院发表题为"法律的道路"的著名演讲	1897年	波士顿开通美国第一条地铁线
夏天,范妮的身体状况明显改善		

(续表)

个人生平	时间	历史背景
夏天,独自赴伦敦旅行,拜访卡斯尔瑭夫人	1898年	4月,美西战争爆发
8月2日,任马萨诸塞州最高法院首席大法官	1899年	凡勃伦出版《有闲阶级论》
12月,被任命为联邦最高法院大法官,与范妮移居华盛顿	1902年	国会通过《斯普纳法》,意图开凿巴拿马运河
1月,在"奥蒂斯诉帕克案"中,发表第一份司法意见,阐释"正当法律程序"原则;成为联邦最高法院宪法案件的发言人	1903年	
夏天,赴伦敦、爱尔兰旅行,范妮在华盛顿整饬房子;表妹多萝西·厄珀姆搬来和他们一起居住		12月17日,莱特兄弟在基蒂霍克岛试飞"飞行者一号"成功
3月14日,在"北方证券公司诉美国案"中,发表反对意见,触怒罗斯福总统	1904年	4月30日,溥伦率领清廷代表团出席世界博览会(圣路易斯)开幕式
在"洛克纳诉纽约州案"中,提出了著名的反对意见	1905年	"洛克纳案"给后来涉及契约自由的判决贴上了"洛克纳主义"的标签
夏天,独自赴伦敦旅行	1907年	美国爆发金融危机
夏天,获得牛津大学荣誉博士学位	1909年	5月,在纽约召开关于黑人权利的全国性会议,建立全国有色人种促进会
	1911年	7月4日,首席大法官富勒去世,塔夫脱总统选择爱德华·怀特继任
结识费利克斯·法兰克福特	1912年	威尔逊在总统竞选中赢得胜利

(续表)

个人生平	时间	历史背景
	1914年	7月28日,奥匈帝国向塞尔维亚宣战,第一次世界大战爆发
《哈佛法律评论》庆贺霍姆斯七十五岁诞辰	1916年	威尔逊以微弱优势击败共和党候选人休斯,连任美国总统
结识哈罗德·拉斯基		
布兰代斯被任命为联邦最高法院大法官		
在"申克诉美国案"等一系列涉及言论自由的案件中,发表司法意见,成为公众人物	1919年	国会通过《宪法第十九修正案》
	1921年	首席大法官怀特去世,哈定总统任命前总统塔夫脱继任
霍姆斯多次发表反对意见	1925—1932年	塔夫脱法院试图扭转宪法判决的导向
4月30日,妻子(范妮)去世	1929年	10月24日,纽约股票市场价格暴跌,引发全球性经济危机
2月3日,霍姆斯暂理首席大法官之职	1930年	2月3日,首席大法官塔夫脱辞职
		2月24日,查尔斯·休斯任首席大法官
3月8日,九十岁诞辰,向全国发表广播演讲	1931年	5月1日,帝国大厦正式落成
1月11日,从美国联邦最高法院退休	1932年	11月,罗斯福在总统竞选中战胜胡佛
3月6日,因肺炎病世于华盛顿家中	1935年	罗斯福签署《社会保障法》,强力推行"新政"

译后记

  阴沉了一整个上午的云气,终于在午后化成了淅淅沥沥的雨,使连日的曝热一下子清凉了许多。校园在夜幕下渐渐安静下来,梧桐花香伴着青草的味道飘进窗棂。终于完成了最后一次编校,收拾好一大摞厚厚的书稿,放开折叠的思绪,任之展向无涯的过往。

  第一次翻开法律的书卷,是在三十年前那个江畔山脚下葱郁宁静的校园,那里有善良纯朴的同学和博学宽容的老师,还有那些总在不经意间浮起的往事风景。第一次读到霍姆斯的名字,是在二十年前那个掩映在湖光塔影之间的古雅学府,衷心感谢我的研究生导师徐爱国教授,他用轻松平易的交谈将我引入一位大法官奇谲而深邃的"法律思想的迷宫"之中。正像尼采那富于魔力的诗性语言一样,霍姆斯的法律智慧,诗意般地闪烁在他的文章、评论、演讲、司法意见、书信等各种公开或者私人的表达之间,让我身陷其中,惘然不解,却又执著于前路那若隐若显的微光。"那些思想"的光芒,在经历漫长时日后,"已经使它们变得更成熟、更明亮、更强健、更完满",并且"已经越来越彼此相互坚持,甚至已经生长到彼此之中,长到了一处"。① 此部译稿恰是我这些年智识追寻的履印,在时间之尺上量出的心灵旅程。

---

① 参见〔德〕尼采:《论道德的谱系》,赵千帆译,孙周兴校,商务印书馆2018年版,第3页。

回想起来,真正近距离"接触"霍姆斯大法官,大约有两次:前一次是 2010 年冬天,当时我在哥伦比亚大学访学。彼时正在纽约工作的老友孙培钰问我想去哪里逛逛,我说波士顿吧。他问为什么,我说想去看看霍姆斯前六十年生活的地方。某个周末清晨,他开车陪我沿长岛湾一路向北,中间在瓦尔登湖停留片刻,看了梭罗的林间小屋;在哈佛校园转了一圈后,去了波士顿公园、灯塔山,也看了州最高法院、波士顿大学。华灯初上时,我们找到了霍姆斯曾住过的那栋红砖小楼——临街的一层房间像是一家银行或者商店,三层和四层透着昏黄的灯光……记得我们是在斑驳的灯影之间返程。后一次是 2015 年至 2016 年间,我在华盛顿访学,周末时常带着儿子明朗在潮汐湖、方尖碑、联邦最高法院之间闲逛,那里大约是霍姆斯后三十年生活的地方。回国前,我们去了一趟阿灵顿公墓,找到了霍姆斯大法官的墓碑,默默地向安静地躺在这个他"不愿带任何人走进的世界"里的老人致敬。

　　若从学界一般习惯来看,霍姆斯大法官的学术著作,仅有一部在其不惑之年发表的《普通法》,或许还可以再加上几篇影响深远或被征引甚多的演讲和司法意见。霍氏的法律思想似乎仅限于那句被广泛引用却也不乏误读的格言,或者一些被率意贴上的标签。而现实中,那些于暗夜中闪烁的"思想从一开始就不想从"一个人的头脑中"个别、随意和零散地产生,而是想要从一个共同的根柢中,从认识的某种基本意志中产生,这意志在深处发号施令,越来越确定地言说着,并且要求着越来越确定的东西"——此段描述,无论之于尼采,还是之于霍姆斯,都是恰当的,因为从伟大心灵深处生长出来的"所有东西都互有亲缘,互带关联,都是一个意志、一种健康、一片土壤和一轮

编译者在霍姆斯大法官墓前(2016年8月,摄影:明朗)

太阳的见证"①。为了尽量在汉语世界呈现一个接近真实的霍姆斯大法官及其繁芜而绚烂的精神世界,近二十年来,我尝试从各种文献资料中辑译出一些能够反映霍姆斯观念、思维与精神的篇什,汇成一册,使更多读者能通过中文阅读、观察、认识、理解这位极富传奇色彩的大法官,以及他所处的时代和彼时的战争与社会在其心灵上的投影。故而,构成本书的文字主要源于三类文献资料:其一是法律期刊,如《美国法律评论》《法律季刊评论》《哈佛法律评论》及《伊利诺伊法律评论》等;其二是霍姆斯生前出版的文集,如《演讲集》和《法律文选》等;其三是霍姆斯去世后由他人选编的文集,如《霍姆斯大法官的精神与信仰》和《霍姆斯大法官演讲集》等。

  此书最终得以呈现在读者面前,实在要感谢从不同方向上给予我关心、激励和帮助的诸多师长学友:中国政法大学的终身教授张晋藩先生、北京大学的徐爱国教授、清华大学的高鸿钧教授、美国哥伦比亚大学的李本(Benjamin L. Liebman)教授、华盛顿法学院的卢柏斯(Jeffrey Lubbers)教授、澳门大学的苏基朗教授、康奈尔大学的於兴中教授、中国社会科学院的吴玉章教授、中国人民大学的史彤彪教授。在此,还要特别感谢原法律出版社资深编辑朱宁女士和北京大学出版社副总编辑蒋浩先生,正是他们的无私帮助和督促,才让译稿最终变成书卷的样子。北京航空航天大学法学院的同事和学生们始终都给予我莫大的鼓励和支持。另外,还有许多本应得到感谢却无法一一列数的师友,谢谢你们。最后,我要感谢我的父母、妻子李霞和两个儿子——明朗、明皓——他们所给予我的是一种默默却可顶立天地之间的坚强的温暖。

  译事虽艰,却有一种足堪经历时间磨砺而永不止息的愉悦,与任

---

① 〔德〕尼采:《论道德的谱系》,赵千帆译,孙周兴校,商务印书馆2018年版,第3页。

何功利、喧热或流行时尚的考量无关。午夜的繁星,黎明的晨曦,湖畔的樱花,还有窗外的雨滴,所为的都只是心中那一点永在前方的追寻智识的微光。这路上,人不多,也总有人走吧;或许,在某一处转角遇上,微笑以对,彼此问好,再各自前行。"在我们这里",诚如尼采所言,"孤独,作为对纯净的一种精妙的偏好与渴求,乃是一种美德",故而"高尚的灵魂对自身持有敬畏"①。在一封致友人的信中,霍姆斯认为惠特曼(Walt Whitman)是美国最杰出的诗人。那么,我就借用赵萝蕤先生翻译的《草叶集》中的诗句作为结语吧。

  一本独立的书,和其他的没有联系,也不是人的智力所能体会的,
  但是你们,你们这些无穷的潜在力量,却会使每一页都惊心动魄。②

明　辉

2023 年 5 月 19 日

于如心楼 309 室

---

① 〔德〕尼采:《善恶的彼岸》,赵千帆译,孙周兴校,商务印书馆 2015 年版,第 289—290 页及第 291 页。
② 〔美〕沃尔特·惠特曼:《草叶集》,赵萝蕤译,江苏凤凰文艺出版社 2020 年版,第 31 页。

图书在版编目（CIP）数据

法律的道路／（美）奥利弗·温德尔·霍姆斯著；明辉编译. —北京：北京大学出版社，2023.4
ISBN 978-7-301-33816-2

Ⅰ.①法… Ⅱ.①奥… ②明… Ⅲ.①法学—研究 Ⅳ.①D90

中国国家版本馆 CIP 数据核字（2023）第 062329 号

书　　　名	法律的道路 FALÜ DE DAOLU
著作责任者	［美］奥利弗·温德尔·霍姆斯　著　明　辉　编译
责任编辑	柯　恒
标准书号	ISBN 978-7-301-33816-2
出版发行	北京大学出版社
地　　　址	北京市海淀区成府路 205 号　100871
网　　　址	http://www.pup.cn　http://www.yandayuanzhao.com
电子信箱	yandayuanzhao@163.com
新浪微博	@北京大学出版社　@北大出版社燕大元照法律图书
电　　　话	邮购部 010-62752015　发行部 010-62750672 编辑部 010-62117788
印　刷　者	涿州市星河印刷有限公司
经　销　者	新华书店
	880 毫米×1230 毫米　A5　14.875 印张　332 千字 2023 年 4 月第 1 版　2023 年 4 月第 1 次印刷
定　　　价	88.00 元

未经许可，不得以任何方式复制或抄袭本书之部分或全部内容。
版权所有，侵权必究
举报电话：010-62752024　电子信箱：fd@pup.pku.edu.cn
图书如有印装质量问题，请与出版部联系，电话：010-62756370